성공회대 노동사 연구총서 4

1960-70년대 노동자의 작업장 문화와 정체성

이종구 외 지음

국립중앙도서관 출판시도서목록(CIP)

1960-70년대 노동자의 작업장 문화와 정체성 / 이종구
외 지음. -- 파주 : 한울, 2006
    p. ;   cm. -- (성공회대 노동사 연구총서 ; 4)(한울
아카데미 ; 818)

2002년도 학술진흥재단의 지원에 의하여 연구되었음
(KRF-2002-073-BM1012)
ISBN   89-460-3488-2 93330

336.0911-KDC4
331.09519-DDC21   CIP2006000081

서문

 이 책은 성공회대 사회문화연구원 노동사연구소가 2002년부터 한국학술진흥재단의 지원을 받아 수행해온 기초학문 연구과제인 "한국 산업노동자의 형성과 생활세계 연구 - 노동사 아카이브 구축과 생활사 연구를 중심으로"의 2차년도 연구성과를 수록하고 있다. 여기에는 2005년 10월 31일에 먼저 펴낸 『1960~70년대 노동자의 작업장 경험과 생활세계』와 함께 노동세계와 노동운동을 주제로 하여 구술생애사 자료를 정리·분석한 결과가 실려 있다. 작업장의 생활사를 연구하려면 노동과정과 작업조직, 보수체계와 같은 공식적인 영역만이 아니라 비공식적인 영역에서 형성되는 사회관계와 문화에 대한 고찰이 필요하다. 그러나 노동자의 생활세계를 이해하기 위해서는 후자의 비공식적 영역에 대한 분석이 실질적으로 중요한 의미를 가지게 된다. 이 책에 수록된 8편의 연구성과는 주로 작업장의 사회관계와 문화에 초점을 맞추어 산업화 초기의 노동자 계급 형성과정을 재구성하고 있다.

 1960~70년대에 수출산업의 대종을 이루었던 섬유를 비롯한 경공업 부분의 주력 노동자는 농촌 출신 미혼여성으로 이루어졌다. 이들에게 친숙한 사회조직의 원형은 농촌의 촌락공동체와 가부장적 질서였다. 또한

여성해방에 대한 인식이 사회적으로 보급되지 않았던 당시의 농촌에서는 교육 투자를 아들에게 우선적으로 집중시켰으며, 딸은 방출 대상이 되었다. 노동집약적 경공업에 기반을 둔 초기 산업화는 상대적 과잉인구를 내포하고 있는 농촌으로부터 생존비 이하의 비용으로 고용할 수 있는 노동력이 도시로 배출되는 계기가 되었다.

농촌적 성격을 가진 노동력의 무한 공급은 노동시장과 노사관계의 성격을 규정하는 요인으로 작용하였다. 우선 사용자가 압도적으로 우위에 서 있는 가운데 노동조건이 결정되었으며, 노사관계에서도 계약에 입각한 합리적 질서가 형성되지 않았다. 사용자는 권위적인 기업조직을 유사공동체로 설정하고 가부장적 질서를 원용하여 권위주의적 노무관리를 합리화하고 있었다. 이것은 기업조직 내부에서 젠더에 따른 수직적 위계질서가 형성되고 재생산되는 결과를 가져왔다. 가부장제는 여성노동자가 가족과 직장에서 차별과 불이익을 감수하도록 설득하는 논리로서 기능했다. 또한 도시에 생활 근거지가 없는 농촌 출신의 미혼 여성노동자를 활용하기 위해서는 기업이 기숙사를 제공하여 주거를 안정시키고 교육기회를 제공하는 복지서비스를 제공할 필요가 있었다. 사용자가 노동력 관리를 위해 제공한 낮은 수준의 기업복지가 한편으로는 노동자가 기업조직을 유사공동체로 인식하도록 만드는 설득효과를 발휘했지만, 다른 한편으로는 집단생활이 노동운동의 기초조직을 만드는 계기로 활용되기도 했다.

가부장적 권위주의와 전제적 노무관리가 결합되어 계급적 모순의 표출을 억압하는 질서는 작업장 내부만이 아니라 사회 전체를 지배했다. '유신정신은 새마을정신'이라는 구호 속에 압축적으로 표상되어 있듯이 가부장제와 유사공동체는 군사독재를 합리화시키는 논리적 근거가 되었다. "잘 살아보자"는 정신력 동원 캠페인으로 착취관계를 은폐하는 새마을운동은 농촌을 대상으로 시작되었으며 곧 도시와 직장으로 확대되었다. 공장새마을운동은 생산성 향상과 노사화합을 강조하며 종업원들이 직장을 대가족이나 촌락으로 간주하여 권리의식 자체를 부인하게 만들려는 목적을 가지고 있었다. 따라서 노동운동과 공장새마을운동은 충돌할 수밖에 없었다. 이는 작업장의 사회관계와 문화를 이해하기 위해서는 사회적 상황에 대한 고찰이 수반되어야 한다는 것을 의미한다.

당시에는 군사정권이 주도하는 개발독재체세 하에서 모든 사회조직의 군사화가 이루어졌으며 군사문화가 정상적 질서의 원형으로 규범화되고 있었다. 징병제 하에서 남성이 공유하는 조직생활에 대한 경험은 군대생활이었다. 남성노동자의 군대 경험과 기업조직에 침투한 군사문화는 상호 친화적인 관계에 있었다. 즉, 사회의 군사화는 기업 내부에서 권위주의적 질서의 재생산을 촉진하고 있었으며, 이 질서는 남녀를 불문하고 공통으로 적용되었다. 노사관계의 민주화를 촉구하는 노동운동은 아무리 현실정치와 무관하게 보이는 실리적 요구를 제기하여도 결국 병영적 질서를 강조하는 군사정권과 충돌할 수밖에 없었다.

가부장적 권위주의라는 지배문화, 전제적 노무관리, 사회의 병영화와 제도적 민주주의의 형해화 등으로 표현되는 시대적 상황 속에서 군사정권은 경제건설과 국가안보를 우선해야 한다는 논리를 가지고 노동자의 기본권을 사실상 무시하고 있었다. 노동자가 최소한의 인간적 존엄과 기본적 권리를 인식하고 이를 확보하려는 조직적 운동이 시작되기 위해서는 일단 기업 내부를 지배하는 가부장적 질서와 자본가의 전제적 노무관리로부터 자유로운 공간이 필요했다. 자유 공간은 사회 전체를 지배하는 반공 군사독재체제 하에서 금기시된 노동문제를 논의하기 위해서도 필요했다. 노동문제에 관심을 가진다는 사실 자체가 불온시되던 시대에 기독교 노동운동 조직인 산업선교회는 자유 공간을 제공하여 초기적 형태의 노동운동이 조직화될 수 있는 기반을 제공하였다. 여기에서 노동자들은 모임을 가질 수 있는 물리적 공간을 확보하는 데 그치지 않고 지식인 사회운동가와 접촉하면서 새로운 정보를 획득하고 반독재 민주화운동을 비롯한 다른 영역의 사회운동과 연대할 수 있었다.

특히 교육기회를 상실한 노동자들은 자유 공간을 활용한 교양 문화

활동을 통해 지적·정서적 욕구를 충족시킬 수 있었다. 이러한 활동을 통해 신뢰를 가지게 된 노동자들은 소모임을 만들어 노동교육을 실시하고 실천 행동에 나서게 되었다. 또한 노동자와 접촉하면서 노동자의 실상을 알게 된 지식인들은 사회적으로 노동문제에 대한 관심을 촉구하고 근본적인 해결책을 촉구하게 되었다. 이들의 문제 제기를 통해 노동문제에 대한 과학적 연구가 활성화되고 문화예술분야에서도 민중의 삶을 소재로 한 창작, 공연, 출판이 활성화될 수 있었다. 그러나 노동자들은 곧 자체적으로 지식과 문화를 생산하는 주체로 발전하게 되었다.

군사독재의 탄압이 가중되어 제도적 민주주의가 파괴되어가는 상황에서 합법적 공개운동을 지향하는 산업선교회와 민주노조가 활동할 수 있는 사회적 공간은 축소되어 갔다. 또한 계몽과 도움의 대상이었던 노동자들이 노동운동의 주체로 성장하여 가면서 산업선교회로부터 분리되는 과정이 진행되었다. 다른 한편으로 진보적 종교운동과 노동운동의 결합을 강조하는 목회자들은 노동자 거주지역에서 민중교회를 조직하는 방향으로 나아갔다. 그러나 산업선교회가 정부의 통제하에서 노사협조를 강조하던 한국노총계 노조를 대신하여 노동운동을 활성화시키고 반독재 민주화 투쟁을 전개한 사실 자체는 여전히 중요하다.

즉, 산업선교운동의 전개과정과 부침에 대한 분석은 제도적 틀 내부에서 노사관계의 민주화와 노동조건의 향상을 시도하던 민주노조운동이 가지는 역사적 의미를 고찰하기 위해서는 빼놓을 수 없는 절차라고 할 수 있다.

여기에 수록된 연구의 성격은 미시적 작업장 내부에 대한 고찰과 거시적 사회환경에 대한 고찰로 대별할 수 있다. 전자의 주제는 김경희의 성별 분업, 강남식의 정체성, 박해광의 작업장 이데올로기, 장미경의 기업복지, 장상철의 공장새마을운동 등이다. 후자의 주제를 살펴보면 권진관의 산업선교 실무자 연구, 한홍구의 병영국가와 군대 체험, 임규찬의 노동시 분석이 포함되어 있다. 그러나 거시적 환경에 대한 연구도 작업장의 노동세계와 문화에 미치는 영향을 중심으로 수행되었다.

전자의 미시적 연구를 살펴보면 여성주의적 입장을 강조하며 작업장에 대한 연구를 실시한 김경희는 가정 내 성별 분업과 직장 내 성별 분업이 연계되어 있으므로 가부장제와 자본주의는 밀접하게 결합되어 있다는 시각에 입각하여 1970년대 여공의 수기와 구술기록을 분석했다. 즉, 여성은 가족을 위해 교육을 포기할 것을 강요당하고 어린 나이에 취업할 수밖에 없었을 뿐만 아니라, 작업장에서는 가사노동의 연장선 상에 놓여 있는 직무에 배치되었고, 남성 관리자의 권위적 태도와 성희롱에 시달리면서도 사회에 만연한 가부장제 이데올로기 때문에 이의제기를 할 수 없는 입장에 놓여 있었으며, 여성 사이에서도 기능 서열에 따라 권위적 위계서열이 매겨지고 있었다. 여성에게는 직업훈련을 받을 기회도 차별적으로 적용되었다. 여성은 작업장에서 본래 직무 이외에도 취사와 같은 가사노동적 성격을 가진 일을 부가적으로 수행했으며, 노동의 대가로 받은 수입도 가구 수입의 일부로 포함되었으므로 자유롭게 처분할 수 없었다. 즉, 여기에서는 1970년대 여공의 모습이 가부장제와 사용자의 전제적 노무관리라는 이중고에 시달렸던 것으로 그려지고 있다.

강남식도 여성주의적 입장에서 1970년대 여공의 정체성과 노동운동의 관계를 다루고 있다. 이 연구에서는 주류 문화의 영향으로 상업주의에 물들고 전통적 가치관을 주입받아 보수적 정체성을 가지고 있던 여공들이 노동운동에 참가하면서 노동자로서의 정체성을 가지게 되고 여성문제를 인식하는 과정이 지적되어 있다. 또한 강남식은 1970년대 노동운동을 여성이 주도하게 된 원인을 노동시장 구조나 여성과 산업선교회의 친화성에서 찾는 기존 시각을 비판하면서 남성 노동운동의 부재에서 찾고 있다. 이 연구에서는 1970년대 한국의 여성 노동운동에서는 서양의 역사적 경험과는 다르게 남성을 적대적인 존재로 인식하는 성분리주의가 나타나지 않았다는 차이가 지적되어 있다. 연구자가 1980년대의 진보적 여성운동과 남성 노동운동의 토대를 이루는 것도 1970년대 여성노동운동이라는 견해를 제시하고 있는 점이 주목된다. 특히 남성노동자가 계급 정체성을 획득하고서도 보수적인 여성관을 유지하고 있다는 점에서 여성노동자와 차이를 보이고 있다는 분석도 나타나고 있다.

1960~70년대의 작업장 이데올로기와 노동자의 상징적 저항을 고찰한 박해광은 1970년대의 민주노조와 1987년의 노동자 대투쟁 사이에 표면적으로는 조직적·이념적 단절이 존재하지만 수면 하에서는 연속되어 있다는 문제의식을 제시하고 있다. 이를 해결하기 위해 연구자는 담론분석 기법을 사용하여 작업장에서 전개되는 통제와 저항의 양상을 고찰하였다. 여기에서는 지배담론으로 과학화와 인력개발, 근대화가 추출되고, 잔여담론으로 가족주의, 학력주의가 지적되었다. 노동자 저항의 양상은 회사가 정한 시간표를 어기는 일상의 재조직화, 규율과 거리를 두는 유흥의 의례화, 문화·오락 소모임 활동 등의 모습으로 나타났다. 특히 소모임 활동을 통해 집합적 정체성이 형성되고 1970년대와 1980년대의 노동운동을 잇는 고리가 만들어졌다는 분석이 제시되고 있다. 즉, 이 연구에서는 노동자의 상징적 저항이 지배이데올로기의 균열을 초래하는 계기가 되었다는 점이 지적되고 있다.

장미경은 기업복지와 여성노동자의 대응을 고찰하였다. 연구자에 의하면 노동력 관리를 위해 기업이 주도적으로 다양한 복지프로그램을 제공하였으며, 이는 순응적이고 협조적인 노사관계를 형성하는 데 기여하였다. 그러나 이에 대해 일부 노동자는 도전과 저항이라는 반응을 보이며 노동운동 활성화의 계기로 삼았다는 양상도 나타나고 있다.

장상철은 공장새마을운동의 목표가 노사관계 관리에 있었으며 명목상으로는 경영혁신, 경영 근대화, 인적자원 이념, 고임금 체제와 실질적 복지, 기업의 사회적 책임론이 지향되고 있었다는 점을 지적하고 있다. 그러나 이 운동에는 자발적 참여를 강조하지만 억압적 통제가 실시되고, 합리적 노사관계를 지향하지만 현실은 억압적이며, 개인주의를 강조하는 근대화와 기업과 종업원의 일체감을 강조하는 공동체주의 사이의 충돌이라는 다양한 모순이 내포되어 있었다. 연구자는 결국 투자가 수반되지 않는 정신계몽운동으로 노동자를 경제적으로 동원하려 했던 공장새마을운동은 노동자의 호응을 받을 수 없었다는 점을 지적하고 있다.

거시적 노사관계 환경을 다룬 연구를 보면, 권진관은 1970년대의 민주노조운동과 밀접하게 결합되어 있는 산업선교회의 2세대 지도자인 평신도 출신 실무자에 대해 살펴보고 있다. 그는 주요 활동가의 개인적 이력과 활동 내용을 소개하면서 정치적 상황의 경색과 함께 산업선교에서 종교활동보다 사회운동이 중요한 의미를 가지게 되었으므로 평신도 출신 간사들이 적극적으로 노동운동을 조직해 나가는 모습을 분석하고 있다. 1980년대에 들어와 공개적인 노동운동이 허용되지 않는 암울한 상황 속에서 민주노조가 강제 해산되고 산업선교회의 영역도 종교활동으로 축소되었다. 그러나 산업선교회의 도움으로 활성화된 민주노조의 활동가들은 노동운동과 사회운동의 주체로 발전하여 나갔다는 점에 주목할 필요가 있다.

한홍구는 사회 전체가 병영이 된 유신체제하에서 군사문화와 국민 개병제가 작업장의 사회관계와 노동자 문화에 미친 영향을 분석하고 있다. 군 조직은 기술교육, 문맹퇴치, 이데올로기 교육을 통해 근대적인 기업조직에 적합한 노동력을 대량으로 공급하는 기능을 수행했다. 특히 군사문화는 노동자들이 상명하복이라는 권위주의적 질서에 쉽게 적응하도록 만드는 기능을 발휘했다. 반면에 이러한 문화는 주인의식을 가지고 직장에 정착하기보다는 일시적으로 머무르다가 떠나가는 뜨내기 정신을 가진 노동자를 양산하는 효과를 가져왔다고 분석되어 있다.

1970년대의 민중시를 분석한 임규찬은 군사독재체제에 문제를 느끼고 있는 시인에게 남은 선택지는 정면으로 현실 정치를 비판하는 김지하의 길과 민중의 정서를 존중하는 신경림의 길이었다고 판단하고 있다. 연구자는 제3의 유형을 가진 민중지향적인 정희성의 시 세계를 통하여 일용노동자를 비롯한 민중의 삶을 보여주고 있다.

　이상과 같은 연구성과는 보존 가능한 기록으로 전화된 기억에 대한 분석이라는 의미를 가지고 있다. 여기에 등장하는 노동자들은 1980년대에도 노동현장에 있었고 대부분 현재까지 살아 사회활동을 하고 있다. 즉, 1960~70년대의 노동사는 현재 한국의 시민사회를 구성하고 있는 주체의 생애사이기도 하다. 또한 연구자들의 시각에는 현재의 문제의식이 투영되어 있을 수밖에 없다. 여기에서 당사자와 연구자 사이에는 사실에 대한 해석이 달라질 수 있는 소지가 발생하는 점을 감수할 수밖에 없었다. 그러나 연구자들은 이러한 인식의 격차를 노동사만이 아니라 노동연구의 발전을 위한 새로운 계기로 삼을 필요가 있다고 보인다.

차례

서문 3

1장 여성노동자의 작업장 생활과 성별 분업:
   1970년대 제조업을 중심으로 ____15
   1. 문제제기 15
   2. 연구방법과 구술사례의 특징 19
   3. 여성의 직업선택과 직무분리 20
      1) 가사노동 연장으로서의 공장노동의 선택 20
      2) 직업훈련기관의 성별 분리 모집 24
      3) 성희롱과 직업선택의 제약 27
   4. 성별 직무분리와 노동과정의 특성 29
      1) 노동과정과 숙련의 형성 29
      2) 성적 위계에 의한 가부장적 통제 32
      3) 성별 임금격차와 저임금 36
   5. 가사노동과 여성노동의 성격 40
   6. 맺는 말 47

2장 70년대 여성노동자의 정체성 형성과 노동운동 ____53
   1. 서론 53
      1) 문제제기 53
      2) 선행연구와 연구방법 55

2. 노동자로서의 정체성 형성: 성과 계급 정체성간의 갈등과 조화 58
　　1) 전통적인 성 정체성과 여성노동자 58
　　2) 노동자로서의 정체성 형성과 성 정체성 변화 66
3. 여성주도 노동운동의 특성 75
　　1) 노동운동을 주도하는 여성노동자 76
　　2) 성분리주의를 넘어선 여성노동운동 80
4. 70년대 여성노동운동의 의미와 평가 85
5. 결론 88

3장 작업장 이데올로기와 노동자들의 상징적 저항: 1960~70년대를 중심으로 ___95

1. 문제제기 95
2. 이론적 논의 97
　　1) 감정구조 97
　　2) 작업장, 이데올로기, 저항 99
3. 분석방법 101
　　1) 수기를 통한 텍스트 분석 101
　　2) 구술방법 101
4. 작업장 상황과 주체의 존재조건 102
5. 작업장과 이데올로기적 통제 104
　　1) 사회적 지배담론 105
　　2) 잔여적 담론들 115
6. 노동자들은 저항했는가? 123
　　1) 일상의 재조직 123
　　2) 유흥적 의례와 집합적 정체성 126

4장 1970년대 기업복지와 여성노동자의 대응 ___133

1. 서론 133
2. 논의의 배경과 분석틀 137
　　1) 70년대 기업복지의 성격과 수준 137
　　2) 연구방법 140

3. 기업복지와 여성노동자의 인식   141
      1) 생활의 불편을 해소해 주는 편리한 제도   142
      2) 사기를 진작시키는 제도   144
      3) 사용자의 따뜻한 배려의 결과   147
      4) 노동자 통제기제   150
      5) 생산력 향상과 노동력 창출을 위한 수단   153
   4. 기업복지와 여성노동자의 대응   156
      1) 협력과 헌신   156
      2) 적응과 순응   160
      3) 도전과 저항   162
   5. 결론   166

5장 작업장통제전략으로서의 공장새마을운동: 성과와 한계 ___173
   1. 문제제기   173
   2. 공장새마을운동의 전개   175
   3. 경영혁신운동으로서의 공장새마을운동   181
   4. 경영혁신운동에서 경영근대화운동으로   182
      1) 인적자원 이념의 강조   184
      2) 고임금체제 지향과 실질적 복지 개념의 등장   186
      3) 기업의 사회적 책임론   187
   5. 공장새마을운동의 내적 모순   189
      1) 자발적 참여와 억압적 통제   189
      2) 합리적 노사관계와 억압적 현실   191
      3) 개인주의와 공동체 이념의 충돌   192
   6. 결론   194

6장 1970년대의 산업선교 활동과 특징:
   2세대 산업선교 실무자들을 중심으로 ___199
   1. 서론   199
   2. 인물들에 대한 약술   201

3. 70년대 산업선교의 활동: 제2세대를 중심으로　205
　　　　1) 인천 산선의 경우　205
　　　　2) 영등포 산선의 경우　209
　　4. 1970년대의 산업선교 성격에 관한 토론　216
　　　　1) 1970년대의 산업선교와 노동운동　216
　　　　2) 한국의 개신교는 산업선교를 적극적으로 지원했는가?　218
　　　　3) 1970년대의 산업선교는 충분히 평신도, 노동자 중심적이었는가?　220
　　　　4) 1980년대의 노동운동과 산업선교의 자기 방향에 대한 고민　222
　　　　5) 조직적 탄압 속에서 용공으로 몰린 평신도 지도자들　223
　　　　6) 산업선교는 주요 민주노동조합에 어느 정도 영향을 끼쳤을까?　227
　　5. 결론　230

7장 병영국가 대한민국에서의 군대체험과 노동계급 형성　233

　　1. 들어가는 말　233
　　2. 한국 사회의 군사화와 병영국가의 성립　235
　　　　1) 군사화의 기반　235
　　　　2) 1968년의 위기와 병영국가화　237
　　3. 한국 남성의 군대체험과 근대적 인간형의 창출　243
　　　　1) 공장체제와 근대적 인간으로서의 노동자　243
　　　　2) 국민기초교육과 군대　244
　　　　3) 군대와 기술인력 양성　246
　　　　4) 이데올로기 교육장으로서의 군대　249
　　4. 맺음말　253

8장 1970년대 '노동시'의 한 양상:
　　　정희성(鄭喜成)의 시를 중심으로　259

　　1. 서론　259
　　2. 정희성 시의 지식인적 면모와 시적 형상　265
　　3. 정희성의 '노동시'적 성격과 「저문 강에 삽을 씻고」의 의의　274
　　4. 결론　282

1장
여성노동자의 작업장 생활과 성별 분업
1970년대 제조업을 중심으로

김경희 (여성개발원 연구위원)*

1. 문제제기

1970년대 여성노동에 관한 연구는 자본에 의한 노동과정과 노동통제가 어떠한 방식으로 이루어졌는지, 또한 여성노동자의 작업조건이 얼마나 열악했고 임금수준이 낮았는지 등의 근로환경에 대한 설명과 분석에 집중되어 있다. 따라서 1970년대 당시에 취업여성의 다수를 차지했고 제조업의 주요 노동력이었던 '여성노동자'에 대한 관심은 '여성'이기보다는 '노동자'의 상황을 설명하는 데 치우쳐 있으며, 여성노동자가 어떠한 가족환경에서 성장했고 어떠한 경로를 통해 노동자로 유입되었고 왜 특정 직종에 주로 취업하게 되었는지에 대해 충분히 설명하고 있지 못하다. 성별로 분화된 사회에서 여성은 남성과 다른 특성과 기질을 갖게 되고 그러한 성 정체성(gender identity)은 여성의 삶과 생활세계에 결정적인 영향을 미칠 수 있다. 또한 산업화 이후 생산과 재생산 영역이 분리되면서 가정에

---

* kh99kim@hanmail.net

서 행해지는 많은 노동이 무보수로 그 가치를 인정받지 못하는 상태에서 여성의 생산노동의 일부가 가사노동의 연장으로 인식되거나 평가 절하될 가능성을 내재하고 있다. 더욱이 노동시장 내 성별 직무분리가 광범위하고 확연하게 존재하고 있는 상황에서 성별 분리는 여성의 노동을 평가절하하고 저임금을 정당화하는 요인으로 작용할 수 있다.

지금까지 여성노동자에 관한 연구들은 주로 거시적인 통계지표에 의한 계급구성이나, 내부분화, 노동시장 등의 객관적 상태에 초점이 맞추어져 왔다. 이 연구들과 병행하여 미시적 사례연구나 질적 분석을 통해 노동자들의 실태를 실증적으로 해명하고자 하는 논의가 이루어졌고 이 중 노동과정을 중심으로 하는 연구가 진행되었다. 노동과정의 중요성은 자본축적을 가능하게 하는 잉여가치가 직접적으로 생산되는 곳으로(서미경, 1988) 노동과정 연구들은 자본축적에 따른 노동과정의 변화양상, 통제의 유형을 분석하면서 노동자 내부구성이나 숙련(skill)의 성격 등의 상태를 밝혀내고 있다. 그러나 관련 연구들은 여성노동자들이 성별 분업에 기초한 사회에서 어떻게 자신들의 노동생활을 유지해 왔으며, 작업장내 여성노동이 어떠한 성적 특성을 갖고 있는지 가족과 작업장을 연계하여 설명하려는 시도를 하고 있지 않다. 또한 작업장에서 성별관계를 고려하지 않거나 성(gender)을 고정되거나 정체된 것으로 이해하고 있다.

가족과 노동 간의 관계를 설명하는 여성학자들의 연구에 의하면(Agarwal, 1995; Folbre, 2001: 26), 가부장적 가족과 위계적인 생산체계 사이에는 긴밀한 연관성이 있다는 사실이 지적되고 있으며, 가부장적 가족은 성별 분업에 기초한 남성의 여성에 대한 지배를 가능하게 하는 물적 토대로 인식되어 왔다. 가족을 조직하는 주요 축은 성(gender)과 세대이며, 두 축을 중심으로 역할 분담과 권력을 포함한 자원의 배분이 이루어져 왔다. 특히 성(gender)은 근대 가족을 조직하는 핵심적인 요소이며, 성에 따른 역할분담, 양육방식과 책임, 성적 표현과 행위, 심리적 지향 등이 가족을 통해 재생산되고 가족을 조직하고 있다(Risman, 1998; 이재경, 2003: 22-23에서 재인용). 따라서 가족은 성과 연령에 기초한 위계구조와 성별 분업, 가부장적인 의식을 사회 전반에 확산시키는 진원지로 이해되어 왔다. 또한 성별 분업은 여성과 남성의 삶의 영역을 규정짓고, 사회적 역할을 부여하는 토대와 의식을 형성해 왔다.

성별 노동분업은 '자본주의 사회에서 여성지배의 남성 우월성을 유지시켜주는 일차적인 메커니즘을 통해 성으로 규정지어진 직업분리'로 정의된다.[1] 광의의 성별 분업은 여성의 영역을 가정에 한정짓고, 남성의 영역을 일터에 위치지우며 여성의 일차적인 일을 가사와 육아에 두는 한편, 남성의 일을 생산노동에 두어 공간을 성별로 분리하고 각 영역에서의 역할을 성별로 분화시키는 것을 말한다. 이러한 성별 분업의 구조에 의하면, 여성은 가사노동자로 남성은 생계 책임자로 그 역할을 부여받게 된다. 성별 분업의 논리는 가정과 일터, 문화 전반에 걸쳐 여성과 남성 모두의 일상생활을 지배하고 그 역할을 규정짓는가 하면, 여성의 욕구와 행위, 선택과 활동에 영향력을 행사하는 이데올로기로 작동하고 있다(Pilcher & Whelehan, 2004: 64). 여기에서 협의의 성별 분업은 노동시장 내 성별 분리를 지칭한다. 노동시장에서 여성은 특정 직종에 편중되어 있는 반면 하위 직급에 집중되어 있다. 수평적 성별 분리와 수직적 성별 분화가 존재하는 데 분리 이상의 의미를 갖는다. 여성과 남성은 다른 유형의 직무를 하는데 직무간의 위계구조가 존재하며 그것은 임금과 직업훈련, 승진 등에 결정적인 영향을 미친다. 왜냐하면 여성집중 직무와 남성집중 직무의 위계구조가 다르고 승진에서 차이가 있기 때문이다. 하트만(Hartmann)은 직무분리가 자본주의사회에서 여성에 대한 남성의 우월성을 유지시키는 일차적인 기제라고 규정하고 있다. 하트만에 의하면, 가부장적 가족 안에서 남성

---

[1] 매킨토쉬(Mackintosh)에 따르면 성별 노동분업은 '인간의 사회생활의 역사 속에서 생겨나고 문화로서 고정되어 온 성(gender)의 구분에 따른 노동분업'이라고 이해된다. 또한 영(Young)은 '성을 기반으로 하여 노동과정 안에서의 위치에 따라 정해지는 일 분배체계'라고 정의한다(Heidi Hartmann, "Capitalism, Patriarchy and Job Segregation by Sex," SIGNS, Vol.1, No.3(1976); 이수자, 1983: 5에서 재인용).

들은 위계적인 조직과 통제기술을 배우며, 자본주의 발달 이전에 가부장적 체계는 가족 안에서 여성과 아동의 노동력을 통제하면서 형성되었다. 확고하게 형성된 가정 내 성별 분업은 자본주의 임금노동체계에서 성별로 분절화된 노동분업을 창출하게 되며, 가부장제와 자본주의간의 상호 협조가 발생하고 여성에게 사악한 이 순환의 고리는 여성에게 불이익을 주게 되어 있다는 것이다(Hartmann, 1982). 따라서 성별 직무분리는 보다 더 많은 물질적인 보상을 주는 직무를 남성이 유지하게 하는 장치가 된다.

이러한 해석은 1970년대 우리나라 작업장에서 발생하는 성별 분리 현상에 대해서도 적용될 수 있다. 여성이 절대 다수를 차지하는 작업장에서 여성들을 관리하는 자는 남성이며, 남성 관리자들은 성별 위계에 기초해서 자본의 이해를 실천하고 있다. 여성들이 미싱에 매달려 온종일 일하거나 미싱사들을 위해 바쁘게 움직이는 시다들이 존재하는 작업장에서 남성들은 목표 작업량을 재촉하면서 노동강도를 높이는 한편 성을 매개로 한 통제전략을 사용하고 있다.[2] 그 과정에서 성 관념(gender image)은 노동 현장에서 노동 통제를 위한 통합적인 기제의 주요 부분일 뿐 아니라 노동운동의 중심 상징이며 중요한 상징적 구조 틀로서 작동되고 있음이 강조되고 있다(김현미, 1996: 168-169).

이러한 문제인식으로부터 출발해서 이 연구는 1970년대 산업의 주축을 이루었던 제조업 부문에 종사했던 여성들의 작업장 생활세계에 성별 분업이 어떠한 영향을 미쳤으며, 그 성별 분업이 어떠한 방식으로 유지되는지에 집중하여 분석하고자 한다. 특히 여성이 직업을 선택하는 과정에서 가부장적 가족이 어떠한 영향을 주었으며, 성별 직무분리가 노동과정과 노동통제 안에서 실천되는 방식을 살펴보려고 한다. 또한 어떠한 과정에 의해 여성노동자의 일이 여성성과 결부되어 업무의 범위가 구성되고 여성

---

[2] 조순경은 성적 통제를 "가부장적 사회구조하에서 자본이 성을 매개로 하여 여성노동자들의 자본에 대한 교섭력 및 조직 역량을 약화시키려는 노동 통제양식"이라고 개념화한다(조순경 외, 1989: 7).

노동에 대한 평가절하를 통해 저임금이 유지되는지 파악함으로써 성별 분업이 노동환경을 포함한 여성의 작업장 생활에서 어떠한 의미를 갖게 되는지 알아보려고 한다.

2. 연구방법과 구술사례의 특징

연구방법은 1970년대의 문헌과 노동자들의 수기를 활용했으며, 그 시기에 제조업에서 일을 했던 여성들을 면접하였다. 여성의 경제활동참여의 정도, 성별직종분리, 성별임금격차 등을 알기 위해 경제기획원과 노동청의 통계자료를 활용했으며, 크리스찬 아카데미와 노동청에서 발간한 노동자 수기가 실린 자료를 사용하였다. 또한 당시에 발간된 논문과 70년대의 여성노동을 분석한 관련논문을 이용하였다.

필자가 여성노동자들을 면접한 기간은 2004년 3월과 7월 사이이고, 면접횟수는 1회 또는 2회였다. 구술시간은 2시간에서 5시간 정도였고 개별면접과 단체면접을 병행했다. 처음에는 노조활동을 했던 노동자를 주로 면접했으나 이후에는 노조활동을 하지 않은 일반 여성들을 소개받아 면접을 하였다. 직접 구술한 인원은 7명이며, 성공회대 사회문화연구원이 구축한 노동사 자료실에 소장된 여성노동자의 구술내용을[3] 분석대상에 포함시켜 모두 10명이다. 사례 여성들이 취업했던 업종은 의류업, 방적업, 제과업, 가구업 등으로 모두 제조업이다. 대부분의 여성들이 1970년대에 10대 여성으로 취업을 위해 서울로 이주해 왔으며, 친척집이나 공장 근처에 있는 기숙사 또는 자취방에서 생활하는 경우가 많았다. 몇몇 구술자들은 공장생활을 하기 이전에 가정부로 일한 경험이 있었으며, 대부분 친척이나 친구소개로 취업을 하게 되는데, 고용인원이 10여명 되는 소규모

---

[3] 김진희 구술(반도상사): 김귀옥, 2003; 이복례 구술(해태제과): 장미경, 2003; 신미자 구술(롯데제과): 장미경, 2003.

<표 1-1> 구술사례의 인적 사항

사례	업종	출생년도	연령	출신지역	최종학력	가족관계	기타 교육	노조활동경험
1	의류	1962	43	전남 나주	국졸	2남3녀 중 3녀	야학 (교회)	있음
2	의류	1961	44	전남 고흥	국졸	3남2녀 중 장녀	야학 (검정고시)	있음
3	전자·의류	1958	47	전북 고창	국졸	3남4녀 중 장녀	야학 (교회)	있음
4	제과·의류	1960	45	전남 나주	국졸	2남3녀 중 장녀	-	없음
5	의류	1961	44	경북 예천	중졸	3남5녀 중 5녀	-	없음
6	의류	1958	47	전남 보성	중졸	3남3녀 중 장녀	양재협회 기술교육	없음
7	섬유	1957	48	경남 하동	중졸	2남4녀 중 장녀	사내 기술교육	없음

공장에서부터 인원이 3,000여명이나 되는 대규모 공장에서 일한 경험을 갖고 있었다. 출생지는 주로 전라도와 경상도 지역이었고 국졸 또는 중졸의 학력으로 교육을 더 받고 싶어 했지만 가정형편이 어려워 학업을 중단해야 했고 자신의 임금을 가족의 생활비와 형제들의 학비를 보태는 데 사용하는 경우가 많았다. 또한 자녀의 수가 5-8명이면서 2세대 또는 3세대 가족에서 성장했다.

3. 여성의 직업선택과 직무분리

1) 가사노동 연장으로서의 공장노동의 선택

1970년대에 여성노동자들은 주로 어떠한 직종에 취업해서 일을 하고 있었으며, 직업 선택의 과정은 어떠했는가? 또한 여성은 어떤 과정을 거쳐 특정 직종에 취업하게 되는가? 1976년 기준으로 노동자의 70%는 제조업에 취업하고 있어 이 산업에 집중되어 있음을 알 수 있다.[4] 또한 전 산업의 노동자 분포를 규모별로 보면 300인 이상 대규모 사업체에서 일하는 근로자의 비율이 49%로 절반을 차지하고 있으며, 50-299인 이하의 중소규모 사업체에 취업한 비율은 21%, 5-49인 이하의 영세규모 사업체에서 일하는 비율이 30%로 전체의 1/3을 차지하고 있다. 연령별로 보면 여성의 경우 18세에서 24세가 전체의 73%로 젊은 층의 여성이 압도적으로 다수를 차지하고 있다. 더욱이 20-24세에서 45%를 차지하다가 25-29세에 9.5%로(노동청, 1977: 34) 급격히 하락하는 것은 취업여성의 대부분이 결혼을 하게 되면 직장을 그만두었던 당시의 관행을 반영하고 있다고 볼 수 있다. 따라서 1970년대의 여성노동시장은 10대 후반과 20대 초반의 여성이 절대 다수를 차지하였고, 제조업에 주로 취업해 있으면서 미혼여성이 중심인력으로 구성되어 있었다. 특히 여성들은 제조업에 집중되어 취업여성의 80%가 일을 하고 있고 제조업 내에서도 섬유 제조업에 32%, 의류 제조업에 18%가 취업하고 있어 제조업에 취업한 여성 중 50%가 섬유·의류업에서 노동하고 있는 것으로 나타나 있다.[5]

이와 같이 여성들이 특정 직종에 편중하게 되는 이유는 당시의 산업구조가 노동집약적인 산업 중심의 제조업 위주이면서 저임금의 인력을 선호했기 때문이기도 하지만, 노동력 공급측면에서 볼 때 여성들이 가사노동

---

[4] 1976년에 노동자 전체 수는 215만 8,064명이었으며 산업별로 구성비율을 보면, 농업 수렵업, 임업 및 어업 0.9%, 광업 2.8%, 제조업 69.7%, 전기, 가스 및 수도사업 0.6%, 건설업 2.7%, 도소매 및 음식·숙박업 4.9%, 운수·창고 및 통신업 8.6%, 금융·보험·부동산 및 용역업 4.5%, 사회 및 개인 서비스업 5.3%인 것으로 나타나 있다(노동청, 『사업체 노동실태 조사보고서』, 1977(1)).

[5] 1977년 기준으로 취업한 여성의 수는 1,093,530명인데, 제조업에서 일하는 수는 877,590명으로 80.3%를 차지하고 있다. 제조업 중 섬유 제조업에 종사하는 여성의 수는 276,228명(31.5%), 의복 제조업에 종사하는 여성의 수는 158,761명(18.1%), 전기기계기구 제조업에서 일하는 여성의 수는 122,242명(13.9%)으로 제조업에 취업한 여성들은 주로 섬유·의류·전기기구 제조업에서 일하고 있음을 알 수 있다(노동청, 『사업체 노동실태 조사보고서』, 1977).

과 유사한 형태의 일을 하기에 적합했고 더욱이 가부장적 가족 구조 하에서 생계유지를 위해 어린 딸들을 도시로 내 보내어 취업하도록 했던 사회적 상황이 존재했기 때문이다. 따라서 여성들의 취업은 자유로운 선택이기보다는 딸이라는 이유로 어린 나이에 집을 떠나 취업을 할 수밖에 없는 제한적 선택이었고, 여성에게 취업 가능한 직종은 방적업과 의류업이었다. 전자업만 해도 학력수준이 중졸 이상이 되어야 가능한 경우였다.

"초등학교를 졸업하고 갈 수 있는 곳은 많지 않았어요. 전자회사는 고등학교를 졸업하거나 최소한 중학교는 졸업해야 들어갈 수 있다고 알고 있었어요. 주로 옷 만드는 공장에서 여자들을 뽑았는데 초등학교를 나온 저로서는 그곳에 갈 수밖에 없었지요."(사례 1)

가정에서 가사를 돕거나 엄마와 함께 일하면서 여성으로서의 정체성을 갖게 된 딸들은 집에서 바느질이나 뜨개질을 하면서 일찍부터 봉제를 배우고 동성의 부모와 친밀한 관계를 형성하면서 여성이 주로 하는 일을 자신이 미래에 하는 일로 자연스럽게 받아들이게 된다. 여성이 어머니와 함께 했던 노동체험이 직업선택의 행위유형을 만들어갔던 것이다. 성별분업에 기초한 가부장적 사회에서 여성이 내면화했던 여성성(feminity)은 남성 생계부양자와는 대비되는 개념으로, 사적 영역에서 행해지는 가사노동은 노동계급의 여성성을 규범적인 상태로 보이도록 했다(Brooke, 2001: 776). 가사노동은 여성성과 연계되어 있고 여성적인 역할로 인식되면서 여성노동자들은 동성의 부모와 함께 일을 하면서 '여성의 일'을 자연스럽게 습득했다.

"초등학교 시절에 방학이 되면 새벽부터 남의 밭일을 하러 집을 떠나는 엄마를 따라 다녔어요. 엄마가 밭을 맬 때 그 옆에서 일을 했는데, 엄마가 해준 이야기가 너무 재미있어 시간가는 줄 몰랐어요. 그 이야기를 듣고 싶어 엄마 옆에 바짝 붙어 일을 했고, 어렸지만 손이 빨라 엄마와 보조를 맞추면서 일을 할 수 있었어요. 집에 돌아와 저녁이 되면 엄마는 재봉틀을 꺼내 놓고 옷을 만드는가 하면 겨울에는 뜨개질을 하셨는데 엄마를 보면서 재봉 일을 배우고 싶었어요." (사례 5)

그 시기에 여성들이 주로 취업했던 직종은 식모, 의류업, 방적업, 버스안내양, 전자회사 등이었으며 직업을 선택하는 과정에서 '여성적'인 특성을 가진 직종을 선호하는 경향을 보였다. 한 여성노동자의 일기에서는 여성이 선택할 수 있는 직종이 별로 없었으며, 그 중에서도 '여성다운' 직무를 하고 싶어 했던 것으로 나타나 있다.

"어서 취직을 하기는 해야 될 텐데 ……, 식모, 여관, 다방, 양장점, 제품공장, 전자회사……. 이 중 한 가지를 택해야겠는데 뭐든 마땅치가 않다. 양장점이 제일 여성다운 직장이긴 하지만 이제 시다로 들어가기도 그렇거니와 월급이 너무 적은 것 같다……. 도대체 세상에서 제일 좋은 직업이 무엇일까?"(석정남, 1976: 187)

가정에서 여성들이 해오던 일 또는 친숙하게 여겼던 의류업에 여성들이 주로 취업했던 또 다른 이유는 여성성과 의류업의 특성이 연결되어 있기 때문이다. 가정에서 옷을 만들거나 손질하는 일은 당연히 여성의 몫으로 여겨졌고, 그 일을 하려면 꼼꼼하고 섬세해야 한다는 전제가 깔려 있었다. 그런데 옷 만드는 일과 관련된 직종을 여성들이 선택하게 되는 과정은 직업훈련에서부터 예정된 것이었다. 여성들은 기계조립과 선반 등의 중공업 분야에 지원조차 할 수 없었고 심지어 전자와 목공에 일을 배우는 훈련의 과정에서부터 배제되어 있었다. 성별 직종분리에 대한 고정관념은 여성이 숙련 노동을 하지 못하도록 방해했으며, 다양한 직종에 진출하는 것을 어렵게 했다(Flexner, 1959: 53; Boris and Kleinberg, 2003: 94에서 재인용).

2) 직업훈련기관의 성별 분리 모집

1970년대 초반은 국가주도의 제3차 경제개발계획이 시작되었던 시기로 한국의 산업구조가 경공업 중심에서 중공업 위주의 체제로 전환하려는 움직임을 보였던 때였다. 당시에 기능사를 양성했던 국가 직업훈련기관의 하나인 정수직업훈련원6)의 경우, 실시되는 훈련직종이 기계조립, 선반, 밀링, 용접, 배관, 중기정비, 전자, 목공예, 자수 등 9개 공과에 10개 직종이 있었으며, 어느 공과를 졸업하든지 각 사업체에서 2급기능사로서 근무하게 되어 있었다. 그런데 이 직업훈련원의 훈련생 모집계획을 보면 직종선택이 성별로 분리되어 있고 여성이 지원할 수 있는 직종은 자수분야에 한정되어 있다.

실제로 1972년 노동청에서 인정한 훈련직종은 117종인데 여성을 위한 직업훈련은 극히 제한된 10여종에 불과하며, 현장훈련으로 기능을 습득시켜 작업케 하는 상황이었다. 그런데 직업훈련을 받고자 희망하는 여성들이 다수인 것으로 나타나 있다. 당시에 여성노동자를 대상으로 한 설문조사에 의하면, "여성에게도 직업훈련이 필요하다고 생각하는가?"라는 질문에 92.5%가 필요하다고 응답했으며, 그 중에서 24.3%는 "꼭 필요하다"고 답하였다(박희진, 1974: 130). 극소수의 직종만을 여성에게 허용하는 직업훈련제도는 여성이 기능 인력으로 훈련받을 기회를 차단하는 것이었으며, 다른 한편에서 노동시장 내 성별 직종분리를 강화하는 주요한 요인이 되었다.

뿐만 아니라 당시의 취업경로를 보면, 친척이나 친구 소개를 통해 일자리를 구하게 되는데, 이러한 관행은 여성이 특정 직종에 취업하도록 유도

---

6) 정수직업훈련원은 육영수여사가 관여했던 기관으로 한국정부와 미국정부가 지원한 자금을 바탕으로 하여 설립된 것이다. 이 훈련원은 1973년 서울시 용산구 보광동에서 개원하였으며 부지 총 면적 8,000평에 기숙사와 식당, 실습장, 교사 아파트를 두고 있다. 또한 1974년부터 1979년까지 총 1,881명의 졸업생을 배출하였다(박의호, 1978)

<표 1-2> 직업훈련원의 성별 모집분야와 인원

(단위: 명)

구분		기계조립	선반	밀링	용접	배관	중기정비	전자	목공예	자수		계
										기계자수	수자수	
계		50	100	60	100	40	60	100	100	25	25	660
남자	주간 25	50	30	50	20	30	50	50	-	-	305
	야간 25	50	30	50	20	30	50	50	-	-	305
여자		-	-	-	-	-	-	-	-	25	25	50

자료: 박의호, 「정수직업훈련원의 교육방법」, ≪노동공론≫, 1978년 겨울호.

하는 통로가 되었다.7) 1973년에 대기업을 포함한 기업에 취업해 있는 300여 명의 여성을 대상으로 설문조사한 자료에 의하면, 53.7%가 '친척의 소개'로 취업했으며 24.3%가 '친구의 소개'로 취업하게 된 것으로 조사되었다. '모집광고'는 18.8%, '직업소개소'는 단 1명뿐으로 '친척이나 친구의 소개'가 전체 응답자의 78%였다(박희진, 1974: 129).8) 따라서 친척이나 친구가 일하고 있는 작업장에 소개되는 방식으로 자신의 관심분야와는 무관하게 통상적으로 여성에게 적합하다고 여기는 분야에 취업하는 경향이 두드러졌다. 동성인 여자친구에 의해 소개받고 함께 일하게 되는 경로가 자연스럽게 성별 분리를 결과했다.

이러한 취업경로는 공공 직업알선기관이 절대 부족하고 제대로 작동하지 않는 상황에서 여성의 취업알선을 돕는 기능을 했지만, 다른 한편에서 여성으로 하여금 다양한 직종에 취업하기 어렵게 하는 요인이었다. 서울

---

7) 여성들은 친척이 다니는 공장에 취업하거나 친구를 통해 취업하는 경우가 많았다(박덕자 구술: 김경희, 2004; 김진희 구술: 김귀옥, 2003). 간혹 학교 추천을 통해 취업하는 사례도 있다(서정희 구술: 김경희, 2004).
8) 이 조사에서 응답자의 연령별 구성은 20-24세가 60%로 가장 많고 다음이 15-19세가 35.7%였다. 따라서 응답자의 95.7%가 16-24세 사이에 속하고 있다. 응답자의 학력수준을 보면 중졸이 65.9%, 국졸이 19.6%, 고졸이 14.5%였다.

직업안정소를 비롯한 24개 국립직업안정소가 1968년에 설립되어 여성의 취업 알선을 맡아 왔지만 70년대 여성의 취업알선 현황을 보면, 대부분 민간 영리기관인 유료직업안내소를 통해서 이루어지며, 취업직종이라고 해야 요식업종사자나 아니면 가정부를 알선하는 정도여서 국가의 고용정책에서 여성이 소외되었음을 알 수 있다(취재부, 1972: 124).[9]

1972년 기준으로 전국의 직업안정기관은 공공 직업안정소가 27개소, 각 지방자치단체 등에 의하여 운영되는 무료직업소개소가 7개소, 사설유료직업안내소가 347개소로 이들에 의하여 직업안정사업이 행해지고 있었다. 그런데 전국 직업안정기관을 통해 취업된 인원을 보면, 1972년 상반기 동안 10만 3,809명이었고, 그 중에서 여성은 9만 6명으로 87%를 차지하고 있다(양승훈, 1972: 54).

공공 직업알선기관을 통한 취업자의 대부분이 여성이며, 정부의 직업훈련기관 및 직업소개기관이 여성을 그 직종에 취업하도록 연결시키는 과정은 매우 자연스러운 것이었다. 당시에 여성과 남성의 적성은 다른 것으로 인식되었다. 예컨대 "여성은 기계적 능력이 남성보다 못하지만 수공적(手工的) 능력은 더 우수하다. 여성은 더 감정적이고 불안정하지만 규칙적이고 세세한 일에는 매우 적합하다. 또 여성은 언어적성과 대인관계의 적성이 더 우수하다."고 여겨졌다. 여성교육 내용도 취업준비교육이 아닌 직업과는 무관한 내용이 지배적이어서 남성에 비해 직업선택에 있어서 불리한 실정이었다(김윤태, 1972: 75).

따라서 남성들이 집중된 직종은 '여성의 일'이 아닌 것으로 인식되었을 뿐만 아니라 여성들이 취업하도록 열어두지 않았다. 여성적 특성과 가사와 유사한 직종을 여성의 일로 인식했던 성별 분업은 노동시장 내 성별직종분리를 창출하거나 유지시켰던 주요 요인이었다. 뿐만 아니라 여성들은

---

9) 통계자료에 의하면 여성의 직업훈련은 미싱, 재단, 기계 등 불과 10여 종으로 미개척상의 상태로 벗어나지 못하고 있는 실정인데, 겨우 사업주가 자기 사업에 필요한 정도의 기술습득이나 시키는 초보단계에 머물러 있다(편집부, 1972: 124)

직종을 선택하는 과정에서 성희롱이 발생할 가능성이 큰 작업환경을 기피하는 경향을 보였고 성희롱은 여성들이 직종을 선택하는 과정에서 제약을 주는 또 다른 요인이었다.

3) 성희롱과 직업선택의 제약

당시에 의류업의 일은 임금이 적었고 상대적으로 보수가 좋다고 여겨졌던 버스안내양의 경우 여성들이 주로 하는 일이었다. 버스에 많은 손님을 태워야 하는 일이 힘들었지만 무엇보다 버스안내양을 하면서 버스기사나 손님들로부터 성희롱이 빈번하다는 말을 전해 듣고 그 일을 포기하는 사례가 있었고, 성희롱의 문제는 업종을 선택하는 과정에서 남성과 달리 여성에게 직종을 선택하는 데 영향을 미쳤던 것이다.

"고향에서 알게 된 언니 소개로 인형 옷을 만들어 수출하는 봉제공장에서 일을 하게 되었어요. 버스안내양을 하면 돈을 더 벌 수 있다는 말을 들었으나 버스기사가 안내양을 성희롱하거나 일이 끝나고 나서 성관계를 갖는 경우가 있다고 해서 아예 그 일을 해보려고 생각조차 하지 않았지요." (사례 3)

이와 같이 직장 내 성희롱은 여성이 특정 직종에 취업하는 것을 기피하거나 전직하게 하는 한편, 성희롱 가해자를 피해서 보다 더 열악한 작업장으로 옮겨가도록 했다. 한 여성노동자는 성에 관한 논의가 금기시 되던 70년대에 공식적으로 성희롱 문제를 제기하지 못한 채 이직을 통해 자신의 노동생활을 지속시킬 수 있었다.

"완성반에서 일을 했는데 (남성)관리자가 걸핏하면 듣기에 민망한 농담을 했고, 여자들의 엉덩이를 툭툭 건드렸어요. 참다못해 나와 동료 둘이 회사에 있는 상담실에 찾아가 그 사실을 알렸어요. 며칠이 지나고 나서부터 관리자가 우리에게 이전처럼 성희롱을 하지는 않지만 일 갖고 야단을 치기 시작했어요.

특히 나에게 심했어요. 안되겠다 싶어 직장을 옮겼는데 대우가 좋지 않았어요."
(사례 4)

심지어 직장내 성폭력의 위협은 여성들로 하여금 직장을 떠나도록 하는 요인이 되었고, 여성들은 다양한 직종에 취업할 수 있는 기회를 갖지 못한 채 직업선택을 제한받는 환경에서 생활하였다. 성폭력은 공장에서뿐만 아니라 공장 밖 길거리에서도 존재했고, 성폭력의 가능성은 밤 시간에 가게에 가서 먹을 것을 사오는 것조차 어렵게 하면서 여성들의 활동공간을 크게 제한하였다.10)

"고향에서 올라와 언니네 식구와 함께 지내면서 언니가 다니는 공장에서 일을 했어요. 가구를 만드는 공장인데 꽤 컸어요. 어려서부터 엄마 따라 일을 다니면서 손이 빠르다고 칭찬을 들었는데요, 그래서인지 일을 잘한다는 소리를 많이 들었어요. 잘 다니고 있었는데 제가 어려서 그런지 잘 모르고 바보같이 보였나 봐요. 공장에 들어가 처음으로 교육을 받았는데 교육차장인가 하는 나이든 남자가 공장 밖에 있는 교회에서 저를 만나자는 거예요. 교회 안 컴컴한 곳에 있었는데 저를 보자마자 안으려고 하면서 치마 속으로 손을 넣는 거예요. 너무 놀라 뿌리치면서 나오는데 뒤에서 여관으로 오라는 말이 들리는 거예요. 얼마나 창피하고 서럽던지 혼자서 하루 종일 엉엉 울었어요. 그렇게 많이 울어본 적도 없을 거예요. 다음 날 회사를 그만 두겠다고 했지요. 언니와 주변 사람들이 왜 그만두냐고 물었지만 창피해서 말도 못했어요. 그냥······ 다른 일

---

10) 여성노동자의 수기를 보면, 여성들은 작업장 밖에서도 성폭행의 위험을 느끼고 불안해 했다. 하지만 자신들을 보호하기 위한 요구를 다른 한편에서 적극적으로 제기하고 노동을 계속할 수 있는 환경을 주체적으로 만들어갔다.
"공장에는 먹는 것은 취급을 안 하니까 밤일을 12시 30분까지 하고는 배가 고파서 밖에 나가 빵을 사오다가 밤길에 불량소년들에게 봉변을 당하기도 하곤 했습니다. 저는 이래서는 안 되겠다 싶어 사무실에 이런 식으로 건의를 했죠. '한창 성장기에 있는 사람인데 절약하는 것도 좋지만 건강이나 성장을 위해서는 간식도 어느 정도 필요한 것이 아닙니까?' 빵 정도는 팔게 해주세요. 누구나 건강한 몸으로 존재할 때 일하고 싶은 의욕도 있고 돈을 필요로 하는 행복도 누릴 수 있는 것이 아닙니까······ 이렇게 해서 밖에 나갈 필요없이 회사 내에서 저렴한 가격으로 물건을 구입할 수 있게 되었습니다."(김덕희, 1976: 144)

을 하고 싶어서요 …… 라는 말만 했지요 미싱기술을 배우려고 양장점에서 일을 하다가 그 집 어린애 보고, 청소만 하다가 안 되겠다 싶어서 그만두었지요 언니네 집이 솔아서(좁아서) 식구들 눈치가 보였어요. 친척 소개로 신당동에 있는 작은 공장에서 먹고 자면서 일을 했어요." (사례 5)

여성들이 직업을 선택하는 과정을 보면, 가정에서 하던 일과 유사한 형태의 노동을 하면서 특정 직종에 편중되는 경향을 보였다. 더욱이 국가가 운영하는 직업훈련기관에서 모집직종을 성별로 분리·모집하였던 성차별적인 관행은 여성이 남성 중심의 고임 직종에서 훈련받지 못하도록 그 기회를 차단하였으며, 국가는 여성들을 노동시장에 대거 유입시키는 과정에서 성별 분업을 강화하는 데 기여한 것으로 나타났다. 또한 직장 내 성희롱과 성폭력의 위협은 여성으로 하여금 이직하거나 전직하도록 하면서 임금과 근로조건이 좋은 다양한 직종에 취업하기 어렵게 하였다. 농촌가족의 딸로 태어나 생계유지를 위해 자신의 노동력을 팔 수밖에 없었던 여성들은 성별 분업에 기초한 가부장적 사회에서 저임 직종, 하위직에 취업해야 했으며 성별로 직무가 분리된 작업장에서 성적 위계에 의한 가부장적 노동통제에 직면해야 했다.

4. 성별 직무분리와 노동과정의 특성

1) 노동과정과 숙련의 형성

여성들이 주로 취업해 있었던 의류업의 경우 노동과정의 특성은 저임금과 장시간 노동에 의존하는 생산방식과 결합되어 있다. 또한 숙련수준이 기업규모에 따라 다른데, 대규모 공장의 경우 부품을 나누어 적게는 10여명, 많게는 30여 명의 미싱사들이 한 라인에서 일하면서 기술수준에 따라

공정배치가 달라진다. 즉, 소매나 칼라, 칼라와 몸판을 여미는 부분 등의 공정은 까다롭고 솜씨를 요하므로 숙련도가 높은 A급 미싱사가 맡아 한다. A급 미싱사는 보통 3년 이상의 경력을, C급은 미싱을 해본 지 1년이 채 안된 경력자 정도로 구분한다고 하나 체계화되어 있는 것은 아니다. A급 미싱사는 어떠한 공정도 맡아 할 수 있으므로 어떤 공정에 결원이나 하자가 생겼을 경우 자신의 공정뿐만 아니라 그 공정을 메워 목표량 달성에 지장이 없게 하는 역할을 한다. 라인체계에서 미싱사들은 자신의 작업에서 자율성을 행사하기 힘든 구조이지만 시다를 통해 제한된 권한을 행사하고 있다. 소리를 질러 작업속도를 조절하는가 하면, 많은 잔심부름을 시다에게 시키고 자신의 숙련 수준을 쉽게 이전시키지 않는 경우도 있다.

"미싱사 언니들은 친절하게 일을 가르쳐 주지 않아요. 알아서 배워야지요. 시다 일을 하면서 미싱사가 부러워 보였어요. 하루는 미싱사 언니가 퇴근하고 나서 몰래 미싱을 타 봤어요. 할 수 있겠더라구요. 다음 날 난리가 났어요. 미싱사 언니가 자기 미싱에 손을 댔다고 악을 써서 무서워서 혼났어요." (사례 5)

이러한 노동과정에서 두드러지는 특징은 노동통제의 방식이 매일 생산 목표량을 정해두고, 그 목표량을 달성하도록 관리자들이 작업장을 돌아다니면서 여성노동자들을 감시하고 독촉하는 방식이다. 마치 컨베이어 벨트에 의해 작업공정이 이어지듯이 라인작업은 미싱사들이 다른 미싱사들로부터 부품을 넘겨받아 작업을 하도록 되어 있었다. 더욱이 대공장은 수출 기업으로서[11] 납기일에 맞추어 정해진 물량을 생산해내야 하기 때문에 야근과 철야를 빈번하게 하고, 잔업수당을 받으면서 저임금으로 인한 생

---

[11] 대기업 공장은 바이어의 요구에 따라 주문을 받아 생산하는 OEM(주문자상표부착)을 갖추고 있다. 이것은 대기업이나 외국 바이어가 자사의 상표로 생산을 타기업에게 주문하는 방식으로, 일반적으로 '하청'생산의 의미이며 OEM으로 생산한 상품은 대기업이나 외국 바이어에게 납품된다(서미경, 1988: 58).

계의 어려움을 조금이라도 해결하려고 한다.

반면에 소규모 공장의 경우에는 판매점포를 갖고 주문량을 보면서 생산하는데 미싱사와 시다가 1조를 이루어 완제품을 생산하는 방식으로 개수급제를 적용하여 숙련된 미싱사를 중심으로 생산량을 높여 나간다. 따라서 업무가 세분화되어 있지 않은 소규모 공장에서 시다의 노동은 미싱보조업무뿐만 아니라 다리미질과 오바로크 등 기술이 다른 여러 종류의 일을 동시에 수행해야 하는 일로 단순 반복적인 노동과는 달랐다. 미싱사 2명과 시다 1명꼴로 팀작업을 했던 상황에서 시다는 미싱사가 부품을 박기 좋도록 준비를 하면서 칼라와 작은 부품들을 다려야 했다. 큰 공장에서는 아이롱사, 오바로크사가 각각 있었지만, 그 공장에서는 시다가 모두 해야 했다. 제품이 잘못 만들어지면 뜯어내고 박음질이 끝나면 단추를 다는 일도 시다의 몫이었다. 미싱사 한 명이 하루에 정해진 작업량을 해야 했고, 시다는 미싱사의 작업속도에 맞추어 그 많은 일을 모두 해야 했다. 작업장 규모와 환경에 의해 시다는 다양한 형태의 일을 하면서 보조를 했으나 그 가치를 인정받지 못했고 고압적인 분위기에서 기술을 배우고 일을 해야 했다.

> "미싱사 언니가 무서웠어요. 조금만 일이 늦어도 책상으로 손을 막 두드리면서 빨리 가져오라고 신호를 보내는데, 그 딱딱거리는 소리만 들어도 가슴이 떨렸어요. 일이 늦거나 제대로 되지 않는다 싶으면 나무로 된 자를 집어 던져요. 언제나 나도 미싱사가 될 수 있을까 싶었고, 미싱이 있는 그 옆에서 잠을 자다가 일어나면 미싱을 해 보고 싶었어요." (사례 5)

따라서 여성의 숙련형성은 작업장의 규모에 따라 다르고 특히 소규모 작업장의 경우 탈숙련화가 진행되지 않은 상태에서 여성노동자의 숙련수준은 저평가되는 경향이 두드러졌다. 방적업에 관한 한 사례연구에 의하면(김미주, 2000), 숙련과 관련해서 여성의 저임금을 정당화하는 가부장적 통제기제는 사회적 통념상 여성의 섬세함이라든가 능숙함, 손재주와 같은 여성적 숙련(feminin's skill)이 남성들의 힘, 학력, 자격증과 같은 기준으로 평가되는 '기술'보다 낮게 평가되기 때문에 미숙련 노동으로 일반화되는 과정을 구체적으로 묘사하고 있다. 성별화된 작업장에서 여성의 숙련수준은 특정 직종에 편중되어 있으면서 하위직에 몰려있는 여성 집단의 낮은 지위와 상호 연계되면서 여성에 대한 남성의 노동통제를 정당화하는 기제로 작동하고 있다.

2) 성적 위계에 의한 가부장적 통제[12]

성별 직종분리가 현저한 상황에서 여성은 특정 직종과 직무에 집중되어 있었는데, 여성이 절대 다수를 차지하고 있었던 의류업의 경우에도 관리자들은 남성이었다. 이 업종의 생산공정은 재단반, 봉제반, 완성반을 거치면서 이루어지는데, 재단반과 봉제반은 각각 남성, 여성으로 구성되고 완성반은 남녀로 구성된다. 봉제반의 경우 각 조는 조장이 책임지고 생산 목표량을 일정시간에 달성해야 한다. 따라서 조금만 한눈을 팔면 일감이 산더미처럼 밀리게 되어 현장의 노동자들은 주위의 동료 노동자나 조장의 눈치를 보아야 했다(최창우, 1987: 31-33). 따라서 여기에서 주요 노동통제의 방식은 전근대적인 기술적 통제와 병영적 통제가 결합된 형태로 라인

---

12) 기업이 자본을 축적하는 과정, 즉 자본가가 노동자로부터 잉여가치를 확보, 은폐하는 길은 통제라는 형태를 통해서 이루어지며, 작업장 내에서 노동자 자신에 대한 동의를 발생시킴으로써 가능해진다. 이때의 동의는 개인들이 지니고 있는 주관적인 상태의 정당성과는 달리 제 활동의 조직을 통해 표현되는 결과물로서 개개인의 특수한 의식과는 구별되어지는 것이다. 톰슨은 동의와 순응을 구분하여 동의는 일련의 작업관계에 대해 동조한다는 의미에서 일정수준의 동의를 함의하는 반면 순응은 노동자들이 노동과정에 대한 자본의 지배와 관련된 권력 및 통제구조에 굴복하는 것으로 본다. 여성노동자의 노동통제를 논의함에 있어서 동의와 순응에 대한 범주의 구분은 유용할 수 있다. 여성노동자에 대한 가부장제의 이데올로기적 통제는 순응을 통한 동의의 확보로, 이에 대한 여성노동자의 저항은 순응에의 거부로 볼 수 있기 때문이다(이건정, 1990: 16).

작업에 의해 노동자들의 작업속도는 조절되었고, 동시에 관리자들은 작업장을 다니면서 수시로 목표량을 점검하고 그 수량이 채워지지 않으면, 노동자들을 집합시켜 야단을 치거나 작업속도가 더딘 미싱사 앞에서 빠른 속도로 일을 하도록 재촉했다.

"관리자는 일을 더디게 하거나 조금이라도 말대꾸하면 큰 소리를 질러댔어요. 무서워서 말도 제대로 못 붙일 정도였으니까요. 일하면서 옆 사람과 이야기하면 일 안하고 떠든다고 소리를 질렀고 욕을 했어요. 죽어라 일을 하는 데도 점심시간 때 걸핏하면 우리들을 불러 모아 야단을 쳤어요. 오전에 해낸 일의 양이 적어 목표량을 채울 수 없다고요. 지금 생각하면 지긋지긋해요. 점심 먹은 게 체할 것 같았어요. 무슨 좋은 소리도 아니고 일을 빨리 하라는 말을 귀가 닳도록 들어야 했으니까요. 밥 먹고 쉬고 싶었어요. 친구들과 이야기도 하고 싶었지요. 관리자들 때문에 할 수가 없었어요. 틈만 있으면 불러 모아 작업량 미달이니, QC(품질향상)니 하면서 우리를 괴롭혔으니 말이에요." (사례 2)

재단사는 고유의 직능인 재단 외에 원단과 디자인의 고안과 선택을 맡음으로써 작업과정을 결정하기 때문에 제품의 수급이나 판매에 신경을 써야 하고 작업량 조절, 작업과정 통제 검사 등 작업과정 전반에 걸친 관리 감독과 채용·작업배치·임금 조절 등 인사관리를 담당하는 감독 내지 공장장의 역할을 담당하여 작업장 내의 분업체계에서 가장 커다란 권한 행사자로 존재한다. 또한 사업주의 지시사항을 전달하거나 출·퇴근에 대한 통제·검사를 통한 작업평가 등을 하며 공장에 따라서는 원단 구입과 제품 출고시 도매상들과의 협상도 담당한다. 따라서 작업장 내의 분업체계로 볼 때 재단사의 경우 기술적인 분업 외에 관리·감독의 사회적인 분업관계가 발생함을 알 수 있다. 반면 여성노동자들은 미싱사 이하 시다까지의 역할 자체가 작업의 국부적인 부분 작업에 한정되어 있기 때문에 행사할 수 있는 권한이 제한되어 있다(이수자, 1983: 36).

대규모 공장에서는 라인 작업에서 남성 관리자들이 여성들을 통제하는 방식이었으며, 소규모 공장에서는 팀 작업에서 개수급에 의한 노동통제가 지배적이었다. 따라서 관리자로부터의 직접적이고 강압적인 통제가 지배적인 가운데, 컨베이어 벨트와 유사한 방식으로 작업속도를 조절하고 노동강도를 강화하는 형태의 기술적 통제가 동시에 존재하면서 성에 기초한 위계적 통제가 병존하였다. 작업장의 조직체계를 구체적으로 보면, 생산직의 경우 견습공→기능공→조장→부반장→반장으로 이어지고, 사무직의 경우 사원→주임→계장→차장→부장→이사로 이어진다. 생산직 여성노동자의 경우 승진의 한계는 반장까지로 엄격히 제한된다(최창우, 1987: 30).

"외출을 하려면 조장한테 허락받고 반장 언니한테 허락을 받은 다음 사무실에 가서 이야기하고 외출증을 끊어 와야 했어요. 외출한다고 말하면 싫어하는 것 같아 말 꺼내기가 싫었어요. 웬만하면 외출을 하지 않았어요. 하루 결근하면 이틀치 분을 월급에서 까니까 웬만큼 아파도 참고 출근했어요. 반장이 되려면 일을 잘하고 억척스러워야 해요. 관리자 눈에 들어야 하구요." (사례 1)

성별 직무분리는 작업장 내의 성별 직무분리가 수평적인 분업이기보다는 수직적이고, 여성중심 사업장의 경우 생산직의 대부분이 여성이고 관리직·감독직의 절대다수가 남성으로 구분되는 것은 성별 위계가 직무상 위계로 나타나면서 여성이 남성들의 통제대상이 된다는 의미이기도 하다. 또한 여성노동자의 기술수준이나 경력 등은 승진과 연결되지 않고 있는 현실을 말해준다. 미싱사와 재단사가 업무를 둘러싸고 갈등적 관계에 있을 수 있지만 재단사가 기혼의 남성이고 나이가 많기 때문에 미혼여성인 미싱사에게 반말을 하고 특히 미싱사 보조에게는 함부로 대한다고 한다.

"재단사에게 잘못 보이면 일이 안 돌아가요. 시다반장은 재단사가 자른 부품을 미싱사들에게 나누어 주어야 해요. 미싱을 잘못해서 원단을 망치면 재단사한테 가서 사정해야 해요. 미싱사하고 사이가 안 좋으면 원단이 남은 게 없어

줄 수 없다고 해요 그러면 큰일이지요 재단사에게 찾아가서 사정하면 주기도 해요 ……미싱을 고쳐주지 않으면 일을 할 수가 없어요 미싱을 고치는 사람들은 모두 남자들인데 작업장 안을 돌아다니면서 여자들의 몸을 툭툭 건드리거나 만져요 그래도 싫은 내색을 할 수 없어요 주임한테 잘못 보여 찍히면, 미싱이 고장났을 때 빨리 고쳐주지 않아요 내 미싱이 고장나거나 잘 되지 않으면 라인의 앞과 뒤에서 난리가 나요. 사무실에 달려가 이야기를 하지만 평소에 주임들과 잘 지내면 금방 고쳐주고 그렇지 않으면 골탕을 먹게 돼요." (사례 1)

월비(Walby)는 가족에서의 사적 가부장제가 공적 가부장제로 이전되면서 변형되는 방식에 주목하고 있다. 가족 안에서 남성의 여성에 대한 위계적인 지배와 통제는 작업장이라는 공적 영역에서 남성 관리자로부터의 여성노동자에 대한 가부장적 지배를 가능하게 한다. 또한 가부장적 가족구조에서 행해진 지배방식은 작업장에서 행해진 가부장적 노동통제의 지배성을 희석시키고 노동자로 하여금 수용하게 하는 조건이 된다고 주장한다. 실제로 가부장적 가족구조와 지배성은 여성들로 하여금 그러한 비인격적인 통제를 인내하고 받아들이도록 하는 요인이 되고 있다.

"자라면서 엄마는 언제나 오빠 말을 잘 들어야 한다고 했고, 저는 오빠 심부름을 잘 했던 것 같아요. 오빠는 나에게 잘 대해 주었지만 그래도 참 무섭고 어려웠어요. 서울로 올라와서 저는 공장에서 일을 했고, 오빠들은 학교에 다녔어요. 부모님은 시골에 계셔서 맏딸인 저는 엄마 역할을 대신했어요 아침 일찍 일어나서 밥하고 오빠 도시락 싸고 저녁에 퇴근하고 오면 밥상 차리고 설거지를 해야 했어요." (사례 3)

여성주의자들은 가족을 두 가지 측면에서 분석하고 있다. 첫째는 가족은 역사적으로 변화하는 사회적 구성물이지만 일차적으로 친밀한 친족관계에 기초하고 있다는 점이다. 둘째는 단일한 조직체계에서 가족구성원이 상호 의사소통하는 이데올로기라는 것이다. 가족 이데올로기가 작동하는 속에서 특정한 가족규범은 가족을 구성하는 개인과 정서적으로 반응하면서 강화되어 간다. 그런데 혈연간의 관계는 가족관계를 어떤 다른 것보다 잠재적으로 보다 더 억압적인 형태로 만들어갈 수 있으며, 개인은 부모와 친척들을 통해서 남녀간의 성차이의 의미를 이해하게 된다는 것이다 (Whelehan and Pilcher, 2004: 44). 구술자들은 성장과정에서 가부장적 가족 규범을 내면화하고 부모를 통해 가족 내부의 성별에 따른 위계관계를 습득하면서, 특히 남자 형제들과의 관계에서 순종적인 태도를 갖도록 요구받는다.

"어릴 때 오빠들과 싸우기도 했는데 그럴 때마다 엄마한테 엄청 혼났어요. 오빠한테 대든다고 두들겨 맞기도 했어요. 오빠는 고등학교를 졸업하고 대학교에 갔지만, 저는 초등학교를 졸업하고 공납금이 없어 중학교도 들어가지 못했어요. 한 해 쉬고 입학하게 되었지요. 학교 끝나면 집에 돌아와 일을 해야 했어요. 엄마가 남의 집 일을 하러 나가셨기 때문에 저녁밥을 하고 집안일을 했어요. 방학에는 엄마를 따라 다니면서 돈을 벌었어요. 매번 일을 하면서 돈을 모아 학교에 낼 수 있었어요." (사례 5)

가부장적 위계는 가정과 사회, 작업장에서 성적 위계를 유지하는 규범과 태도를 재생산하면서 여성에 대한 남성의 지배를 온존시키는 한편, 여성의 낮은 지위를 정당화하고 여성노동에 대한 저평가와 저임금을 유지시키는 데 영향을 주었다. 더욱이 가족 내부에서 딸이라는 이유로 교육에 대한 접근성을 상실한 여성들은 학력에 따른 직업 선택의 기회를 갖지 못한 채 저임 직종과 하위직에 편중될 수밖에 없었다.

3) 성별 임금격차와 저임금

1970년대 당시에 취업여성의 절대 다수는 생산직에서 일을 하고 있었고 특히 섬유와 가발업, 전자업 등에 집중되어 있으면서 주로 양성공으로

<표 1-3> 제조업내 직종별 임금수준(1977)

구분		기준급			총월수입 (매일 2시간의 시간외수당 포함)
		시급	일급(8시간)	월수입(26일)	
섬유	양성공	66	530	13,700	18,928
	기능공	84	670	17,400	23,972
가발	양성공	93	750	19,500	26,754
	기능공	144	1,150	29,900	41,212
제약	양성공	62	500	13,000	17,812
	준양성공	85	680	17,600	24,232
	기능공	163	850	22,100	34,736
전자	배터리	103	823	21,398	29,380
전기	생산직	101	808	21,008	28,886
조선	도장공	130	1,038	27,000	37,128
전산업		175	1,400	36,396	50,048

자료: 노총, 『1977 사업보고』; 이필원, 「산업사회에 있어서 여성근로자의 현황과 과제」, 이화여자대학교 한국여성연구소, 『한국의 근로여성 1』, 1978에서 재인용.

취업해 있었다. 그런데 그 직종의 임금수준을 보면, 월수입 기준 섬유업의 양성공의 경우 13,700원으로 대표적인 남성 직종 도장공의 월수입 27,000원과 비교해서 매우 낮았다. 더욱이 시간외 수당을 포함한 총 월수입을 보면 그 격차가 더 큰 것으로 나타나 있다. 노총이 1977년에 85만 9,286명(남성 56만 5,203명, 여성 29만 4,083명)을 대상으로 표본조사한 성별·임금계층별 분포현황을 보면(<표 1-3> 참조), 여성은 2만 원 미만이 0.78%(2,295명)이며, 2만~3만 원 미만이 37.44%(110,081명)이고, 3만~5만 원 미만이 48.58%(142,848명), 5만~7만원 미만이 19.37%, 7만~10만 원이 32.09%, 10만 원 이상이 15.75%로 3만 원 미만의 임금을 받는 여성이 무려 38%나 되고 있다. 더욱이 주요한 여성 집중 직종인 섬유·가발·제약·전자공업은 전 산업의 평균임금을 하회하고 있다.

실제로 섬유업의 경우 양성공은 시급 66원, 일급(8시간 기준) 530원으로서 26일간 일을 하면 1만 3,780원이며 여기에다 매일 2시간씩 잔업하여,

이것이 전부 포함된 액수는 불과 1만 8,928원에 지나지 않고 있다. 수개월이 지나 기능공이 되면 약 27%가 인상되어 시간당 84원, 일당 670원, 월 26일 일을 하게 되면 1만 7,420원에 이르며, 매일 2시간씩 잔업하여 이 잔업수당까지 포함하게 되면 겨우 2만 3,972원이 되는 것이다(이필원, 1978). 여성들의 절대 다수가 저임금 노동으로 남성과 비교해서 훨씬 낮은 임금을 받고 있다.

여성들의 저임금은 직종이 성별로 분리되어 있는 상태에서 여성집중 직종의 임금이 낮기 때문이다. 실제로 70년대의 성별 임금격차를 보면 전직종 평균에서 여성임금은 남성의 절반수준에도 미치지 못한다. 1976년 현재, 여성임금은 월급여액에서 남성의 43.9%이며, 특별급여액(상여금 등)에 있어서는 남성의 33.6%에 불과했다. 월 근로시간을 보면 남성이 225시간인데 비하여, 여성은 232시간으로 남자보다 8시간 더 일하고 있으며, 특히 생산직 여성들의 근로시간이 남녀를 합한 모든 직종에서 가장 장시간 노동을 하고 있음을 알 수 있다. 생산직은 남성의 월급여액이 5만 9,377원인데 비해 여성은 그의 53.4%인 3만 1,683원이며 특별급여액은 남성이 5만 8,300원이나 여성은 남성의 46.8%인 2만 7,267원에 불과해서 특별급여액에서의 성별 임금격차가 더 크다. 그럼에도 불구하고 월 근로시간이 남성은 233시간, 여성은 238시간으로 여성의 노동시간이 5시간 더 많다(노동청, 1976).

뿐만 아니라 숙련수준별로 성별 임금격차를 비교했을 때, 여성들은 남성보다 근로시간이 길고 평균 근속년수에서 큰 차이가 없어도 임금격차 면에서 두 배 이상의 차이를 보이고 있다. 노동청 통계자료에 의하면, 1970년 기준으로 여성 기능공의 월 근로시간은 229시간으로 남성의 227시간보다 길다. 평균 근속년수는 여성이 2.1년, 남성이 2.5년으로 큰 차이가 없는데도 기능공에서의 성별임금을 보면, 여성의 평균급여액이 7,574원인데 비해 남성은 15,040원으로 여성은 남성의 50%밖에 되지 않는다. 견습공의 경우 그 격차가 66%로 상대적으로 적게 나타나고 있으며 기술

<표 1-4> 숙련수준별 성별 근로조건의 차이

(단위: 시간, 원, 년)

구분	월 근로시간수					급여액					평균 근속년수				
전체	계	기술자	기술공	기능공	견습공	계	기술자	기술공	기능공	견습공	계	기술자	기술공	기능공	견습공
여성	229	234	251	229	228	6,576 (47)	14,457 (49)	9,633 (49)	7,574 (50)	5,247 (66)	1.6	3.3	2.9	2.1	0.9
남성	228	244	233	227	228	14,127 (100)	29,540 (100)	19,705 (100)	15,040 (100)	8,007 (100)	2.3	3.8	3.9	2.5	1.0

주: 급여액에서 괄호안의 수치는 남성급여액을 100으로 기준한 여성 급여액의 비율임.
자료: 노동청, 『한국노동통계연감』, 1971.

공과 기술직의 경우에도 여성이 남성의 49% 정도의 급여를 받고 있다.

여성의 저임금은 수출 중심의 경제체제하에서 인건비를 절감하여 가격 경쟁에서 우위를 차지하겠다는 국가의 정책기조에 의해 유지되고 있었으나 생계비에도 못 미치는 낮은 임금은[13] 가부장적 가족구조에서 형성된 '여성'이라는 집단적 범주에 고착화된 성별 이미지에 의해 자연스럽게 받아들여지고 있었다. 국가 주도하의 근대화 프로젝트는 유교적 부권주의라는 전통을 적극적으로 활용하면서 노동의 성별 분업체제를 급속하게 이루어냈을 뿐만 아니라 여성적 노동을 '보상을 바라지 않는 헌신'의 개념으로 규정해 왔다(김현미, 2000: 37).

작업장에서 행해지는 많은 일들은 '여성'이 하기에 적합하고 당연히

---

[13] 저임금에도 불구하고 여성들의 생활력은 대단했다. 수입의 일부를 계모임을 통해 저축하는 경우가 많았는데, 곗돈을 붓는 과정에서 계모임이 깨져 그 동안 저축한 돈을 전혀 받지 못하는 사례가 노동자 수기와 면접한 사례를 통해 알 수 있다.
 "만 1년 동안 부어넣은 곗돈을 단돈 1원 한 장 찾을 수가 없다는 사실을 알았을 때 저는 그 자리에 주저앉고 말았습니다. 만 1년 동안 그 곗돈을 부어 넣으려고 매달 용돈 300원도 아껴 쓰면서 친구들이 월급 타면 철따라 옷을 해 입고 먹고 싶은 것을 사먹는다 해도 저는 그러한 것을 부러워하지 않고 …… 일 년만 고생하면 뭔가 남는 게 있다 하는 자부심을 가지고 만 1년 동안 6-7천원의 월급으로 꼬박꼬박 부어 넣은 계가 단돈 1원 한 장 찾을 수 없을 때 그 충격은 정말 컸습니다."(김경자, 1977: 80)

여성이 해야 한다는 암묵적 합의 속에서 이루어졌다. 그러므로 여성들의 저임금은 작업장에서 여성들이 수행하는 '공식적인' 업무 이외의 잡다한 '비공식적인' 일의 양을 고려하면 더욱 가혹한 것이다. 공장 안에서 여성들은 미싱사 또는 미싱보조로 일하면서 작업장 청소뿐 아니라 식사준비를 하는가 하면 소규모 공장에서 일하는 여성들은 공장주 가족의 식사준비까지 한 것으로 나타나 있다. 농촌에서 도시로 이주해 적절한 주거공간을 마련하지 못한 나이 어린 여성들은 스스로 근로한 대가로 임금을 받는 '노동자'라는 정체성을 갖기보다는 '노동하는 몸'으로 인식되었고, 그 몸은 숙식을 제공하는 작업장 안에서 '공식적인' 일 이외의 가사와 유사한 많은 일들을 하도록 강요되었다.

5. 가사노동과 여성노동의 성격

구술자들의 대부분은 초등학교를 졸업하고 집에서 하던 가사노동과 유사한 형태의 일로 가정부의 일을 시작하게 되고, 취업경로는 친척관계에 있거나 가족 또는 친지의 소개로 도시의 중산층 가정에 들어가는 사례가 적지 않았다. 전형적인 임노동관계에 편입되지 않은 여성들은 가사의 연장으로 자신의 집에서 익숙하게 해 왔던 일을 하면서 숙식을 해결했고, 매달 주어지는 월급조차 자신을 소개했던 친지의 손을 거쳐 부모에게 전해지는 경우도 많았다.

> "이모의 소개로 가정부로 일하게 되었어요. 어린 나이에 한달에 얼마를 받는지 모르고 있었어요. 주인집에서는 매달 이모에게 돈을 보내준다고 했고, 이모는 엄마에게 그 돈이 전해진다고 했어요." (사례 4)

일반적으로 기업주들은 자본의 이윤창출을 위해 노동시장과 작업장에서 막강한 권력을 행사한다. 그러나 여성노동자들은 단지 기업주 전략의 결과물로 존재하지 않으며, 여성의 삶은 작업장에서 경험에 의해서만 결정되지 않는다. 피어슨(Pearson)은 산업화가 여성에게 주는 함의를 충분히 이해하기 위해서는 여성의 수입이 가구 수입의 배분과 의사결정에 미친 영향을 충분히 검토해야 한다고 설명한다. 바꿔 말해 임금이 가족 안에서 여성에게 권한을 부여하고(empower), 억압에 저항하는 능력을 향상시켰는 지의 여부를 분석해야 한다는 것이다. 또한 공장에서의 고용이 '여성의 선택'이었는지의 여부를 분석해야 한다는 것이다(Pearson, 1992).

그러나 일부의 여성노동자에 대한 연구는(Wolf, 1992; Ong, 1988; Beneria and Roldan, 1987) 가족과 가구, 공동체의 맥락에서 살펴볼 때 여성과 고용, 가족간의 관계의 복잡하고 상호 모순적인 현실이 드러나게 된다고 설명한다(Kabeer, 2002: 8). 실제로 여성들의 취업은 경제적 자립을 형성할 수 있는 기초를 제공하고 가족 내에서 자신의 지위를 높이고 삶의 질을 향상시킬 수 있는 물적 토대가 될 수 있지만, 현실의 가부장적 가족구조에서는 여성의 수입을 부모가 관리하면서 가족 전체의 생계를 유지하거나 남자 형제들의 학비 지원을 위해 소비하기도 한다. 또한 가족에서의 성역할이 작업장에서의 여성의 일로 연계되고 있다.

어려서부터 여성은 가사와 육아를 돕거나 도맡아 하면서, 가사노동을 '여성의 일'로 인식하게 되고, 성별 분업의식은 여성에 대한 착취를 가중시킬 수 있는 조건을 형성하였다. 특히 영세규모 사업장의 경우 가정집을 개조해서 일부 공간을 작업장으로 활용했는데, 이곳에서 여성들은 생산노동 이외에 자신과 다른 노동자를 위해 직접 식사준비를 한 것으로 나타나 있다.

"중학교를 졸업하고 언니를 따라 인천으로 왔어요. 시장에 가보니 양장점 앞에 사람을 구한다는 글이 써 있더군요. 미싱일을 배우고 싶어 갔더니 처음에는 재봉틀에 손도 못 대보게 하더라구요. 시키는 대로 하라고 해서 일만 했는데

"7개월 동안 식모일만 시켰어요. 알고 보니 시다를 하겠다고 새로운 사람이 들어와야 그때부터 저에게 시다를 시킨다는 거예요. 언제까지 기다려야 하나 싶어 나와 버렸어요. …… 친척 소개로 신당동에 있는 작은 봉제공장에 들어갔어요. 한옥을 개조했는데, 사장 식구들과 함께 그 집에서 먹고 일했어요. 재단사와 미싱사들은 사장의 친척이 많았고 그렇지 않은 미싱사들은 출퇴근했지만 시다들은 그 집에서 먹고 자면서 일을 했어요. 하루 세끼를 먹고 나면 설거지는 시다들이 해야 했고, 토요일과 일요일에도 외출을 하려면 눈치가 보였어요. 일요일에는 주로 일주일 동안 먹을 반찬을 사장 식구들과 함께 준비를 했지요. 김치를 담그기 위해 마늘을 까고 배추를 씻는 일을 수도 없이 했어요." (사례 5)

고용인원이 100명이 넘는 중규모 공장에서도 여성노동자들은 기업이 제공하는 기숙사에서조차 자신들이 밥과 반찬을 직접 하고, 설거지를 하면서 생산노동을 해야 했다.

"공장은 건물 안에 있었고 기숙사는 건물 밖에 있었어요. 공장과 조금 떨어진 곳에 위치해 있었는데, 아침에 일어나서 우리가 밥을 해 먹어야 했어요. 점심시간에는 인근의 정해진 식당에서 식권을 주고 밥을 먹었어요. 저녁에 야근을 하면 밥 대신 빵과 우유를 주었어요. 기숙사에 돌아오면 피곤해서 지쳐 있었지만 직접 밥을 해서 먹어야 했어요." (사례 1)

사용주에게 여성은 작업장에서 옷을 만드는 생산노동자였지만 동시에 작업장을 청소하고 기숙사에서조차 밥을 직접 해 먹도록 하는 노동자로서, '공식적인' 일 이외에 많은 일을 해야 하는 '여성'노동자로 인식되었던 것이다.

"하루 종일 일하다 보면 공장에 먼지가 많고 옷감이 바닥에 널려 있어요. 청소는 언제나 공장에서 일하는 우리들이 해야 했어요. 여자니까 당연하다고 보았을 거고 매번 깨끗이 청소했던 것 같아요. 높은 사람이 공장에 온다고 하면 한바탕 난리가 나지요. 자기가 쓰는 미싱을 닦고 바닥을 쓸고 몇 번이나 닦아야 했어요. 일은 일대로 하면서 청소도 해야 하고." (사례 3)

특히 의류 봉제공장에서 미싱사의 보조자로 일을 해야 하는 시다는 많은 잡다한 일을 해야 했다. 중규모 공장에서 시다는 미싱사 2-3명의 일을 보조해야 했는데, 그 밖에 다른 심부름도 함께 해야 했다. 이러한 심부름은 숙련수준에 따른 여성 내부의 위계관계 속에서 행해졌고 그 관계는 엄격했다.14)

"미싱사 언니들이 시키면 무엇이든지 해야 했어요. 그렇지 않으면 눈물이 쏙 빠지도록 울어요. 물을 달라고 하면 물을 갖다 주고, 일을 하는 중간에 배가 고프면 밖에 나가 호떡을 사오거나 먹을 것을 사와야 했어요. 시다 일을 하면서도 틈틈이 심부름 하는데 공장 안에서 할 수 있는 일이라면 쉬워요. 밖에 나가야 되면 사무실을 거쳐야 하는데 관리자 눈치가 보여요. 한번은 미싱사 언니가 호떡이 먹고 싶다고 해서 사갖고 옷 속에다 숨겨서 들어오는데, 뜨거워서 살이 데이는 것 같았어요. 하필이면 들어오다가 관리자한테 들켰지 뭡니까. 관리자는 누가 이런 심부름 시켰느냐고 소리소리 질렀지만 말도 못하고 혼만 났지요."
(사례 1)

미싱사의 심부름을 도맡아 하면서 미싱사를 보조하는 업무를 동시에 해야 했던 시다의 노동은 작업장의 노동강도와 직접 연관되어 있었다. 일차적으로 생산라인의 작업속도가 미싱사들에 의해 조절이 되는 상황에서 미싱사들은 화장실 가는 일을 제외하고는 자리를 떠나지 않으려 했고 개인적인 심부름을 시다에게 시켰다. 미싱사는 작업장 안에서 회사를 위해서 오직 제품만을 생산하는 노동자였다. 시다에게 물심부름과 간식을 사오게 하는 일은 당연했고 심지어는 생리대조차 사올 것을 요구했다.

"미싱사 언니들이 시키는 심부름 중에서 가장 싫었던 것이 생리대 심부름이었어요. 어린 나이에 어디 가서 말조차 꺼내지 못할 정도로 부끄러웠어요. 그때는

---

14) 방직여공들도 선후배관계가 엄격하여 양성기간 중에는 선배로부터 꾸지람을 듣기가 일쑤이고 심지어는 꼬집히거나 빨래마저 해준다는 말을 들었다(좌담회, ≪노동공론≫, 1972. 5, 224쪽)

약국에서 생리대를 팔았는데, 공장 밖에 나가 약국을 찾으면 약사들이 남자가 많더라구요. 여자 약사를 찾아 뱅글뱅글 돌다가 없어서 포기하고 남자 약사 앞에 서면 챙피해서 말을 못하겠는 거예요. 손가락을 가리켜서 달라고 하면 약사가 주었고 아무 말 없이 받아 들고 숨겨서 들어 왔던 기억이 생생해요. 언니들한테 직접 사라고 하는 말을 꺼내지도 못했어요. 미싱사는 자리를 비울 수가 없으니까요." (사례 1)

그런데 이와 같이 여성들이 권위적인 작업장 분위기에서 저임금을 받고 일하면서도 직장생활을 지속했던 이유는 가족 내 여성의 지위와 취업경로에서 찾을 수 있다. 가정 형편이 어렵고 딸이라는 이유로 중학교에 진학하지 못한 여성들은 친척의 소개로 가정부로 일을 시작하게 되는데, 어린 나이에서부터 가사를 돕거나 일하는 부모를 대신해서 살림을 도맡아 온 여성들에게는 새로운 환경에서 시작되는 취업이 임노동의 의미로 받아들여지지 않고 가사노동의 연장으로 인식되면서 그나마 배고픔을 해결할 수 있는 수단이 되었다. 초등학교를 졸업한 여성들이 10대 초반에 바로 공장에 취업하는 것은 쉽지 않았다. 당시에 「근로기준법」에는 "13세 미만자는 근로자로 사용하지 못한다."(제50조)고 규정하고 있으며, "사용자는 18세 미만자에 대하여는 그 연령을 증명하는 소속 증명서와 친권자 또는 후견인의 동의서를 사업장에 비치하여야 한다."(제52조)고 명시하고 있다(김치선, 1978: 240-242).[15] 가부장적 빈곤가족에서 어린 딸의 취업은 가족의 생계유지를 위한 대안이었다.

"어린 시절에 먹을 것이 없어 늘 배가 고팠어요. 다슬기를 잡아 쌀을 넣고 죽을 끓여서 먹었어요. 학교 갔다 오면 다슬기를 잡으러 다녔고 겨울이면 나무를 하러 20리를 걸었어요. 나무 잔가지를 모아들고 오는데 어찌나 무겁던지……. 큰 딸이어서 국민학생 때부터 밥을 하고 집안일을 해야 했어요. 여

---

[15] 구술자들이 주로 10대 후반에 취업한 것은 이러한 법적 규정에 의해 공장에서 연소자의 채용을 기피했기 때문인 것으로 해석된다(황춘선 구술: 김경희, 2004; 신미자 구술: 장미경, 2003; 이복례 구술: 장미경, 2003).

름에는 다슬기, 겨울에는 나무를 하러 다녔지요. 초등학교를 졸업하고 동네에 있는 과자공장에서 일을 시작했어요. 봉지에 과자를 담는 일을 했는데 1년이 지나자 공장이 문을 닫았어요. 월급요? 직접 받아 본 적이 없어요. 우리 부모님이 받으셨을 거예요." (사례 4)

이와 같이 여성들이 어려서부터 가사를 하면서 가족을 위해 헌신해 온 삶은 1970년대의 노동자 수기에서 흔히 볼 수 있다. 다음의 사례에서도 그러한 특징이 전형적이다.

"나는 2남 4녀의 장녀였기에 많은 동생들로 인해 국민학교 시절에도 농사철이 되면 집보고 동생들 살피느라 학교결석을 밥 먹듯 했다. 남들처럼 국민학교 다닐 때 공부에 열중할 수는 없었다. 그러한 형편 속에서 나는 국민학교 졸업 후에 상급학교 진학을 포기하고 15살 되던 해에, 대구에 올라와 회사에 입사하였다."(김혜숙, 1979: 126)

가정부로 일하면서도 임금이라는 개념은 없었고, 자신이 일한 대가로 받은 몫은 친척이 관리했다. 이모의 소개를 통해서 서울에서 가정부로 일을 했던 여성노동자는 1년간 일을 했지만 그 집에서 먹고 생활할 수 있는 그 이상은 생각하지 않았다고 한다. 이후에 친척의 소개로 들어간 공장은 대규모 봉제공장인데, 이곳에서 일하면서 비로소 월급을 받게 되었고 자신이 관리할 수 있었다고 한다. 딸보다는 아들을 중요하게 여기고 학교교육을 아들에게 더 많이 시켰던 가부장적 가족구조에서 여성은 어린 나이에서부터 가족의 생계와 남자형제의 학비를 마련하기 위해 생산노동을 해야 했다. 가족 안에서 정해진 여성의 낮은 지위는 여성들이 어린 나이에 취업하도록 했으며 저임금을 유지하도록 했다.

여성은 가정에서 가사를 담당했고 가사노동은 가족을 위해 헌신하는 일로 여겨졌다. 작업장에서도 그와 유사한 많은 비공식적인 잡무가 '여성의 일'로 여겨졌으며 그 일은 평가되지 못한 채, 여성들이 집중된 직종에 대한 낮은 평가와 함께 여성을 보다 더 착취하는 방식으로 이루어졌다. 더욱이 1970년대 여성들의 경제활동참가가 급속도로 증가하는 시기여서 노동시장에 진입하는 절대다수의 여성들은 성별 직종분리에 기초한 저임금 구조에 편입되면서 열악한 노동조건에서 일했다.16)

당시에 임금구조는 성별이나 학력, 직무근속년수, 연령에 따른 연공서열형으로 동일노동 동일임금의 원칙에 기초한 직무급제도가 채택되지 못했다(≪노동공론≫ 편집부, 1976: 27). 따라서 직무의 특성, 난이도, 작업환경과 무관하게 여성들은 학력수준이 낮고 연령이 낮을 뿐 아니라 여성이라는 이유에서 보다 더 낮은 임금을 받은 것으로 설명되고 있다. 특히 영세규모의 공장에서 일하는 여성들은 열악한 노동환경에서 잔업과 철야근무가 빈번한 장시간근로에 시달렸으며, 이것은 자본이 생산을 확대하고 가격경쟁에서 유리한 조건에서 위치하도록 함으로써 이윤을 극대화하고 축적할 수 있는 기반을 마련하도록 했다(Louie, 2001). 기업의 자본축적은 여성노동자의 차별적 저임금과 여성노동력에 대한 착취에 근거한 것이었다.

요약컨대, 1970년대에 여성들은 노동시장이 성별로 분절화된 상태에서 여성이 집중된 직종에 취업했으며 저임 직종에서 일하고 있었다. 또한

---

16) 당시에 경제기획원 통계에 의하면 지난 70년에 14세 이상 인구는 942만 4천명이며, 이 가운데 경제활동에 참가하는 여성의 인구는 362만 6천명에 이르러 38.5%나 되었으며, 지난 60년대 중반 이후 지속적으로 증가하는 추세에 있는 것으로 나타나 있다(편집부, 1979: 27). 실제로 경제기획원 통계자료에 의하면, 남성의 경제활동참가율은 하락추세에 있는 것과 달리 여성은 증가하고 있어 대조적이다.

<표> 성별 경제활동참가율(1965-1979)

(단위: 년, %)

연 도	전 체	여 성	남 성
1965	55.4	36.5	76.6
1970	55.9	38.5	75.1
1975	56.5	39.6	74.5
1979	57.6	42.2	74.1

자료: 경제기획원 조사통계국, 『경제활동인구연보』, 해당 연도.

가부장적 가족에서 어려서부터 집안일을 하거나 부모를 도우면서 '노동하는 몸'으로 정체성을 형성해 갔으며, 공장에 취업한 이후에도 '공식적인 일' 이외에 가사와 유사한 많은 일을 해야 했다. 이러한 비가시적인 일들은 저임금을 받고 고된 노동을 하는 여성들을 초과 착취하는 것으로 자본의 이윤을 극대화하였다. 더욱이 여성에 대한 통제는 직종뿐 아니라 직급이 성별로 분화된 작업장에서 남성의 여성에 대한 통제를 가능하게 했으며, 가부장적 위계에 기초한 노동통제는 자본의 통제를 용이하게 하는 기초를 제공하였다.

6. 맺는 말

이 글은 1970년대에 제조업 부문에 취업한 여성들이 업무가 성별로 분리되어 있는 작업장에서 일을 하고 있었고, 그러한 분리가 성 역할을 재생산하는 가부장적 가족과 연관되어 있다는 문제인식에서 성별 분업이 여성들의 노동환경과 작업장 생활에 어떠한 영향을 미쳤으며 어떻게 유지되고 강화될 수 있었는지 그 조건을 살펴보고자 했다.

연구결과 제조업에서 일하는 여성노동자들은 가부장적 가족관계에서 10대에 농촌의 가족을 떠나 도시로 취업했으며, 저학력의 여성들이 선택 가능한 직종은 소위 '여성적 일'로 인식되거나 '여성적 특성'이라고 알려져 있는 섬세함을 요구하는 섬유·의류·전자업에 제한되어 있었다. 뿐만 아니라 남성과 달리 여성들은 직장 내 성희롱의 가능성이 높아 보이는 일을 기피하거나 취업 이후 남성들로부터 성희롱에 의해 괴롭힘을 받거나 이직을 한 것으로 나타났다.

둘째, 의류업에서 일하는 여성들은 장시간근로를 하고 미싱사 보조공인 시다의 경우 생산노동 이외에 작업장 청소와 식사준비, 미싱사의 온갖 심부름을 하면서 작업장에서 '공식적인 일' 이외의 가사와 유사한 많은 일을 했지만 그에 따른 대가를 전혀 받지 못했다. 영세규모 사업장에서는 미싱사와 시다가 한조를 이루어 제품을 생산했는데, 시다의 일은 탈숙련화가 진전된 대규모 사업장과 달리 일정 정도의 숙련을 필요로 했고, 다림질과 마무리공정을 포함해 다양한 업무를 동시에 수행해야 했다.

셋째, 노동과정은 성별로 엄격하게 분리되어 있었다. 여성은 미싱사, 미싱사 보조의 일을 하고 있었고, 남성은 재단부문에서 일을 하고 있었으며 성별로 분리된 직무는 위계적이었다. 또한 생산직 노동자의 절대 다수가 여성인 작업장에서도 관리자의 대부분은 남성이었고, 성별 직무분리는 여성노동에 대한 남성의 지배를 가능하게 했다. 뿐만 아니라 여성에 대한 노동통제는 직무가 성별로 분절된 작업장에서 행해졌는데, 의류업에서 행해진 노동통제의 방식은 기업규모에 따라 차이가 있었다. 대기업의 경우 수십 명의 미싱사들이 라인공정에서 일을 하면서 작업속도가 숙련수준이 높은 A급 미싱사에 의해 주도되는 한편, 남성관리자들로부터의 단순 인격적 통제를 통해 정해진 작업량을 끝내는 방식으로 작업이 이루어졌다. 반면에 소규모 작업장에서는 미싱사를 중심으로 개수급의 임금체계를 통해 작업속도가 조절되고 미싱사가 직접 시다의 노동을 통제하는 방식이었다. 이와 같이 성별 직무분리에 기초한 성적 위계에 의한 가부장적 통제는 여성노동자에 대한 자본의 통제를 유지시키는데 기여했다. 동시에 가사를 여성의 일로 인식하도록 하는 성별 분업 의식은 작업장에서 여성노동자들이 했던 많은 업무를 '여성의 일'로 인식하게 하여 여성의 노동을 은폐시키는 한편, 여성노동에 대한 평가절하를 가능하게 하는 조건을 형성하였다.

결론적으로 70년대에 여성노동자들은 가부장적 가족관계에서 딸들에게 요구되는 가사를 포함한 생계유지를 위한 노동을 하면서 가족을 위해 헌신적인 삶을 살았으며, 이와 같은 성 역할은 취업하는 과정에서 가사노동과 유사한 형태의 직업을 선택하는 데 영향을 미쳤다. 또한 여성들은 수평적·수직적으로 분리된, 성별화된 작업장에서 자신에게 주어진 생산노동 이외의 많은 일을 했으나, 그것은 무보수 가사노동과 마찬가지로 평가받지 못한 채 여성들의 작업장 생활을 더욱 힘들게 했다. 또한 남성관리자의 여성에 대한 지배와 통제는 가부장적 통제방식을 형성하도록 했으며, 직장 내 성희롱과 성폭력의 위협은 여성들이 노동을 지속하기 어렵게 하거나 이직하게 하면서 여성의 직업선택을 제한하여 성별 직무분리를 강화시킨 것으로 나타났다.

| 참고문헌 |

경제기획원. 『경제활동인구연보』, 1965-1979.
곽인순 외. 「세대간의 근로대화 - 지금은 시집도 잘 가요」. ≪노동공론≫, 1972년 2월호.
김경자. 1977. 「삼백만원 저축이 되기까지」. 노동청. ≪노동≫, 1977년 제5호.
김덕희. 1979. 「공장새마을운동」. 노동청. ≪노동≫, 1979. 5. 6.
김미주. 2000. 「성, 숙련, 임금」. 조순경 엮음. 『노동과 페미니즘』. 이화여자대학교 출판부.
김석희. 1979. 「공장새마을운동」. 노동청. ≪노동≫, 1979. 5. 6.
김윤태. 1972. 「여성노동력 개발의 과제」. ≪노동공론≫, 1972년 5월호.
김치선. 1978. 『노동법총설』. 서울대학교출판부.
김현미. 1996. 「노동 통제의 기제로서의 성」. 한국문화인류학회. ≪한국문화인류학≫, 제29권 2호, 167-194쪽.
_____. 2000. 「한국의 근대성과 여성의 노동권」. 한국여성학회. ≪한국여성학≫, 제16권 1호, 37-64쪽.
김혜숙. 1979. 「오늘이 있기까지」. 노동청. ≪노동≫, 1979. 1.
노동공론 편집부. 1972. 「근로여성의 보호」. ≪노동공론≫, 1972년 10·11월호.
_____. 1976. 「근로여성의 보호」. ≪노동공론≫, 1976년 겨울호.
노동청. 1971. 『한국노동통계연감』.
_____. 1976. 『직종별 임금실태 조사보고서』.

_____. 1977. 『사업체 노동실태 조사보고서』, 1977(1).
박희진. 1974. 「여성근로자의 근로의식」. ≪노동공론≫, 1974년 3월호.
박의호. 1978. 「정수직업훈련원의 교육방법」. ≪노동공론≫, 1978년 겨울호.
서미경. 1988. 「봉제-전자산업의 노자관계와 노동자 대응양태」. 이화여자대학교 사회학과 석사학위논문.
석정남. 1976. 「어느 여공의 일기 — 인간답게 살고 싶다」. 크리스찬 아카데미. ≪월간 대화≫, 1976년 12월호.
양승훈. 1972. 「직업안정제도의 현황과 방향」. ≪노동공론≫, 1972년 10·11월호.
이수자. 1983. 「한국 영세제조업 부문의 성별 노동분업 연구」. 이화여자대학교 여성학과 석사학위논문.
이재경. 2003. 『가족의 이름으로: 한국근대가족과 페미니즘』. 또 하나의 문화.
이필원. 1978. 「산업사회에 있어서 여성근로자의 현황과 과제」. 이화여자대학교 한국여성연구소. 『한국의 근로여성 1』, 1978. 4, 19-27쪽.
조순경 외. 1989. 「여성노동과 성적 통제」. ≪한국여성학≫, 5, 164-186쪽.
좌담회. 1972. 「세대간의 근로대화 – "여보세요…통화중"」. ≪노동공론≫, 1972년 5월호.
최창우. 1987. 「구로동맹파업의 발생원인에 대한 정치학적 연구」. 고려대학교 정치학과 석사학위논문.

Agarwal, Bina. 1995. *A Field of One's Own: Gender and Land Rights in South Asia*. Cambridge, UK: Cambridge University Press.
Brooke, Stephen. 2001. "Gender and Working Class Identity in Britain During the 1950s." *Journal of Social History*, summer 2001: 34, 4, pp.774-795.
Boris, Eileen and S. J. Kleinberg. 2003. "Mothers and Other Workers: Reconceiving Labor, Maternalism and the State." *Journal of Women's History*, autumn 2003, 15, 3, pp.90-117.
Braunstein, Elissa and Nancy Folbre. 2001. "To Honor and Obey: Efficiency, Inequality, and Patriarchal Property Rights." *Feminist Economics* 7(1), 2001, pp.25-44.
Hartmann, H. 1982. "Capitalism, Patriarchy and Job Segregation by Sex." in Giddens, A and D. Held(eds.). *Classes, Power and Conflict*. London: Macmillan.

Fitzsimons, Annette. 2003. *Gender As a Verb: Gender Segregation at Work*. Aldershot Hampshire, UK.

Kabeer, Naila. 2000. *The Power to Choose*. Verso

Louie, Miriam Ching Yoon. 2001. *Seatshop Warriors: Immigrant Women Workers Take on the Global Economy*. Cambridge, Mass: South End Press.

Pilcher, Jane & Imelda Whelehan. 2004. *Fifty Key Concepts in Gender Studies*. Sage Publications.

2장
70년대 여성노동자의 정체성 형성과 노동운동

강남식 (한국양성평등교육진흥원 양성평등정책교육팀장)

1. 서론

1) 문제제기

70년대 한국 여성노동자의 정체성 형성은 자본주의적 생산관계에서 보편적으로 발생하는 노동문제와 분단사회라는 한국 사회의 특수한 조건 속에서 진행되었다. 60, 70년대 한국 사회는 분단에 뿌리를 두고 50년대 형성된 반공규율사회적 조건에 근거하여 5·16 군사쿠데타로 등장한 박정희의 국가주의적·권위주의적 발전동원체제가 강력하게 작동하던 시기였다. 특히 70년대 한국 사회는 60년대와는 달리 지배정권의 발전프로젝트에 대한 헤게모니적 요소가 균열됨에 따라 지배정권이 국가주의와 권위주의적 통치방식을 강화하는 시기로(조희연, 2004: 56-57), 국가주도적인 자본주의적 산업화는 70년대 한국 여성노동자의 계급 정체성 형성과 그들이 주도한 노동운동에 일정한 특성을 부여하였다고 볼 수 있다. 이 시기 국가·권위주의는 가부장제적인 위계와 이데올로기를 강화시킴으로써 보수적인 남녀관과 왜곡된 성문화 형성 및 확산에 중요한 역할을 하였다. 여성노동자는 공적인 영역이나 사적인 분야에서 국가·권위주의와 결합된 가부장제적 지배하에서 가정과 사회에서 봉건적이고 비민주적인 종속상태에 놓여 있었다. 아울러 페미니즘에 근거한 자율적인 여성운동이 발전하지 못한 상태였기에, 전통적이고 보수적인 여성관이 비판되거나 대안적인 여성상이 제시되지 못했기에, 여성노동자뿐 아니라 한국여성 일반은 전통적이고 보수적인 여성관에서 벗어나기 어려운 상황이었다.

70년대 여성노동자의 계급과 성(gender) 정체성은 매우 보수적이고 전통적인 이데올로기와 역할 체계에 근거하여 형성되었다. 여성노동자들은 노동자로서 주체의식을 갖기보다 전통적인 '요조숙녀'상에 의해 낭만적 사랑을 꿈꾸거나, 행복한 결혼을 통해 고통스런 노동자로서의 삶에서 벗어나기를 희망하였다. 특히 군대나 국방이 사회적 가치를 인정받아 공격적이면서 강한 힘을 가진 보호자로서 남성상이 존중되는 반면, 여성은 수동적이고 보호받는 존재로 인식됨으로써, 노동계급 여성의 경우 노동자로서의 건강한 자아 정립에 갈등을 겪을 수밖에 없었다. 즉, 이 시기 여성에게 강요된 보수적인 여성적 정체성은 여성노동자들로 하여금 노동자로서의 계급 정체성 획득에 있어 장애요인으로 작용하였다.

그럼에도 불구하고 여성노동운동가들은 자신의 안팎을 둘러싼 장애를 극복하고 노동자로서의 정체성 없이는 불가능한 70년대 유신치하라는 정치적 암흑기에 격렬하고도 끈질기게 민주노조운동을 주도해갔다. 이들은 새로운 노조를 결성하거나 남성들이 주도하는 어용노조에 반대하여 민주노조를 건설해가는 과정에서 어용적인 남성노동자들과 극한적인 대립 속에서 투쟁하였고, 때로는 남성 구사대들이 행사한 폭력의 희생자가 되었다. 그럼에도 70년대 한국 여성노동운동은 서구 여성노동운동이 그러했듯이 성분리주의적이고 남성배타적인 운동을 전개하지 않았다.

따라서 다음과 같은 의문이 제기된다. 한국의 여성노동자들은 어떻게 노동자 의식과 상충되는 전통적인 여성관을 극복하고 노동자로서의 계급 정체성을 획득하게 되었던 것일까? 더 나아가 어떻게 이들은 70년대 노동운동을 주도하게 되었던 것인가? 그리고 이들의 계급 정체성과 성 정체성은 어떤 관계에 있었기에 서구 여성노동운동의 초기단계에 흔히 나타났던 성분리주의적인 여성노동운동을 전개하지 않았던 것인가?

본 연구는 이상과 같은 문제의식에 근거하여 70년대 여성노동자들의 성과 계급 정체성의 형성과 그 상호관계, 그리고 정체성의 정치가 여성노동운동에 미친 영향 등을 분석함으로써, 당시 한국 여성노동운동의 특성과 의미를 고찰하고자 한다.

2) 선행연구와 연구방법

한국 여성노동자의 정체성에 관한 연구는 아직 본격적으로 전개되고 있지 않다. 단지 최근 들어 담론분석이나 구술생애사 연구를 통해 1960, 70년대 여성노동자 형성과정이나 여성노동운동을 재해석하려는 노력들을 보이고 있다. 여성노동자 형성과정에 대한 연구로서는 근대화와 산업화가 여성노동자들에게 미친 영향이 무엇인가를 여성노동자 형성과정에 초점을 맞춘 장미경(2004)의 연구와 반도상사를 중심으로 1960, 70년대 의류봉제업 여성노동자의 형성과정을 심도 깊게 사례연구한 김귀옥(2004)의 연구를 들 수 있다. 이외에 여성노동자에 초점을 맞춘 것은 아니지만 노동자 형성이나 정체성에 관한 연구가 있다. 구해근(2002)은 E. P. 톰슨의 사회문화적 구성의 측면에서 한국 노동계급의 형성과정을 탐구하였다. 이 연구는 한국 산업화 시기의 노동자계급 형성에 관한 최초의 기념비적인 연구라는 의미가 있으나, 접근방법에 있어 여전히 노동계급의 진보적 역할에 대한 신념에서 출발하여 계급의식의 형성에 대한 진화론적 도식을 충분히 벗어나지 못했다는 비판도 받고 있다(신원철, 2004). 다음으로 노동자의 체험에 근거한 사례연구에 기반해 1960~70년대 산업사회 초기단계에서 조선산업, 자동차산업, 기계 및 철도산업 등 산업별이나 지역별로 인사관리제도, 입사경로, 그리고 노동자의 경쟁양식이나 연대양식 등을 통해 노동자 형성과정과 정체성에 관한 연구가 있다(이종구 외, 2004). 그러나 이 연구들은 거의 전적으로 남성노동자의 형성과 정체성에 관심이 집중되어 있다. 따라서 현재 한국 여성노동자의 정체성에 관해 직접적으로 연구한 성과물은 거의 없는 편이다.

이 글에서는 1970년대 한국 여성노동자 정체성이 어떻게 형성되었고 정체성의 정치가 어떻게 작동했는지를 여성노동자의 관점에서 살펴보고자 한다. 지금까지 정체성 형성에 관한 주장은 크게 두 가지 범주로 나누어진다. 하나는 본질주의 입장으로 생물학적인 조건에 기인하여 생득적으로 획득되는 정체성이 있다는 것이고, 다른 하나는 구성주의 입장으로 한 개인이 놓인 복잡하게 상호 연관된 역사적·사회적·문화적 맥락에서 구성되어지는 것으로 개념화한다. 정체성의 정치는 처음에는 전자에 따른 정체성의 정치로 인식되어 왔지만, 점차 정신분석학, 포스트모더니즘, 포스트구조주의 등의 영향이 증대하면서 유동적이고 복합적인 정체성을 상정하며 정체성이 끊임없이 구성되어간다는 비본질주의 입장에서 정체성을 이해해야 한다는 주장이 더 지배적이다. 본질주의에 따르면 정체성은 단일하고 고정된 주체에 근거하며, 정체성의 정치는 동화, 차이, 연대 전략이 운동의 발전단계에 따라 순차적으로 혹은 혼재되어 나타난다는 것이다(Harding, 1986; Jagger, 1992). 반면 구성주의 입장은 본질주의 입장을 비판하며 정체성은 구성되는 것으로 분열적이고 복수적이라고 본다(Mouffe, 1995; McRobbie, 1992; Aronowitz, 1995; Hall, 1996). 따라서 정치 전략은 복수적 정체성들간의 긴장과 분열성, 봉합되는 위치와 수준에 주목하고, 정체성 형성과정 자체가 지배적 주체와 주변적 주체간의 투쟁과정이자 지배전략과 저항전략이 맞서는 과정이라고 보기 때문에 정체성 형성과정을 중요하게 여긴다(Butler, 1992; 장미경, 1999).

이와 같이 정체성의 정치는 정체성을 구성하는 이해 방식에 따라 본질주의와 구성주의로 나누어지고 있으나, 인간주체를 중심에 두는 운동으로 그 동안 권력을 가진 중심적 주체에 가려져 있던 주변적 주체의 목소리를 드러내고, 그들에 대한 차별과 종속, 불평등의 문제를 제기해 왔다. 이에 정체성의 정치는 그 동안 정치·경제에 중심을 두었던 사회운동이 포괄하지 못했던 다양한 인간의 삶의 문제를 제기한다.

따라서 여성주의자들은 여성은 역사와 정치에서 오랫동안 배제되어 왔었기 때문에 지금까지 체계적으로 배제되고 주변화된 여성들의 정체성을 되살리고자 정체성의 정치를 제기한다. 심지어는 여성이 지닌 특정한 정체성을 강조하고 그것에 긍정적인 의미를 부여함으로써 억압된 정체성을 복원하는 것이 바로 페미니즘의 '정체성의 정치'라고까지 주장한다. 본 글에서는 이상과 같은 정체성의 정치에 관한 논의에 근거하되 구성주의 관점에서 70년대 여성노동자 정체성 형성과 정치에 접근하고자 한다.

연구방법으로는 문헌연구와 구술생애사 연구방법을 택했다. 특히 주로 사용된 구술사 연구방법은 그 동안 노동자연구에서 잘 다루지 않았던 개인의 사적·주관적 경험을 드러나게 하고, 그 경험이 개인에게 어떤 의미가 있으며, 그 경험은 또한 어떻게 객관적 구조와 상호연관되어 있는지를 보여주는 방식을 취한다(윤택림, 2002). 따라서 구술사 방법은 문헌자료나 통계자료를 통해서 드러낼 수 없었던 여성-노동자의 입장에서 노동자의 삶을 구성하고 그 의미를 파악해 낼 수 있다. 즉, 구술사 방법은 여성노동자의 관점에서 사회, 문화, 세계관을 생생하게 복원해 낼 수 있어, 일상생활 속에서 형성되어 온 노동자 계급의식과 문화에 대한 심층적인 이해를 도움으로써 정체성 연구에 매우 유효하다.

이 연구에서 주요 구술대상은 8명으로 1950년대 중·후반에 출생하여 1960년대 말부터 1970년대 서울 및 경기지역에서 공장노동을 했던 여성들이다.[1] 구술 당시 여성노동자들의 연령층은 40대 후반에서 50대 초반이었고, 학력은 일부 고졸을 제외하고 다수가 초졸이었다.

구술 대상자들의 직종 경험은 매우 다양하였으나 일부 전자업종을 제외하고 대다수가 봉제업종에서 공장생활을 마감하였다. 이들 중 한 명을 제외하고는 현재에도 여성운동이나 지역운동을 하고 있었는데, 지역운동을 하고 있는 두 명의 여성 중 한 명도 그 이전에 장기간 여성운동의 경험을 갖고 있었다. 즉, 구술자 다수는 70년대 노동자로서 민주노조운동을 전개하다 80년대 후반이나 90년대부터는 여성운동을 하였던 것이다. 이와 같은 구술대상자들이 보여주는 삶의 궤적은 계급과 성 정체성 형성간의 긴밀한 관계와 정체성의 정치의 작동 경로를 시사하는 것이라 볼 수 있다.

2. 노동자로서의 정체성 형성: 성과 계급 정체성간의 갈등과 조화

1) 전통적인 성 정체성과 여성노동자

1970년대 여성노동자들은 공장노동자가 되는 시점에서는 고정적인 성별 분업에 근거한 전통적인 여성상, 전근대적인 남녀관과 가족 이데올로기를 갖고 있었다. 따라서 자신이 공장에서 하루 10-16시간 노동을 하여 가족 생계를 책임지고 있어도 노동자라든가 생계부양자라는 의식을 갖기 어려웠다.

여성노동자들은 대부분 빈농 출신으로 가족의 생계를 위해, 그리고 결혼이나 학교 진학 등 자신의 장래를 위해 어린 나이에 공장에 취직하여야만 했다. 이외에도 농사짓는 일이 너무 고되어서 탈출하듯이 고향을 몰래

---
1) 본고에서 참조한 구술내용은 10여건이나 주로 참조한 대상자는, 노동자로서는 김지선, 한명희, 이정화, 박태연, 배옥병, 안정애, 유옥순 등 7명이고, 여기에 당시 산업선교활동을 하였던 조화순 목사님을 포함하여 총 8명이다.

빠져나와 공장노동자가 된 경우도 꽤 있었다.

이 시기 여성노동자들은 농촌에서 도시 공장의 노동자로 직행한 경우도 있지만 상당수는 공장에 들어오기 전 가게 점원이나 가내공업 등 비공식적인 노동에 종사했거나, 경우에 따라서는 식모 등 전근대적인 일에 종사하면서 심지어 인신적인 구속 상태에 있기도 했다.

> "저는 공장에 가서 굉장히 좋았어요. 어쨌든 돈을 버니까 ……그런데 사내에서 약혼을 하는 언니, 오빠가 있었거든요. 그 언니가 밤일을 하다가 합판을 압축시키는 롤러에 머리카락이 빨려 들어갔어요.……그 현장을 보고, 그 다음날로 무서워서 공장에 못 갔잖아요.……그런 어려운 조건에서 이제 공장노동자 안 되겠다고 기술 배운 것이 미싱자수였거든요.……아무튼 학원에서 미싱자수를 배우면 금방 취업을 시켜주겠다고 했는데, 조그만 가내공업하는 곳에 들어간 거예요. 그 사장이 시다 노릇하고 1년 있어야 올라가는데, 6개월만 자기 딸 집에 가서 딸이 아기를 낳는데 산관을 하고 오면 6개월 만에 올려주겠다고 했어요. 왜관에 갔는데 속은 거죠. 1년이 다 되어서 올라왔고, 그걸 항의할 만한 우리 내적인 조건도 안 됐고, 다시 그때 올라와서 일을 했거든요"(김지선 구술: 강남식, 2002)

따라서 70년대 여성노동자들이 공장에 들어올 때의 의식세계는 농촌에서 직행을 했든 시(市) 생활을 경험해 보았든 간에 전근대적인 요소가 강하게 지배하고 있었다.

이러한 측면은 이 시기 여성노동자의 남녀관에서도 잘 드러난다. 1980년 여성유권자연맹이 실시한 조사에 의하면, '남녀가 능력에 대하여 차이가 있다'라는 질문에 '그렇다'고 응답한 여성노동자가 61.9%로 과반수 이상이었다. 그 원인으로는 '남자와 여자가 신체적으로 다르기 때문에' 57.1%, '남자는 평생가족을 부양해야 하므로 열심히 일하고, 여자는 그렇게 생각하지 않기 때문에 남녀 간의 능력의 차이가 생긴다' 24.1%, '집안에서 자랄 때부터 남자 일, 여자 일이 구분되어 길러져서이다' 16.8%로 응답하였다(여성유권자연맹, 1980: 97).

보수적이고 전통적인 남녀관은 이 당시 대다수 여성들의 의식을 지배하고 있어 그 완고한 벽을 무너뜨리기가 매우 어려웠는데, 이는 산업선교를 통해 여성노동자를 만나게 된 조화순 목사의 인터뷰에서도 잘 드러난다.

> "…… 저도 동일방직 노동자나 똑같았어요. 처음에 그렇게 보수적이고 그냥 목사고 그러다가 노동하면서 바꿔지기 시작했거든요……그러면서 여성노동자를 만나니까 여성노동자들의 의식이 어떠냐하면 …… '왜 (여자가)월급이 적냐?' 하고…… 여자는 왜 월급이 적은가 반응을 물어보기 위해서 …… 그러면 뭐라고 하냐면, 노동자들이 …… 아줌마라고 하는데, '아줌마 당연한 걸 왜 질문하느냐. 여자는 여자니까 당연히 적은 것이고 남자는 남자니까 당연히 많은 거지. 이 아줌마 이상한데'하며 질문하는 나를 이상하게 봐……60년 말, 70년 초 이럴 때까지 의식이 그랬어요."(조화순 구술: 강남식, 2002)

이처럼 이 시기 여성노동자들 대다수는 전통적인 남녀관에 입각한 고정화된 성역할 체계와 남녀 차별을 당연하게 받아들이는 보수적인 성 정체성을 갖고 있었다.

이와 같은 의식세계는 가난과 고달픈 노동으로부터의 탈출기회로 생각했던 결혼관에서 가장 잘 드러난다. 노동자가 된 이후 가장 격렬하고 치열한 민주노동조합운동을 전개했던 동일방직 출신 여성노동운동가였던 석정남은 노동자로서 첫 출근 시에는 다음과 같은 꿈을 꾸었다.[2]

> "…… 얼마나 손꼽아 기다리던 첫 출근이었는가! 앞으로의 희망과 가지가지 알찬 계획들이 한꺼번에 일어나 마음속에서 춤을 추었다. 앞으로 3년, 딱 3년만

---

[2] 석정남은 처음 산업선교회에 갔을 때, 산업선교회에서 쉰 살이 넘도록 결혼하지 않고 혼자 사는 여성 목사님을 만났을 때, 놀라움을 금치 못했을 뿐 아니라, 이상한 사람이라고까지 생각하게 된다. 더구나 같은 노동자 동료가 "사람이 꼭 결혼을 해야 된다는 법은 없고 무슨 일이든 의미를 느끼고 열심히 살아갈 수도 있다"라고 말하는데 대해 그녀는 그것의 가치를 느끼기는커녕 자신에게는 상상도 할 수 없는 일이라 술회하였다 (석정남, 1984: 23-24).

다니는 거다. 돈은 한 푼도 쓰지 않고 월급 타는 대로 꽁꽁 모아뒀다 시집갈 때 요것 저것 예쁜 거 다 사가지고 가야지. 그런 나를 누가 구두쇠라고 욕해도 좋아. 오빠 말대로 여자란 그저 얌전히 있다가 좋은 남자를 만나서 시집만 잘 가면 되는 거야. 여자 나이는 스물 셋이 제일 좋은 때라고 했겠다."(석정남, 1984: 13)

그러나 여성이면 여성다워야 하고 좋은 남자 만나 결혼해 행복하게 사는 것을 목표로 한 전통적인 여성적 정체성을 갖고 있던 여성들이, 분홍빛 꿈을 실현하기 위해 공장에 들어갔을 때, 이들을 맞이한 현실은 가혹했다. 여성노동자가 여성다움을 키워가며 착실히 돈을 모아 결혼의 꿈을 이루기에는 공장노동의 노동 강도는 너무나 강했고 임금은 매우 낮았으며, 노동자에 대한 사회적 천시는 감당하기 어려울 정도로 모멸적이었다. 따라서 이 당시 여성들이 공장에 들어가 직면했던 노동자로서의 삶은 그때까지 내면화해 온 보수적인 성 정체성과 충돌하는 것이었다. 여성노동자들은 공장생활을 하면 할수록 의식세계에는 혼란이 오고 회의와 갈등의 회오리에 빠지게 된다.

"사람들은 말한다. 여자 목소리가 담을 넘어가도 아니 되고 여자는 얌전하고 교양있게 얘기를 해야 하며 행동도 조용해야 한다고 …… 그러면 우리는 무언가? 자로 잰다면 우리는 여자로선 제로 아닌가. 큰 소리로 하지 않으면 말이 전달이 안 되고 작업복을 입고 분주하게 기계 사이를 오가며 일해야 하니 자연히 행동이 덤덤성하다. 이 나라의 산업발전과 경제성장을 위해 밤잠도 못 자고 땀 흘리는 우리에게 돌아오는 대가가 공순이라는 천시하는 명칭과 세상에서 말하는 여자다움이 박탈되는 거라면 우린 뭔가? 누구를 위해 일하며 무엇을 위해 사는 것인가."(장남수, 1984: 42-43)

이처럼 여성노동자들은 한편으로 여성들의 값싼 노동력을 근간으로 산업발전과 경제성장을 이룩하고자 했던 권위주의 정권에 의해 '산업전사'로 추켜세움을 받기도 했으나, 이들이 일상적으로 살아내야 했던 현실은 비하와 경멸을 담은 '공순이'로 불리어지면서 혹독한 노동을 감당해야 하는 노동자로서의 삶이었다. 따라서 여성노동자들은 할 수만 있으면 자신이 노동자라는 것을 부정하고자 했다. 그러나 이 시기 여성노동자들을 좌절시킨 것은 아무리 부정하고 싶어도 자신이 노동자라는 사실을 부정할 수 없다는 것, 더 나아가 노동자 이외의 다른 삶의 선택이 가능하지 않다는 것이다.

결국 여성노동자들은 노동자로서 자신을 감추기 위해 노력한다. 이때 동원된 방법은 주로 두 가지였는데, 하나는 사회에서 요구하는 여성성을 강화시켜 그럴듯한 신부감으로 포장하는 것이었고, 다른 하나는 학생인 체 위장하는 것이었다.

> "…… 그 당시에는 공장에 다니는 거를 숨기기 위해서 거의가 다 예를 들면 대학생처럼 노트와 책 한 권 정도 끼고 다니고 …… 그리고 대학생처럼 꾸미고 다니는 거였어요 …… 저는 참 특이했어요 …… 사치하기 위해 아모레 화장품 장사를 해서 월급의 2배를 벌었어 …… 그걸 다 사치하는 데 썼던 거예요 …… 예를 들어 코트를 해 입었는데 …… 이대입구에서 코트를 맞추어 입었는데 …… 그게 내가 월급 만원 받을 때였는데 …… 그게 3만원짜리였는데 3번째 코트를 해 입은거야 그때……콘트롤데이타 앞에 서 있으면 이화여대나 이런 대학교 앞에 보다 사치스럽고 호화롭다고 얘기했어요 근데 그 회사에서도 …… 사치의 대가였어요 제가."(한명희 구술: 장미경, 2002)

이처럼 여성노동자들이 탈출의 한 방식으로 집착했던 이 시기 여성성은 자본주의사회가 자극하는 소시민적 열망과 결합되어 있었다. 따라서 당시 여성노동자들이 갖고 있던 전통적인 여성적 정체성은 노동자로서의 계급 정체성을 획득하는데 장애요인으로 작용하였다.

그럼에도 여성노동자들은 노동자의 삶을 위장할 수 있는 사치스럽고 우아한 옷차림, 외모 가꾸기 등을 통해 사회에서 요구하는 여성성을 지닌 인기있는 신부감으로 만들어가고자 노력하였다. 이러한 경향성은 이 당시 여성노동자들을 대상으로 한 의식조사에서도 일관되게 드러난다. 이 당시 여성노동자들이 원했던 교육내용은 꽃꽂이, 수예, 자수, 서도 등과 같은 교양과목이 39.2%, 가사, 육아 등 가정생활 내용이 21.8%, 성교육 등 건강상식이 14.0%로 주로 가정생활과 관련된 내용이 74.0%로 압도적이었다(여성유권자연맹, 1980: 102). 이는 여성노동자 상당수가 결혼을 통해 상승 기회를 기대하면서 그를 위한 준비를 하고자 한 것으로 분석된다.[3]

그러나 이와 같이 교양 교육을 받거나 남성들이 선호하는 신부감이 되도록 노력한다고 해서 여성노동자들이 대학생이 되는 것은 아니었고, 더구나 신분 상승을 시켜줄 남편을 만나기는 어려운 현실이었다. 석정남은 다음과 같이 이 시기 여성노동자들이 품고 있던 환상을 비판하며 여성노동자들이 처한 냉혹한 현실을 표현해주고 있다.

> "꽃꽂이를 배우고 싶어하는 심리의 이면에는 현실을 망각한 환상과 헛된 꿈이 도사리고 있고 그런 것을 조장할 여지가 있는 것이다. 혹 어떤 사람은, "지금은 필요 없지만 이담에 시집가서 써먹기 위하여……"라고 말하지만 이것 역시도 환상과 헛된 꿈이 아닐 수 없다. 그렇게 태평스런 환경으로 시집갈 수 있는 주제가 못 되지 않는가. 비슷한 환경의 공돌이에게나 가게 될 주제에……"
> (석정남, 1984: 76)

따라서 여성노동자들 중에는 미래를 꿈꿀 수 없는 현실 속에서 자포자기의 심정이 되어 유흥업소로 빠지는 경우도 생기게 되었던 것이다. 그러나 당시 대다수 여성노동자들은 전통적인 여성관과 순결이데올로기에 사로잡혀 있었기에 가족생계를 책임지기 위해 혹독한 노동을 감당해 냈다. 이들은 생존을 위협하는 저임금하에서 빈번한 잔업, 철야로 하루 평균

---

3) 유권자연맹 이외에 한국노총 조사에서도 유사한 경향성을 보였는데, 원하는 강좌가 취미생활(꽃꽂이, 수예, 서예 등) 41.0%, 한문, 영어 21.4%, 에티켓 19.3%, 성교육 4.1%, 노동조합관계 지식 3.0%로 가정생활과 관련된 내용이 64.4%였다(한국노총, 1983: 72).

12-16시간 이상의 가혹한 노동에 짓눌려 다른 일은 생각하기도 어려운 상황이었다.

> "저녁 4시에서 다음 날 8시 30분까지 밴드 선별을 하기 위하여 야근을 하면 눈이 쓰라리고 눈물이 줄줄 흘렀다. 형광등 불빛을 계속 쳐다보는 일이라 눈은 쉽게 피로해지고 금방 졸음이 왔다. 때로는 너무나 졸려서 형광등 위에 엎어지기도 했다…… 그러다가 새벽 3시나 4시쯤 되면 속이 쓰리기 시작하고 위가 깎여 나가는 것만 같은 고통이 왔다. 그러면 돈은 왜 벌어야 하는지를 생각하게 되고 이렇게 돈을 벌어서 무엇에다 쓰나 생각하면 1원이 새로워지기도 했다. 너무나 힘들고 괴로워서 야근을 하지 말까 생각하다가도 시골의 어머니와 동생들을 생각하면 내가 고생이 되더라도 참는 수밖에 없었다."(송효순, 1982: 45-46)

이처럼 대다수 여성노동자들은 고향의 부모와 동생들의 학비를 대기 위해 이를 악물고 악착같이 일을 했지만, 아무리 열심히 일을 해도 가난의 굴레에서 벗어날 수 없었다. 더구나 이들에게 강요된 노동조건은 너무나 비인간적이었다. 특히 권위주의 정권하에서 군대식의 노동통제와 폭력이 난무하고, 노동자의 권리 행사와 관련한 기회와 정보로부터 차단되어 있는 상황하에서, 노동자들은 부당한 노동조건이나 폭력에 대한 항의나 개선방안에 대하여 생각한다는 것은 어려운 일이었다.

> "그때 저희가 했던 장시간 노동은 상당히 길었던 것 같아요. 14시간, 16시간…… 그런 작업환경에서 일하면서 관리자들의 폭언, 폭행 같은 것들이 상당히 많았어요…… 관리자들이 여성노동자들에 대해서 함부로 대하고 그 다음에 떠들었다고 해서 군 출신인 관리자가 겨울에 눈밭에서 여성노동자를 막 굴림시키고, 토끼뜀 뛰게 하고, 또 불러내 가지고 자기 책상 옆에다가 손들고 벌서게 하고, 두들겨 패고, 머리 잡아서 흔들어 가지고 부딪치게 하는 이런 비인간적인 행위들이 참 저희들을 힘들게 했던 것 같아요. 우리 여성노동자들이 그런 부분에 대해서 당당하게 항의하지 못한 게 그런 의지나 용기가 없어서가 아니라, 아주 억압적인 분위기 속에서 노예와 같은 노동을 할 수밖에 없는 그런 현실이었기 때문이 아닌가 하는 생각이 들었구요."(배옥병 구술: 전순옥, 2002)

따라서 여성노동자들은 전근대적이면서도 자본주의가 강요하는 상업성에 영향을 받은 불건전하고 보수적인 여성적인 정체성을 갖고 저임금·장시간 노동을 감내하며 빈곤에 허덕이고 있었다. 이에 당시 여성노동자들은 야학이나 산업선교회를 만나기 전에 노동자로서의 의식과 권리를 깨우치고 발전시켜 갈 기회나 계기를 만나기는 매우 어려웠다. 따라서 여성노동자들의 의식은 공장에 들어올 때와 별반 차이 없이 매우 의존적이고 비주체적이었다. YH무역의 경우 생산직 노동자의 90% 이상이 여성이었지만 남자가 있어야 일을 박력있게 추진할 것이라는 생각으로 남자 종업원 한 명을 섬유 본조 조직부장에게 소개할 정도였다.

따라서 여성노동자들이 노동자로서의 정체성을 획득하고 여성문제에 눈뜨기까지는 또 다른 경험과 각성의 과정을 요구하였다. 그러나 그러한 변화 역시 당시 여성노동자들이 감당해야 했던 존재조건에 근거한 것이었다고 볼 수 있다. 즉, 여성노동자들은 자신들에게 강요된 가혹한 노동조건 속에서 점차 자신의 비참한 존재조건에 대해, 그러한 삶을 강요하는 세상에 대해 비판적인 의식을 갖게 되었던 것이다.

"현장 내의 온도 영상 39°. 너무도 찐다. 나의 모든 정신을 마비시킨다. 온통 얼굴에는 나의 모든 땀의 범벅. 등 뒤로도 가로로 세로로 등등으로 막 흘러내린다. 비오듯이. 남들에게 우리 회사 현장을 말하면 안 믿을지 모르지만 위장된 것도 아닌 기정사실의 일이다. 모든 사람들의 이맛살을 찌푸리게 한다. 그렇지 않아도 가난에 찌들려, 웃음도 잃고 남은 것이라고는 인상쓰는 것, 즉 '악뿐이다. 더위를 참다 참다 못해 XX이라는 욕설이 아닌 우리들의 불만의 소리가 저절로 흘러나온다…… 정말 더럽고 역겨웁도록 지겨운 세상이다. 환멸을 느낀다. 삶에 권태를 느낀다…… 내가 요술쟁이라면, 세상아 없어져라. 세상아 바뀌어라."(서연진·한윤수 편, 1980: 228-229)

이상과 같이 자신의 존재조건에 대한 객관적인 시선, 그것을 강요하는 사회에 대한 비판적인 의식적 자각이 있었기에, 여성노동자들은 야학이나 산업선교회 등을 통해 약간의 의식화 교육을 받았을지라도 빠른 속도로 노동자의식을 획득해 갈 수 있었던 것으로 보인다.

2) 노동자로서의 정체성 형성과 성 정체성 변화

70년대 한국 사회에서 여성노동자뿐 아니라 여성 일반에게 요구된 여성성은 전근대적인 요소와 자본주의적 상업성을 교묘히 결합시킨 복합적인 것이었으나, 근본적으로는 '여성은 가사의 전담자, 남성은 사회적 담당자'라는 성역할 체계에 따른 '현모양처'를 지향하는 보수적인 여성성에 근거한 것이었다. 이와 같은 보수적인 성 정체성을 강하게 내면화하고 있던 여성노동자들의 의식을 변화시켜 노동운동의 주체로 나서게 한 것은 무엇이었을까?

여성노동자의 의식의 변화는 자신의 존재조건에 대한 자각에서 시작된 것으로 나타난다. 70년대 여성노동자들 대부분은 가족을 떠나 도시에서 노동자로서의 삶을 시작했고, 혹독한 공장노동을 온몸으로 지탱해가고 있었다. 그러나 아무리 열심히 일을 해도 벗어날 수 없는 가난과 비참한 삶, 이러한 삶의 유일한 탈출구로 여긴 진학에의 꿈의 좌절 등으로 여성노동자들은 점차 현실에 불만을 갖게 된다. 이들은 자신뿐 아니라 함께 고향을 떠나 서울로 올라온 친구나 친척들, 그리고 공장의 동료들도 한결같이 가난을 벗어나지 못하는 것을 보고 뭔가 잘못되었다는 인식을 하게 되었던 것이다. 더 나아가 이들은 자신들이 절절하게 경험한 가난으로 인해 야학 등을 통해 만나는 자신들과 다른 사회·경제적 지위를 가진 지식인들(대학생들)이 생각하는 가난에 대해서도 비판적인 안목을 갖게 된다. 점차 여성노동자들은 생활주변의 경험을 통해, 자신의 삶을 통해, 그리고 교육을 통해 노동자의 가난이 개인적인 문제가 아니라 사회구조적인 문제임을 깨닫게 된다.

"'가난이 죄라는 어느 아주머니의 말씀', '가난은 부끄러운 것이 아니라 다만 귀찮을 뿐이다'라고 말하는 어느 대학생의 말. 나의 입장은 과연 어느 쪽의 말에 속하는 걸까? 한번 생각해 보았다. 생각해 본 결과 나에게 더 치우치는 쪽의 말은 어느 아주머니께서 말씀하신 가난이 죄라는 것이다. 나 역시 이 말에 긍정하고 싶지는 않다. 그러나 우리들에게 있어서는 부정할래야 부정할 수 없는 너무나 어엿한 기정사실의 말인 것 같다. 가난하기 때문에 못 배웠고 못 배웠기에 무식하고 학벌이 없기에 하루 종일 공장에 나가서 뼈 빠지게 일을 해도 생계유지조차 할 수 없는 저임금을 받고 있다."(서연진·한윤수 편, 1980: 229-230)

여성노동자들은 자신의 삶을 단편적으로 단순하게 바라보거나 사회적 차별에 대해 울분을 느끼던 고립적인 사고의 틀을 벗어나 어느 정도 현실에 대해 눈뜨기 시작한다. 이는 주로 야학, 소모임 등 공장 이외의 새로운 사회적 관계를 통해 교육과 의식화 활동 속에서 이루어졌다. 여성노동자는 이제 자신의 사회적 위치를 깨달아가며 노동자로서의 정체성을 발전시켜간다.

"나는 나의 직업 밝히기를 무척 꺼려했다. 어느 누가 직업이 무엇이냐고 물으면 우선 자신이 부끄러워졌고 얼굴이 붉어졌다 …… 그러면서 나는 학당 생활을 했다. 하면서 자꾸 일에 부닥치고 배우면서 나의 직업에 대해 조금씩 자신을 갖기 시작했다. 강학과 학생들이 옆에서 자꾸 채찍질해 주고 내가 내 자신을 자꾸 다져가면서 …… 지금은 누가 직장과 직업을 묻는다면 나는 능히, '저의 직장은 주택은행 위에 있고 몇몇 안 되는 종업원들과 요꼬를 하고 있습니다'라고 말할 수가 있다. 그만큼 노동이 귀하다는 것을 깨달았는지도 모르겠다."(오원희·한윤수 편, 1980: 102)

이와 같이 여성노동자들은 자신의 삶의 경험을 통해 가난을 구조적인 문제로 인식하게 되고, 야학과 산업선교 등의 활동을 통해 점차 노동자로서의 정체성과 자부심을 가져나가기 시작하였다.

"70년대 노동자의 삶이라는 게 근로조건이나 사회적 무시가 상당했기 때문에, 제가 노동자로 사는 이상은 그 속에서 헤어나고 싶었습니다. 인간답게 살고 싶은 욕구, 이런 게 굉장히 강했어요. 그래서 그 속에서 노동자로서 내가 노동운동을 한다는 의미는, 처음에 출발할 때는 노동자로 인간다운 대우를 받는 삶을 내가 이루어 내겠다는 그런 하나의 간절한 계기라면 계기이고 소망이라면 소망에서 비롯되었습니다. 또한······ 부모님들이 굉장히 성실하게 평생을 사셨는데도 불구하고, 우리가 굉장히 가난하게 살았다는 것이 중요한 동기가 되었습니다. 저는 가난에 대해 질문을 마음속으로 굉장히 많이 했습니다. 부두 노동자이신 우리 아버님하고 어머님은 새벽부터 밤늦게까지 중노동을 하고 계시는데 '우리는 왜 가난할까' 하는 것이 어렸을 때부터의 물음이었어요. 그러면서 나중에 노동조합을 만들고 공부를 하면서, '그 가난들이 결국은 구조적으로 오는 가난이다'라고 판단하게 됐죠. 저는 노동운동에 부모님의 삶을 보고 뛰어든 거고, 또 부모님의 삶을 답습해가는 내 모습을 변화시키기 위해서 뛰어들었다고 할 수 있어요. 그리고 한 가지 더 덧붙이면 사람이 너무 좋아서 운동을 하게 되었지요. 제가 유동우 형을 비롯한 여러 선배들, 그리고 조화순 목사님이라든가, 황영환 선생님을 만나면서 그분들과 계속 소모임을 했는데, 그분들이 저희에게 정치의식이나 노동조합의식을 넣어주었어요. 그런데 이분들이 이전에는 생전 받아보지 못했던 노동자에 대한 존중감이라고 할까, 인간에 대한 헌신이라 그럴까, 그런 것을 보여주셨어요. 이런 과정을 통해서 '노동자도 인간으로서 이렇게 대우받을 수 있구나', 하는 것을 진짜 많이 느꼈어요. 아무에게나 '공돌이·공순이' 소리 들으면서 살았던 그 현실 속에서 진짜 인간적으로, 아주 평등하게 대우해주는 그 모습 속에서 매우 감동을 많이 받았죠."(김지선 구술: 강남식, 2002)

여성노동자들은 야학이나 산업선교활동 등을 통해 모호하게 인식하고 있던 불평등구조에 대하여 명료하게 인식하게 되었고 노동자로서의 자부심을 갖게 되었던 것이다. 특히 이 과정에서 학구열이 높은 여성노동자들의 강한 이탈성향이 '목소리내기(voice)'라는 긍정적인 성향으로 바뀌게 되었다(구해근, 2002: 200). 비록 대다수 노동자들은 주로 신분상승의 열망으로 야간학교나 교회가 후원하는 소모임 활동에 참여했지만, 이런 교육활동은 점차 노동자 의식화의 기능을 수행하게 되었다.[4] 이런 교육활동

참가자들 대다수가 여성이라는 사실은 1970년대 민주노동조합운동에서 여성이 주도적인 역할을 담당한 이유를 설명하는 단서를 제공한다. 여성 노동자들의 강한 이탈(exit)성향이 그들을 노동자들의 요구를 주창하는 전위대가 되게 하였고, 결과적으로 1980년대 민주운동의 초석을 마련했다(구해근, 2002: 200).

그러나 이들은 너무나 오랫동안 노동자로서의 정체성 획득에 걸림돌이 되어 왔던 전통적인 남녀관이나 여성성에 젖어 있었기에, 이를 극복하고 노동자로서의 주체적인 의식을 획득하기까지는 일정한 시간과 또 다른 노력을 요구하였다. 그런데 흥미로운 것은 여성노동자들이 노동자로서의 정체성을 획득할 수 있었던 것은, 그 동안 노동자로서의 정체성 획득에 장애가 되었던 보수적인 여성적 정체성을 극복함으로써 가능했던 것이 아니라는 점이다. 오히려 여성노동자들은 노동자로서 의식화되면서 보수적인 성 정체성에 대해 비판적인 시각을 갖게 되었다는 점이다.

"노조활동하면서 이제 사치를 안 해야겠다 하면서 그걸 안하는 거예요. 손톱도 짧아지고 더 옷도 검소하게 입고, 이러면서 그 동안의 잘못됐던 허위의식이라든지 이런 부분들이 노동자의식이 생기면서 여성의 허위의식도 같이 벗겨지는 것 같았어요. 여자니까 예뻐야 한다 그런 것보다도…… 조합 간부되고 나서는 아무튼 사는 관점이 달라진 거고 나 자신이 이제 너무 겉치레를 하고 살았기 때문에 그 5년 동안의 껍데기를 벗기 위한 과정이 한 1년 이상이었죠……한번은 홍도를 가는데 직업난에 이제 공순이 그렇게 썼어요…… 가리봉 5거리에서 소주를 마시면…… 어깨동무를 하고 우리들은 노동자다 좋다 좋다 하는 노래를 막 목이 터져라 부르고 부르면서 사실은 남들 듣게 하는 거 못지않게 나 자신한테 각성시키는 과정이었던 거 같애…… 그러니까 정신병에 걸렸을 정도로 노동자인 것에 대해서 굉장히 몸부림치면서 각성을 해 들어갔던 과정이었던 것 같애

---

4) 이 시기(1972-1977) 교회선교단체들에 의해 행해진 노동자교육인원을 보면 연인원 12,000명으로, 이 숫자는 같은 기간 동안에 노조가 담당했던 교육 연인원수보다 많은 숫자였다(이옥지, 2001: 137).

…… 1년쯤 되고 나니까 조금씩 정신이 차려지더라고."(한명희 구술: 장미경, 2002)

조화순 목사는 같은 여성노동자들이 노동자로서의 계급 정체성을 획득해가면서 성 정체성의 변화를 경험하게 되고, 그래서 결국 여성노동자들은 계급 정체성과 갈등하지 않는 자아의식이 강한 성 정체성을 형성해가는 과정에 대해 다음과 같이 회상하고 있다.

"모임을 하면 7명이 소그룹이면 똑같은 옷을 입어. 나 환장하겠드라구. 월급은 쥐꼬리만한데 월부로 맞춰요. 그게 제일 어렵더라고. 아무리 설명을 해도 …… 안 고쳐져. 한번은 이대에서 의식있는 사회학과 교수들이 이대 학생들을 우리 인천으로 보냈어요. 버스타고 와 마중나갔는데 지금도 생각이 나는데, 노동자들은 죄다 잘 입고와. 이대 아이들은 더 의식하고 아무렇게나 입고와. 노동자들을 만나야 하니까. 그래서 하늘과 땅 차이야. 그런데 이대 애들은 아무렇게나 입고 왔는데 너무 세련되고 그게 너무 화가 났더랬어. 당장 가라고 하고 싶었다구 …… 그런데 스스로 그룹활동을 하고 의식이 스스로 바꿔지고 나서는 한 명도 그런 거를 입는 것이 없어. 이대 아이들이 왔는데 어떤 사람이 이대 아이들이고 어떤 사람이 노동자인지 구분이 안나. 표정까지 달라져요. 그렇게 사람들이 내면적인 미가 달라지니까 어떤 놈이 대학생이고 어떤 놈이 노동자인지 구분이 안 간다니까."(조화순 구술: 강남식, 2002)

여성노동자들은 보수적인 성 정체성을 걷어내고 노동자로서 의식의 자각을 하게 되면서부터는 일상의 작은 일들을 통해서도 노동자로서의 자신의 위치, 사회에서 자신들이 갖고 있는 사회적 지위에 대해 객관적으로 바라보게 된다. 따라서 이들의 계급 정체성은 확고해지고 다른 동료노동자들에 대한 신뢰와 연대의식이 고양되는 것으로 나타난다.

여성노동자들은 노동자로서 계급 정체성의 성장과 함께 불건강한 여성성을 극복해 내자 여성노동자로서 의식의 한 단계 발전을 경험하게 된다. 즉, 여성문제에 대하여 인식하게 됨으로써 여성주의 의식이 발전하게 되는 것이다.

"갑작스럽게 막 자랑스럽고 당당해져 가지고 조합간부가 된 지 한 6개월쯤 됐을 때는 허리에 막 힘이 들어가죠. 갑자기 배가 든든해지고 세상에 겁나는 게 없고 온 세상을 얻은 것 같은 이런 뿌듯함이 있는 거에요. 그때까지 움츠리고 주눅들고 회사 놈들 미워하고 원망하고 갈등하고 이런 수준이었는데, 이제는 닥치는 일마다 이끌 수 있을 것 같은 자신감이 충만했던 기억이 있어요……그러면서 여성문제 대해서 다른 시각으로 접근하게 된 거에요. 남자에 대한 의문을 갖는 거야. 남자는 왜 관리직이 되고, 여자는 오직 끽해야 반장 밖에 못되는가? 임금에서 왜 차이가 나는가? 이런 것들이 자꾸 곁들여서 봐지게 되는 거예요."(방혜신, 1994: 94-95)

이처럼 여성노동자들이 노동운동에 참여함으로써 여성문제에 눈을 뜨게 되자, 그 결과 함께 공장에서 일하던 남성노동자에 대한 시각과 더불어 결혼관도 변화하게 된다. 지금도 큰 변화가 없지만 이 당시 결혼 문화에서의 지배적인 경향은 여성은 자신보다 가문이나 재산, 그리고 학력 등 인적자원이 더 많거나, 아니면 최소 연령이 많거나 키라도 더 큰 남성과 결혼하는 것이 상식적이었다. 여성들은 자신과 동일한 인적 자본이나 자격기준을 가진 남성들은 동등한 존재로 바라보지 않았다. 여성노동자들은 자신과 똑같은 저학력에 가난할 뿐 아니라 사회적으로 천대받는 노동자라는 지위를 가진 동료 남성노동자를 무시하는 경향이 강했다. 그러나 여성노동자들이 노동자로서의 정체성을 획득하고 여성문제에 대한 의식이 생기면서 동료 남성노동자에 대한 인식이 변화되고 있음을 보여주고 있다.

"……그러니까 요꼬를 짜는 남자들도 다르게 보아지기 시작한 것이다. 전에는 그 사람들과 같이 길만 걸어도 창피하고 그 사람들이 너무 밑으로만 보였는데 지금은 어쩌면 장래의 사람으로도 고를 수가 있을 것 같다. 그 사람의 생활 태도에 따라서 말이다. 지금은 창피함보다는 더 알고 싶고 길가에서도 아는

체를 하고 싶은 것이다. 그들에게 해주고 싶은 일이라면 우선 자신을 갖게 해주는 일이라 생각한다 …… 우선 노동이라는 존귀함을 깨닫게 해주어 억지로 일하는 것보다는 무엇을 생각하면서 일할 수 있도록 자신감을 불어 넣어주는 것, 그것이 가장 급한 일이다. 그런 후라면 같은 노동자끼리 뭉칠 수 있지 않을까 생각되는 것이다."(오윤희·한윤수 편, 1980: 102-103)

이상과 같이 여성노동자들은 공장에 처음 들어올 때의 전통적인 여성관에 입각하여 '여자란 그저 얌전히 있다가 좋은 남자를 만나서 시집만 잘 가면 되는 것'이란 생각을 극복하고, 나아가 결혼을 평등한 관계 속에서 공동체적 삶을 지향하는 것으로 인식하게 된다. 이러한 의식변화를 통해서 이들은 기존의 가부장적인 굴레를 깬 새로운 방식의 결혼생활을 만들어간다.

"그때는 여성문제에 대한 인식이 있었고, 그러면서 결혼에 대해 자신감도 생겼어요. 그래서 환상적으로 삶이 달라지는 것이 아니라, 라면 세끼 먹고 살아도 평생 동안 나의 운동에 대해서 함께 할 수 있는 사람이면 좋겠다 …… 그 대신 나이가 그때 서른여섯이었는데 알맞은 총각이 없어요, 주변에. 그래서 이제 연하라도 좋다는 생각을 하게 됐어요. 적극적으로 여성들이 끊임없이 고정관념을 깨들어 가지 않으면 대상화되기 때문에"(방혜신, 1994: 96)

여성노동자들이 노동운동 속에서 노동자로서, 여성으로서 주체적인 자아의식이 성장해가면서, 노동자가 아닌 '여성노동자'로서 의식의 발전을 경험하게 된다. '여성노동자'로서 의식의 발전은 결국 노동자로서 계급 정체성과 여성주의적 성 정체성이 갈등하지 않고 상호 발전적인 정체성 형성에 상승작용하게 된다. 1970년대 말에 이르면, 노동조합이 탄탄하게 발전해온 일부 사업장에 국한된 것이었지만, 결혼퇴직, 임신, 출산 퇴직의 관행을 깨며 평생평등노동권 운동이 전개된다.

"노조활동 쭉 하면서 이제 결혼하고 직장 다니기 운동하고, 임신하고 출산하고 애기 낳고 다니기 운동 쭉 했는데, 그 (이유는) 두 가지였어요. 하나는 여성학 강좌를 계속하다 보니까 여성들이 계속 다녀야만이 인간답게 살 수 있다는 측면 못지않게 회사가 구조조정하는 거예요 …… 자기의사로 하면 하죠 뭐 동의했었는데요. 진행을 두 번 세 번 하다보니까 굉장히 많은 인력이 빠져나가다 보면 노동조합의 힘이 확 빠지잖아요 …… 노조를 지켜야 되겠다는 생각으로 나중엔 더 경계심이 생겼어요 …… 감원징책이 내려지면 그만두지 못하게 우리가 교육 하고 그래서 식장을 결혼했다고 그만두고 애 땜에 그만두면 나중에 비전이 뭐냐 …… 공장이기는 하지만 정상적으로 노동하는 게 훨씬 더 인간답게 사는 방법 이다라고 애기를 쭉 하게 됐고 …… 결혼을 하고도 다니기 운동을 시도했죠. 조합을 지켜내기 위해서 …… 그때는 라인 하나씩 20-30명씩 모아서 아예 한 달을 교육을 했어요 …… 결혼하기 전에 무단결근을 떡먹듯이 하던 친구가 있었 거든요 …… 그런데 세상에 결혼하고 나더니 1년 동안 무단결근이 한번도 없는 거야. 세상에 지각도 안하고 ……그래서……(조합원 중) 15% 정도였으니까 결 혼하고 다닌 사람이 약 40명에 육박했죠."(한명희 구술: 장미경, 2002)

이상과 같이 계급 정체성의 발전은 여성주의적 성 정체성의 형성에 결정적인 역할을 한 것으로 나타났다. 즉, 여성노동자들은 가난과 여자라 는 이유로 받았던 고통과 차별의 부당함을 극복해오면서 주체적인 자아의 식을 획득하게 되고, 처음에는 피상적이나마 여성문제에 대해 인식하게 된다. 이러한 초기 인식은 자신이 천대받는 노동자라는 사실을 부정하거 나 학교를 다녀 신분상승하거나 남편 잘 만나 편하게 살려고 하는 허위의 식 속에 갇혀 더 이상 발전하기 어려웠다. 그러나 여성노동자들은 노동조 합활동과 교육을 통해 노동자로서 정체성을 획득하게 되면서 허위의식을 거두어버리게 되고 노동문제와의 연관성 속에서 여성문제에 대한 구조적 인 인식을 하게 된다. 그 결과 여성노동자들은 그렇게 부정하고 싶었던 노동자로서의 삶을 오히려 인간다운 삶을 위해 선택하게 되는 것으로 나타난다. 이 선택은 기존의 보수적인 여성관과 성역할 체계를 깨는 것으 로 발전하여, 여성의 권리로서 평생평등노동권을 인식하는 것으로 발전하 였다. 이상과 같이 70년대 여성노동운동을 주도한 여성노동자들은 전통적인 성역할에 근거한 의존적이고 비주체적인 여성성을 노동자로서의 계급의식의 성장 속에서 극복해냄으로써, 결국 여성주의적 성 정체성과 삶의 모델을 발전시켜갈 수 있었다.

계급의식의 성장을 통해 여성주의적 성 정체성을 획득한 여성노동자들은 노동운동의 주체로 나서기 시작했고, 결국 민주노조라는 조직적인 성과로 이어졌다. 여성노동자들은 70년대 노동운동을 주도해 갔다.

1970년대 노동조합운동은 여성노동자가 대다수를 차지하고 있는 경공업의 제조업체를 중심으로 나타나기 시작하였으며 기존의 노동조합이 어용화된 상황을 비판하면서 종교계를 중심으로 한 재야세력의 지원을 받은 민주노조가 출현하였다.

의류산업노조 조직현황(1993년)을 보면, 70년대까지 보수적이고 어용적인 관변노조에 의해 유지되었는데, 섬유노련은 제조업 중 가장 먼저 결성된 조직이었다. 이들 어용노조들은 열악한 노동조건 속에 있는 노동자들의 이해를 대변하기보다 정권과 자본에 유착함으로써 집행부의 이권을 둘러싼 파벌다툼을 해왔고 섬유노련 산하 노조들은 주로 대기업을 중심으로 조직된 어용노조의 성격이 강했다(서정혜, 1992: 93-95). 노동조합 사상 한국 최초의 여성 지부장이 탄생된 것은 1972년의 동일방직으로서, 여성 민주노조의 효시라 할 수 있다. 곧이어 원풍모방에서 여성위원장을 중심으로 한 민주노조가 탄생되었고, 1974년에는 반도상사에서 여성 민주노조가 결성되는 등 1970년대에 섬유산업을 중심으로 여성노동자가 중심이 된 민주노조가 상당수의 기존 노조와 격렬한 투쟁과 우여곡절 끝에 결성되었다(조화순 구술: 강남식, 2002; 이옥지, 2001). 특히 YH무역과 같은 경우는 정치권에 호소함으로써 새로운 방식으로 문제를 해결하려 함으로써, 한국 정치사와 민주화운동에 새로운 분기점을 마련하는 계기가 되기도 했다. 여성노동자들은 노동법 준수, 노조활동 보장, 어용노조에 대한 항의, 해고·집단감원 등의 부당노동행위와 부당한 관권개입 반대, 무책임한 폐업 반대 등의 불법적 노동권 탄압에 항거하는 한편, 민주노조 건설 보장 등을 주장하였다(정미숙, 1992: 46-48). 또한 여성노동자들은 동일방직(72년 5월), 원풍모방(72년 8월), 반도상사(74년 4월), YH무역(75년 5월) 등의 투쟁에서 보듯이 임금, 노동조건을 비롯한 경제적 측면을 중심으로 한 생존권과 관련된 내용을 주로 문제제기했다(황미애, 1984: 45-50). 이 시기 여성노동자들은 근로시간 단축, 강제잔업 철폐, 작업환경 개선, 폭행 금지, 인권 침해 반대 등 노동조건 개선과 관련한 사항을 중심으로 노동운동을 전개하였으나, 70년대 말경에 노조가 안정적으로 운영되는 일부 사업장을 중심으로 해서는 동일임금 요구와 생리휴가, 결혼퇴직 철폐, 산전산후휴가의 정착, 수유시간 확보 등 여성특수과제에 대한 이슈도 제기하기에 이른다.

3. 여성주도 노동운동의 특성

여성노동자들이 주도해 간 70년대 노동운동은 주로 민주노조 결성 및 수호와 관련된 것이었다. 이는 당시 대부분의 작업장들이 미조직 업체였고, 설사 노조가 있다 하더라도 어용노조로서 노동자들의 권익을 대변하지 못했다는 점도 작용했다. 설사 임금과 노동조건 개선을 목표로 투쟁을 시작하였을지라도, 투쟁을 거치면서 권위주의 권력과 폭력에 맞부딪히며 민주노동조합운동으로 발전해 갔다. 그럼으로써 70년대 여성노동자들은 노동운동의 새 지평을 열어갔던 것이다.

이상과 같은 70년대 여성노동운동은 다음과 같은 두 가지 특성을 갖고 있다고 볼 수 있다. 첫째는 70년대 노동운동을 주도했다는 점이고, 둘째는 서구와 달리 남성배타적이거나 성분리주의적인 노동운동을 전개하지 않았다는 점이다.

첫째의 특성은 지금까지 70년대 노동운동을 연구한 연구자들에 의해 대체로 동의되는 것으로서, 다만 현재 연구자들 사이에 어떤 요인이 한국의 여성노동자들로 하여금 초기 노동운동단계에서 주도적인 역할을 담당하게 하였는가에 대한 원인의 분석을 둘러싼 견해 차이가 있다. 그러나 둘째의 특성에 대해서는 매우 주목할 만한 요소임에도 불구하고 아직 그 어떤 연구자도 문제제기하고 있지 않다. 따라서 이 글에서는 첫째의 특성에 대한 기존의 논의를 비판적으로 검토하고, 두 번째 특성에 대해 논의를 전개하고자 한다.

1) 노동운동을 주도하는 여성노동자

여성노동자들이 70년대 노동운동을 주도한 원인이 무엇인가에 대해서는 많지는 않지만 다음과 같은 의미있는 연구들이 있다. 시기별로 먼저 연구된 것으로서 남정림의 연구를 들 수 있다(Nam, Jeong-Lim, 1996). 남정림은 70년대 한국 여성노동자들이 노조활동에 적극적으로 참여했던 이유를 세 가지를 들고 있는데, 첫 번째는 구조적인 조건이다. 즉, 소수의 산업에 여성이 집중된 것과 지속적으로 성차별에 노출된 것이 여성노동자들 사이에 집단적 의식을 고양시키는 기반이 되었다는 것이다. 같은 학교나 같은 지역 출신의 젊은 여성들이 기숙사에서 함께 생활하면서 공유된 이해와 자매 감정을 발전시킬 수 있었다고 분석하고 있다(Nam, Jeong-Lim, 1996: 331). 두 번째 이유는 노동투쟁 참여비용이 상대적으로 낮았다는 점이다. 왜냐하면 이러한 조건에서 젊은 미혼여성노동자들은 노동투쟁에 참여해서 잃을 것이 별로 없었기 때문이라고 보았다. 세 번째는 노력을 통해서 자신들의 경제적 이해를 충족시킬 수 있는 기회가 적었기 때문이다. 반면 한국 남성노동자들에게는 개인적인 노력을 통한 승진과 승급의 기회가 주어졌고, 이것이 경영에 협조하는 동기를 제공했다는 것이다(Nam, Jeong-Lim, 1996: 332).

이와 같은 남정림의 요인 분석에 대해 구해근은 "여성이 왜 노동투쟁에 참여했는가를 이해하는 데 도움이 되기는 하지만, 다른 개발도상국의 여성노동자들에게도 똑같이 적용될 수 있기 때문에 왜 한국여성노동자들이 1970년대 현장노조운동을 주도하는 독특한 역할을 했는지를 설명하는 데는 불충분하다"라고 비판한다(구해근, 2002: 143-144). 구해근은 남정림이 제시한 일부 요인들은 오히려 반대로도 작용할 수 있다며 다음과 같은 예를 제시한다. 즉, 여성들이 어린 나이에 작업장을 떠난다는 사실은 여성들로 하여금 집단행동을 통한 장기적인 조건 개선에 관심을 덜 갖게 할 수도 있으며, 개인적인 위험이 내포된 경우에 더욱 그러하다는 것이다. 또한 당시 한국 공장의 승진기회는 여성노동자뿐만 아니라 남성노동자들에게도 지극히 제한되어 있었다는 점을 지적하면서 남정림의 의견을 반박하고 있다.

남정림과는 달리 구해근은 70년대 한국노동운동에서 여성노동자들이 보여준 예외적인 역할을 설명하는 핵심적 요인을 경공업 여성노동자들과 진보적인 교회조직 간에 형성된 긴밀한 연계에 있었다고 보고 있다(구해근, 2002: 145). 그는 만약 교회조직들이 노동문제에 관여하지 않았더라면 여성노동자들이 한국 노동운동에서 이처럼 중요한 역할을 했을 것인지는 의문이라고 분석하고 있다.

그는 왜 여성노동자들이 교회조직과 특별한 관계를 갖게 되었는가에 대해서 세 가지 요인으로 분석하고 있다. 첫째, 교회집단들이 가장 착취당하고 가장 나약한 여성노동자들을 대상으로 삼은 것은 자연스러운 일이었고, 지식인 역시 연약하고 피해받기 쉬우며 그래서 보호를 받아야 하는 사람들인 젊은 여성노동자들에 대해서는 어느 정도 온정주의적인 태도를 가지고 있었다는 점이다.

둘째, 경공업 부문이 산업선교가 침투하기에 상대적으로 쉬운 부문이었다는 점을 들고 있다. 이에 많은 노동지향적인 선교활동은 여성노동자들이 대다수 노동력을 구성하고 있는 경공업 부문에 집중되었다는 것이다.

셋째, 여성과 남성노동자는 교회활동에 참여하는 태도에 있어 차이가 있었다는 점을 추가적으로 중요한 요인으로 제시하고 있다. 그 이유로는 여성노동자들은 우선 남성노동자들보다 교회에 다닐 가능성이 더 컸고, 다음으로는 교회지도자들이 이끄는 소집단 활동에 남성노동자보다 관심을 더 가졌다는 것이다. 특히 여성들이 남성들보다 소모임에 관심을 가진 이유는 여성노동자들이 남성에 비해 공장에서 더 큰 심리적·정서적 어려움을 겪었고, 심리적으로 더 큰 정신적 위안을 필요로 했기에 공장노동자로서 훼손된 자아정체성을 보상받기 위하여 교육적·문화적 경험에 대해 더 큰 욕구가 있었다는 것이다. 이외에도 여성이 남성보다 인간관계에서 더 개방적이고 유연하기 때문에 교회에 가서 낯선 사람들과 익숙하지 않은 사회활동에 참여하는 것에 대한 심리적 제약이 적었다는 점을 꼽고 있다.

    이상과 같은 70년대 한국노동운동을 여성들이 주도한 원인에 대한 기존 연구의 분석은 이 시기 여성들이 왜 노동운동에 그렇게 격렬하고 치열하게 참여했는가를 이해하는 데 많은 시사점을 준다. 그러나 남정림의 분석은 구해근의 비판처럼 70년대 한국여성노동운동의 특성을 설명해주기보다 제3세계국이나 개발도상국의 상황과 동일하게 적용될 수 있는 것이다. 주목할 만한 분석은 구해근인데, 그 역시 몇 가지 중대한 문제점을 안고 있다. 우선 남정림과 다른 요인으로 제시한 여성노동자와 교회조직과의 관계에 관한 부분이다. 여성노동자들이 남성과는 달리 교회조직과 특별한 관계를 갖게 되었는가에 대한 세 가지 원인분석에서 첫째와 둘째의 측면은 당시 경제개발이 수출위주의 경공업 중심으로 이루어졌기 때문에 경공업에 종사하는 여성노동자가 전체 노동자의 주류였고, 가장 주목받는 집단이었기에 당연한 것이었다고 분석할 수 있다.

    구해근의 분석에서 쟁점이 될 수 있는 측면은 셋째의 요인, 즉 여성노동자는 남성노동자와 달리 교회활동에 참여하는 태도에 있어서의 차이가 있었다는 점에 대해서이다. 그런데 과연 구해근의 주장대로 여성이 교회에 다닐 가능성이 더 컸고 당시 활동방식이었던 소그룹활동에 더 관심을 가졌기에 여성노동자들이 노동운동가로 성장하여 70년대 노동운동을 주도해 갔던 것일까? 이와 같은 주장이 논리적 타당성을 갖기 위해서는 70년대 중반 민청학련 사건 이후 왜 진보적인 지식인 남성들이 대거 교회조직으로 들어가 민주화 운동을 전개했는가에 대한 분석이 차별성을 갖고 이루어졌어야 한다. 즉, 남성들, 특히 종교에 가장 비판적인 입장을 갖고 있는 것으로 알려진 '진보'로 자처한 지식인 남성들이 왜 교회조직으로 들어가 활발한 사회운동을 전개했는가가 설명되어야 한다. 또한 여성노동자들이 소그룹활동에 적극적이었기에 의식화 교육이나 활동이 성공할 수 있었다는 주장 역시, 70년대 대학교 운동권 진영의 조직화작업이나 80년대 노동운동 진영의 의식화 및 조직화의 방법이 소그룹 방식으로 이루어진 것이 70년대 여성노동자운동에서의 소그룹활동과 어떤 차별성이 있는가를 설득력 있게 설명할 수 있어야 한다. 실제 소그룹활동은 동서고금을 막론하고, 그리고 정치조직이나 종교조직 혹은 어떤 신념을 가진 집단의 경우에도 이에 대한 정치적인 억압과 탄압이 극심한 경우, 대중들의 의식화와 조직화의 초기 단계에 가장 일반적으로 채택되는 고전적인 방식이기 때문이다. 따라서 70년대 노동운동을 여성이 주도한 요인에 대한 구해근의 분석에서 교회에 대한 여성과 남성노동자들의 태도의 차이로 파악한 것은 그 타당성을 잃게 된다.

 그러나 구해근이든 남정림이든 간에 70년대 노동운동을 여성들이 주도한 요인 분석에서 결정적으로 간과한 가장 핵심적인 요인은 노동운동을 주도할 남성들 중심으로 조직된 노동운동 단체나 조직, 그리고 남성노동운동가들이 존재하지 않았다는 점이다. 우리나라에는 서구에서와 같이 중세 장인들의 길드에서부터 역사적 기원을 갖고 있는 각종 노동조직, 예를 들면 우애협회(friendly society)와 같이 주로 노동자들의 애경사와 친목을 위주로 한 조직조차 존재하지 않았다. 이는 미군정기와 이승만 정권을 거쳐 박정희 권위주의 정권에 이르는 동안의 사회 제 분야의 민주적인 발전을 탄압하고, 특히 노동자들의 조직적 저항을 사전에 봉쇄하기 위한 정치적 억압과 공세의 결과였다. 특히 경제발전을 통해 국가를 재건하고 북한을 압도하고자 했던 박정희 권위주의 정권은 노동자들의 자발적이고 자율적인 조직이나 활동은 경제발전을 저해하는 행위로 규정하면서 '불순'한 정치적 목적으로 직결시켜 여지없이 분쇄하였다. 따라서 70년대 한국의 노동진영은 정부와 기업가의 비호를 받거나 협력하에 있던 어용노조를 제외하고 노동자의 편에 서서 노동자들의 권리를 추구할 이렇다 할 노동조직이 존재하지 않았다.

> "70년대 노동운동이 여성노동조합운동이었다고 얘기하는 거는 남성노동 중심의 산업이 발전하지 않았기 때문이에요. 여성들이 생산현장에 많이 있었기 때문에 산업구조에 따라 노동조합운동이 그렇게 흘러갔던 거라고 보구요. 그 다음에 산업구조가 군사문화적인 억압과 폭력, 우리 사회의 가부장적인 문화, 여성을 무시하는 그런 문화가 같이 복합적으로 이루어지면서 여성노동자들을 그야말로 비인간적으로 취급했던, 그런 것으로부터 폭발하는 운동이 70년대 노동, 여성노동자들의 운동이었다고 보고 있구요(박태연 구술: 전순옥, 2002).

이처럼 70년대 노동운동이 여성들이 중심이 된 민주노조운동으로 전개된 이유는 여성노동력을 중심으로 한 경공업 산업의 발달과 함께 남성들 주도의 노동조직이 발전하지 않은 상태에서 여성노동자들이 생존권과 인간다운 삶을 위해 필사의 몸부림으로 분출되어 전개되었기 때문이다. 따라서 여성노동자들이 70년대 노동운동을 주도한 원인에 대한 분석은 지금까지와는 다른 관점을 갖고 접근해야 보다 정확하고 타당한 요인을 추적해낼 수 있을 것으로 보인다.

2) 성분리주의를 넘어선 여성노동운동

여성노동자들이 주도한 70년대 노동운동의 또 다른 특성중의 하나는 서구와는 달리 남성배타적이거나 성분리주의적인 여성노동운동을 전개하지 않았다는 점이다.[5]

그러나 70년대 여성노동운동을 고찰하면 대부분의 경우 여성노동자들은 남성관리자 혹은 어용남성노조원에 의한 폭력과 그들과의 극한적인 대립 속에 노동운동을 전개하였다. 민주노조운동을 하는 여성노동자들은 노조파괴를 위해 동원된 남성 어용노조원이나 관리직 남성, 그리고 공권력에 의한 무지막지한 폭력의 피해자였다. 사상 유례없는 폭력과 함께 인분을 퍼부었던 동일방직 사건의 경우는 차치하고서라도, 경성방직, 방림방적, 대한모방, 남영나일론과 같은 굴지의 섬유회사의 경우 예외없이 남성 어용지부장이 지배하는 강력한 어용노조가 있었다. 그러나 이들 어용노조들은 하나같이 여성조합원들의 불만이나 어려움에는 무관심하였을 뿐 아니라, 여성노동자들이 주도한 민주노조운동을 저열하고 극단적인 방식으로 방해했던 것이다. 섬유회사 이외에도 삼립식품, 해태제과, 롯데제과와 같은 대규모 제과·제빵 업체에서와 같이 남자 노조지부장이 지배하고 있는 곳에서 여성 평조합원들에 의해 전개된 자주적인 노동조건

---

5) 19세기 서구 선진자본주의의 여성노동운동의 초기단계에서 대체로 나타났던 성간의 분리주의는 남성 노동조합운동가들에 의한 여성노동에 대한 배타주의와 분리주의에 기인하고 있다. 남성노동조합지도자들은 노동시장과 노동운동에서 철저하게 여성노동과 여성노동운동을 분리해 내고 체계적으로 차별화시켰기에 뒤늦게 등장한 여성노동운동은 남성들과의 연대와 협력을 도모할 수 없었다. 특히 이 시기 등장한 여성노동운동은 자유주의를 이념적 기반으로 하였기에 평등한 노동권 획득 운동은 일차적 과제이기도 했다. 이와 같은 상황에서 노동운동진영을 성을 매개로 극단적인 대립구도를 만들어낸 것은 남성 노동조합운동가들이 주도한 여성노동보호법 제정운동이었다. 이 시기 남성과 여성 노동운동가들은 여성노동보호법을 둘러싸고 서로 다른 관점을 갖고 있었다. 남성들은 여성노동보호법은 신체적 약자인 여성을 보호할 뿐 아니라 이를 통해 자신들의 노동권도 강화시키고자 하는 의도가 있었다. 그리고 당시 노동조합회의(TUC)에서 드러났듯이, 여성노동자들이 우려했던 바와 같이 노동시장에서 임금이 낮은 여성들과의 경쟁에서 우월한 지위를 유지하고자 하는 의도도 담겨있었다. 따라서 여성노동운동가들은 여성노동보호법이 여성의 평등권을 약화시키고 그렇지 않아도 불리한 노동시장내의 여성노동자의 지위를 더욱 악화시킨다며 격렬하게 반대하고 있었다. 서구 노동운동진영에서의 성간의 대립의 핵심은 노동시장을 둘러싼 성간의 경쟁에서 비롯된 것이었다. 영국을 중심으로 한 서구의 노동운동 진영내의 성분리주의는 1880년대 사회주의의 등장과 함께 어느 정도 해소된다. 가장 중요한 원인은 사회주의의 확산으로 남녀노동자들이 노동시장을 둘러싸고 남성/여성으로 대립하기 전 노동자로서 서로 연대해야 할 계급적 동지임을 깨닫게 되면서부터였다(강남식, 1997, 2001).

개선투쟁은 남성 노조원이나 공권력 등에 의해 자행되는 폭력과의 투쟁과 정이기도 했다.

그럼에도 70년대 여성노동운동은 성분리주의나 남성배타주의로 나아가지 않았다. 그 이유는 무엇일까? 이는 다음 몇 가지 요인으로 분석 가능하다.

첫째, 여성노동자들의 정체성 형성에서 계급 정체성에 기반해서 성 정체성이 형성되었기 때문에 남성노동자를 적대적인 존재로 보지 않았다는 점이다. 따라서 여성노동운동가들은 남성 구사대에 의해 폭력을 당했음에도 그들을 적대적인 세력으로 규정하지 않았다. 여성노동운동가들은 남성 구사대를 정부나 기업의 하수인으로 보았고, 진짜 적은 그것을 이용하는 독재정권으로 보았던 것이다. 즉, 강력한 국가주의와 권위주의가 남성배타주의나 성분리주의가 등장할 수 있는 여지를 최소화시켰던 것이다. 여기에 여성노동자들을 노동자로서 의식화시킨 외부 기관들, 특히 교회의 지도자나 책임자들에 의한 의식교육도 한 몫 하였다고 볼 수 있다. 당시 산업선교를 하고 있던 교회 지도자들은 페미니즘에 대한 이해나 인식이 결여되어 있었기 때문에 여성 특수적인 과제에 대한 권리의식보다 노동자로서의 보편적인 권리의식을 깨우치는 데 중점을 두었던 것이다.

둘째, 여성들이 남성들에 비해 노동운동을 먼저 시작하였고 주도해 나갔기 때문이다. 남성들은 여성들이 주도해 내는 노동운동에 소수만이 동조했고 대다수는 방관자 역할을 하였다. 심지어 일부 남성들은 구사대 역할을 하기도 하였다. 구해근은 남성들이 여성들이 주도하는 노조지도부를 지지하지 않은 것은 "남자들의 자존심" 때문이었다고 분석한다(구해근, 2002: 132). 실제 노동운동 진영뿐 아니라 당시 사회 뿌리깊이 존재하던 성차별주의에 의해 남성들은 여성들이 주도하는 노동운동이나 사회활동 영역에 참여하지 않은 측면이 있다.

셋째, 이 시기 노동시장 구조상 노동시장을 둘러싸고 성간의 경쟁과 대립이 불필요했다는 점이다. 1970년대 우리나라의 노동시장은 여전히 농촌에 남아있는 잠재적인 노동인구가 많긴 했으나 이미 고정적인 성역할 체계에 근거해 노동시장이 성별화되어 있었기에 고용기회를 둘러싸고 성간의 대립과 긴장이 야기될 상황이 아니었다. 산업은 주로 여성노동력을 필요로 하는 경공업 위주로 발달되었기에 여성들은 남성들과 취업경쟁을 하지 않아도 되었고, 설사 남성들과 함께 일을 한다 하더라도 직종 내에서 성별을 중심으로 수직적인 위계가 철저하였기 때문이다.[6]

넷째, 여성노동운동이 노동조합운동으로서 전개되었기 때문이다. 이는 서구와 한국의 초기 여성노동운동 간의 전략의 차이에 기인한다. 즉, 서구의 경우, 여성노동권의 획득은 노동시장 내 평등권 쟁취를 목적하였기 때문에 남성과 여성간의 긴장을 불러일으킨 바 있다. 그러나 70년대 한국에서 여성운동가들에 의해 전개된 노동권 쟁취는 남녀 노동자의 조직화를 통해 이루고자 했기 때문에 노조건설 및 사수운동 중심으로 전개되었다. 실제 임금이나 노동조건 개선을 목적으로 시작된 투쟁도 이를 지속적으로 담보해내기 위한 수단으로서, 결국 노조건설 운동으로 확장되는 경향을 보여주었다. 즉, 여성노동운동가들의 성을 떠나 노동자들간의 연대를 기반으로 한 노동조합운동은 성간의 경쟁이나 긴장을 약화시키는 데 기여한 것으로 분석된다.

이에 70년대 여성들이 주도한 노동운동은 남성들이 폭력을 동반하면서 민주노조를 파괴하려고 했음에도 성간의 분리와 남성배타주의로 향하지 않았다. 오히려 이 당시 노동운동을 주도한 여성노동자들의 남녀평등에 대한 생각을 살펴보면, 사회에서 천대받은 자신과 같은 처지의 빈곤한

---

6) 경공업 분야의 공장의 경우, 대부분 관리직은 남성인 반면 생산직은 20세 미만의 미혼 여성들로 구성되어 있었고, 생산직에 종사하는 남성은 감독의 역할을 하는 극히 일부에 불과하였다. 삼원섬유의 경우, 1973년 제4수출 공단 내에서 최초의 노조를 결성하였는데, 이 사업장에서의 생산직 노동자는 주로 남성으로 구성된 편직부(150명 중 100명이 남성)와 주로 여성으로 구성된 가공부(150명 대다수 여성)로 나뉘어져 있었다. 가공부 여성임금은 편집부 남성임금의 1/3-1/4을 받고 있었고, 노조가 결성되기 전 현장의 모든 결정은 남자 위주로 되어 있고, 여성들은 남성들이 정한대로 따르는 것이 관례였다고 한다(이옥지, 2001: 178-183).

노동자의 지위를 가진 존재로서 남성들을 인식하면서 이에 대해 동정심마저 갖고 있었던 것으로 나타난다.

> "…… 남녀평등, 이 단어는 모든 사람들에게 적용되는 것 같다. 부에서나 빈에서나 모두 똑같이. 그러나 이러한 생각을 가질 때 제일 미안한 마음이 드는 것이 있다. 가난한 집의 남자들 모두 힘이 없다. 사회에서 제일 중요하게 평가되는 가치라고 말하는 권력, 지식, 학력, 명예, 자본 등 모두 없다. 이런 사람들이 사회에 나와 생활의 지배를 받는다. 윗사람들에게서 오는 모욕감과 돌이킬 수 없이 손상된 자존심, 없다는 것에서 오는 권태와 피로 그리고 눈치를 살펴가며 일하는 모습들, 이러한 것을 볼 때마다 가슴이 울렁거림을 어쩔 수 없다. 여름날의 불쾌지수, 생활의 권태, 부를 누리고 싶어하는 데에서 오는 타락, 이러한 모든 것을 통해서 남자라는 관념적인 자존심 때문에 가장 자신을 우월감에 충족시킬 수 있는 상대는 여자가 아닐까. 여자인 입장에서 그 사람들을 본다. 너무나 측은하다. 정말 그 사람들이 요구할 때는 죽으라면 죽는 시늉까지 할 용의가 있는 것은 무엇 때문일까? 남자와 여자는 모두 평등해야 된다고 나도 생각한다. 그러나 왠지 그런 문제는 있는 사람에 한에서만 쓰이는 말인 것 같다. 부를 누리면서 서로 평등할 수 있는 기회, 그러나 없는 입장에서 볼 때 그것은 너무나 합당한 말인 것 같지 않다. 남녀평등이네 해 가지고 내 사랑하는 동료들이 기가 죽을까봐서 정말 이런 사람들에게 우리가 남녀평등이다라고 말하기에는 어딘가 나에게 있어서는 모순이 있다고 생각한다."(이정아·한윤수 편, 1980: 184-185)

즉, 여성노동자들은 우월하거나 경쟁상대로서 남성을 보기 이전에, 자신과 동일하게 가난하고 사회에서 대우받지 못하는 노동자로서 남성을 인식하고 있었다. 따라서 70년대 노동운동을 주도한 여성노동운동가들은 남성을 민주노조라는 공동체 안에서 연대해야 할 존재로 규정함으로써 성간의 대립에 근거한 성분리주의는 등장하지 않았다.

이상과 같은 특성을 갖는 이 시기 여성들이 주도한 노동운동의 주요 이슈를 살펴보면, 일반 노동자운동에서 보이는 경제적 생존권 투쟁, 정치적 민주노조 확보투쟁이 중심이었고, 70년대 말이 되면 여성 고유의 문제,

모성보호 및 성차별 철폐를 위한 이슈들이 나타났음을 알 수 있다. 이와 같이 이슈를 중심으로 한 투쟁사례를 살펴보면 다음과 같다.

첫째, 경제적 생존권 투쟁과 관련해서는 대표적으로 임금 인상 및 체불 임금 요구 및 노동조건 개선 투쟁을 들 수 있다. 원풍모방, 반도상사 등에서는 임금투쟁을 전개, 임금수준의 향상을 가져왔고, 이외에도 상여금 요구 투쟁이나 퇴직금 지급 투쟁 등을 통해서 실질적인 이익을 확보하였다. 노동조건 개선과 관련해서는 근로시간 단축, 강제잔업 철폐, 작업환경 개선, 폭행 금지, 인권침해 반대, 노동법 준수, 노조활동 보장, 어용노조 항의, 해고·집단감원 등 부당노동행위 항의, 부당한 관권개입 반대, 무책임한 폐업 반대, 직장 보장 등이 이슈로 나타났다.

둘째, 정치적 민주노조 확보투쟁은 국가권력에 의해 취해진 노동운동에 대한 제도적·물리적 탄압에 반대하는 투쟁, 한국노총을 중심으로 한 어용화된 노조철폐운동, 새로운 민주노조 건설활동들로 나타난다. 이는 동일방직(72년 5월)과 원풍모방(72년 8월) 등에서 볼 수 있듯이, 기존의 어용노조를 민주적 노조로 결성하려 했던 노력과 반도상사(74년 4월), YH무역(75년 5월) 등에서 볼 수 있듯이 새롭게 민주노조를 결성하는 노력으로 나타났다.

셋째, 성별 이슈를 제기하여 성공한 경우는 콘트롤데이타가 대표적인데, 동일임금 요구와 생리휴가, 결혼퇴직 철폐, 산전산후 휴가의 정착, 수유시간 확보 등이 있으며, 여성노동자에 대한 인격적인 대우도 요구했다.

4. 70년대 여성노동운동의 의미와 평가

이상과 같은 특성을 갖는 1970년대 여성노동운동은 어떻게 평가받고 있으며 이제 어떤 의미를 부여할 수 있을 것인가? 현재 70년대 여성노동운동에 대한 평가는 대략 두 가지로 분류할 수 있다.

첫째는 70년대 여성노동운동이 경제투쟁에 국한되었고, 80년대 이후

노동운동의 발전과 직접적인 연관성이 없다는 시각이다. 이와 같은 평가는 주로 80년대 계급정치적인 관점을 가진 학자들과 남성노동조합 운동가들에 의한 것이다. 이들은 70년대 여성들이 주도하여 활성화시킨 노동운동은 80년대 초반 단절 또는 침체되었을 뿐 아니라, 경제투쟁에 머물러 이념적·정치적 운동으로 발전하지 못했다고 평가한다. 이에 70년대 노동운동은 87년도 이후 중화학공업이 주도하는 노동운동에 아무런 영향을 미치지 못했다고 주장하고 있다.

둘째는 70년대 여성노동운동은 여성주의 시각의 부재로 여성 특수 과제를 다루지 못했다는 평가이다(여성평우회, 1985; 신인령, 1985, 1988; 김지수, 1988; 조순경, 1990; 이숙진, 1990; 정현백, 1991; 정미숙, 1993). 즉, 70년대 여성노동운동은 노동조건 일반 — 임금, 근로조건, 노동조합의 어용성 등 — 에 대해서만 문제를 제기했을 뿐, 여성노동자들이 여성으로서 갖는 문제 — 결혼, 퇴직, 임신, 출산 등 모성보호와 가사노동, 차별 퇴직제 및 차별임금, 고용상의 성차별이나 성희롱 등 — 에 대해 거의 관심을 기울이지 않았다는 것이다. 이러한 평가는 주로 여성학자들에 의해 제기된 것인데, 이들은 1970년대 여성노동운동을 성패 여부로 평가하기보다는 여성주의 시각에서 재조명함으로써 새로이 평가하고 복원해 내려는 맥락에서 노력했으나 별다른 성과는 거두지 못했다.

이와 같은 평가들 이외에 최근의 구해근의 평가는 상당히 시사하는 바가 크다. 즉, 그는 그 시기 노동자들과 고난의 길을 함께 걸어갔던 오글(Ogle) 목사의 "1980년대 중반 남성노동자들이 스스로 행동하기 시작하였을 때, 그들은 10년 이상 정의를 위해서 투쟁해 온 여성들의 어깨 위에 자신들이 서있는 것을 발견했다"(Ogle, 1990: 86)와 같은 맥락에서 70년대 여성노동운동은 80년대 남성중심의 노동운동의 밑거름이 되었다고 주장한다. 70년대 여성 주도의 노동운동은 노동자 의식, 계급 정체성, 연대의 네트워크를 촉진시키는 데 엄청난 기여를 함으로써, 이러한 토대 위에 그 다음 10년 동안 한국의 노동계급 형성은 급속하게 진전되었고, 80년대 남성 중심적인 노동운동도 활성화될 수 있었다는 것이다(구해근, 2002: 152).

그러나 다음과 같이 70년대 여성노동운동을 주도한 여성노동운동가 스스로가 70년대 운동에 대하여 평가하고 의미를 부여한 것을 살펴보면, 70년대 여성노동운동에 대한 평가와 의미 분석은 좀 더 새로운 틀과 관점에 의해 이루어져야 함을 시사하고 있다.

> "저는 개별 사업장 노조의 한계를 뛰어넘기 위해서 정말로 지역 내지 업종별 조직으로 묶을 건가에 대해서 이후의 운동 전개까지도 같이 해보면서 느꼈던 점이 있어요. 저는 사회의 분위기를 떠나서 노동조합운동을 바라보거나, 완벽하길 바란다거나 하는 것은 역사적 평가에서 전혀 맞지 않는 거라는 생각예요. 사회가 민주적일 때, 그 속에 있는 노동조합도 민주적일 수 있고, 사회가 연대투쟁을 해나갈 수 있을 때, 노동조합도 연대투쟁을 할 수도 있고, 사회가 정치투쟁을 해나갈 때, 노동조합도 정치투쟁을 해나갈 수 있는 것이죠. 그 사회와 떨어져서 노동조합이 정치투쟁을 했느냐, 못했느냐고 하는 것은 맞지 않는 시각이고, 판단이다라고 보는 거거든요(박태연 구술: 전순옥, 2002)."

> "저는 …… 조합운동, 경제투쟁 중심으로 했다는 거 인정받아야 된다고 생각하구요. 그런데 그것은 객관적인 사회 조건이나 이런 속에서의 평가여야 된다고 생각합니다. 물론 그때 정치적인 이슈나 정치투쟁으로 가지 못했다는 한계는 지적할 수 있다고 봐요. 그러나 정치투쟁을 못했기 때문에 잘못했다고 하는 건 안 된다고 보거든요. 그럴 수 있는 주·객관적인 요소가 너무 안 되어 있었어요. 노동운동이 70년대 이후에 형성됐고, 그 전에는 상당한 단절이 있었어요. 노동자들을 제외한 사회분위기조차도 해방 이후까지 연결되는 운동을 계승해 오지 못했던 측면이 많았거든요. 그런데 정치투쟁을 못 했다는 점을 인정할 수밖에 없지만, 왜 노동자만 그렇게 정치투쟁을 못했다고 계속 비난받아야 되는지 의문입니다. 그때 할 수 있었는데 못한 것처럼 매도되는 건 잘못됐다고 봐요. 그렇게 따지면, 그때 지식인들이라는 사람들은 왜 그 엄혹한 시절에 싸우지 못하고 그 사회를 17년이나 연장하게 만들었는가 되묻고 싶습니다 ……."(김지선 구술: 전순옥, 2002)

> "참 우리 노동자들이 제대로 훈련되지 못하고, 교육받지 못했지만, 70년대

노동운동이 상당히 자주적이고 창조적이고 사람 중심의 운동을 했다고 평가를 하고 싶어요. 저희 운동의 생명력이 뭐였냐 하면, 대중으로부터 대중들과 함께 하면서 얻어진 대중의 힘에 의한 어떤 가능성, 뭔가 우리가 열심히 올바른 가치를 가지고 운동을 하면 이뤄낼 수 있다는 가능성을 노동자 대중들로부터 받았다는 것이지요."(배옥병 구술: 전순옥, 2002)

아울러 70년대 여성노동운동은 무엇보다도 그 이후 1980-90년대 전개된 여성운동에 의해서 보다 객관적으로 의미부여와 평가가 가능해질 것이다. 1980년대 새로이 등장한 진보적인 여성운동은 70년대 기층여성노동자들이 중심이 된 여성노동운동을 토대로 하였고, 이에 여성운동은 70년대 여성노동운동에 의해 방향지어진 이념과 목표 속에서 출발할 수밖에 없었다. 1983년 6월 분단 이후 최초로 "여성해방"을 목표로 창립된 <여성평우회>를 위시해 그 이후 우후죽순과 같이 설립되어 여성해방운동의 시대를 열어간 진보적 여성운동단체들은 한결같이 단체의 목표와 활동 근거를 "기층여성중심주의"로 설정하였던 것이다. 그 결과 한국의 여성운동은 서구와 같이 여성 특수과제에 함몰되지 않음으로써 여성대중들의 이해와 괴리되지 않을 수 있었고, 오히려 그들의 지지 속에 발전해갈 수 있었다. 90년대 이후 세계 여성운동이 주목할 수밖에 없었던 한국 여성운동의 눈부신 발전과 성과는 자주적인 민주노조운동으로서 세계 노동운동사에서 한 페이지를 장식한 70년대 여성노동운동, 즉 여성노동자들의 피땀을 밑거름으로 했기 때문에 가능했다고 평가할 수 있다.

5. 결론

이상과 같이 진행된 본 연구는 다음과 같은 세 가지 문제제기로부터 출발하였다. 먼저 70년대 민주노조운동을 전개한 여성노동자들은, 어떻게 노동자 의식형성에 걸림돌이 되었던 전통적인 여성관에서 벗어나 노자로서의 계급 정체성을 획득하게 되었던 것일까? 다음으로 이들은 어떻게 70년대 노동운동의 주도자가 되었던 것인가? 그리고 마지막으로 이들의 계급 정체성과 성 정체성은 어떤 관계에 있었기에 서구의 여성노동운동의 초기단계에 흔히 나타났던 남성배타적이고 성분리주의적인 여성노동운동을 전개하지 않았던가였다.

이와 같은 문제제기를 바탕으로 본 연구에서는 여성노동자들의 성과 계급 정체성의 형성과 그 상호관계, 그것이 여성노동운동에 미친 영향 등을 분석함으로써, 70년대 한국 여성노동운동의 특성과 그 의미를 고찰하고자 했다.

연구를 마치면서 문제제기를 중심으로 정리를 해보면 다음과 같다. 첫째로 70년대 민주노조운동을 주도한 여성노동자들은 전통적인 여성관을 극복하고 노동자로서의 계급 정체성을 획득해 간 것이 아니라, 오히려 노동자로서 계급 정체성을 획득하고 노동운동을 전개해 나가면서, 그 과정에서 전통적인 여성관을 극복해 나간 것으로 나타났다. 즉, 여성노동자들은 자신들에게 강요되었던 혹독한 노동착취와 비인간적인 대우 하에 점차 노동자로서 의식의 각성을 하게 되면서 보수적이고 전통적인 성 정체성에 대해 비판적인 인식을 하게 되었고, 결국 치열한 노동운동의 과정 속에서 보수적인 성 정체성을 극복하고 여성주의적 성 정체성을 획득해 나간 것으로 밝혀졌다. 즉, 70년대 여성노동자들은 노동자로서 계급 정체성을 획득한 후 성 정체성의 변화와 발전을 이루어냈던 것이다. 이점은 1980-90년대 노동운동을 주도해간 남성노동자들이 계급 정체성을 획득하였음에도 보수적인 여성관을 유지한 것과는 매우 대비되는 측면이라고 볼 수 있다.

두 번째로 여성노동자들이 70년대 노동운동을 주도한 요인, 그 중 가장 중요한 것은 당시 산업이 여성노동력을 근간으로 한 경공업 중심이었고, 이와 같은 상황에서 서구와는 달리 노동운동을 주도할 남성노동조직이 존재하지 않았기 때문에 당시 가장 억압과 착취하에 있었던 여성노동자들이 노동운동을 주도해간 것으로 분석된다.

세 번째로 서구와는 달리 성배타적이고 성분리주의적인 노동운동을 전개하지 않았던 원인으로서는 첫째, 여성노동자들의 성 정체성이 계급 정체성에 기반하여 형성되었기 때문에 남성노동자를 적대적인 존재로 보지 않았다는 점, 둘째, 여성들이 노동운동을 먼저 시작하였고 주도해 나갔기 때문이라는 점, 셋째, 이 시기 노동시장 구조상 노동시장을 둘러싸고 성간의 경쟁과 대립이 불필요했다는 점, 넷째, 여성노동운동이 민주노동조합 운동으로서 전개되었기 때문이라는 점 등이다.

결국 70년대 여성노동운동을 분석한 결과, 이 시기 성과 계급 정체성간의 관계는 계급 정체성의 발전단계에 따라 때로는 갈등하고 때로는 조화로운 관계였음이 드러났다. 즉, 여성노동자들이 보수적인 성 정체성을 극복해내고 여성주의적 성 정체성을 발전시킬 수 있었던 것은 노동자로서의 계급 정체성을 획득했는가의 여부에 의해 결정되었다. 따라서 70년대 여성노동운동가들은 남성노동자들이 구사대로 폭력의 가해자가 되었다 하더라도 그들을 기업과 공권력의 하수인으로 여겼지 적대적인 존재로 규정하지 않았던 것이다. 여성노동운동가들이 이와 같은 의식을 갖고 있었기에 70년대 한국 노동운동진영 내에서는 성분리주의가 등장하기 어려웠던 것이다.

그러나 70년대 여성노동운동에서 나타난 성과 계급 정체성간의 상호성과 정체성의 정치가 이후 1980, 90년대에도 그대로 작동되는 것인지 아닌지, 아니면 이 시기의 특성인지에 대해서는 1980, 90년대 여성노동운동에 대한 세밀한 분석을 통해서 그 답이 나올 것이다.

| 참고문헌 |

강남식. 1997. 「영국 여성노동조합운동과 성의 정치」. 동덕여대 한국여성연구소 ≪동덕여성연구≫, 제2호, 277-314쪽.
_____. 2001. 「영국의 고한노동과 여성노조운동, 1870-1914」. ≪서양사론≫, 제68호, 59-90쪽.
강인순. 2001. 『한국여성노동자운동사 2』. 한울아카데미.
구해근(Koo Hagen). 2002. 『한국노동계급의 형성』. 신광영 역. 창작과 비평사.
김경숙 외. 1986. 『그러나 이제는 어제의 우리가 아니다』. 돌베개.
김귀옥. 2004. 「1960, 1970년대 의류봉제업 노동자 형성과정: 반도상사(부평공장)의 사례를 중심으로」. ≪경제와 사회≫, 61호 봄.
김지수. 1988. 「한국여성노동운동의 현황과 과제」. 『여성2』. 창작사.
나보순 외. 1983. 『우리들 가진 것 비록 적어도 - 근로자들의 글모음 I』. 돌베개.
방혜신. 1993. 「70년대 여성노동운동에서 여성특수과제의 실현조건에 관한 연구」. 서강대학교 사회학과 석사학위 논문.
서관모·심성보 외. 1989. 『현단계 한국 사무직 노동운동』. 태암.
서정혜. 1992. 「의류산업 노동시장의 변화와 여성노동자의 조직운동에 관한 연구」. 이화여자대학교 여성학과 대학원 석사학위 논문.
석정남. 1984. 『공장의 불빛』. 서울: 일월서각.
신원철. 2004. 「경쟁 양식과 노동자 정체성: 1960-1970년대 기계산업 노동자를 중심으로」. ≪경제와 사회≫, 61호 봄.
신인령. 1985. 「한국의 여성노동의 문제」. 『한국자본주의와 노동문제』. 돌베개.
_____. 1988. 『여성, 노동, 법』. 풀빛.
여성유권자연맹. 1980. 「여성근로자 실태조사 보고서 - 구미·구로공단을 중심으로」.
여성평우회. 1985. 「한국여성운동에 대한 재평가2 - 70년대 여성노동운동을 중심으로」. ≪여성평우≫, 3호. 여성평우회.
윤택림. 2002. 「사회사 연구에서 구술사의 가능성: 1970년대 여성노동자 구술생애사를 통한 노동자 일상생활의 재구성」. 한국사회사학회 2002 정기학술대회자료집. 『한국 사회사 연구의 새로운 방향』, 175-198쪽.
이숙진. 1990. 「노동자계급 여성의 여성해방의식 획득에 관한 연구」. 이화여자대학교 여성학과 석사학위 논문.
이옥지. 2001. 『한국여성노동자운동사 1』. 한울아카데미.
이종구 외. 2004. 『1960-1970년대 한국의 산업화와 노동자 정체성』. 한울아카데미.
장남수. 1984. 『빼앗긴 일터』. 서울: 창작과 비평사.
장명국·이경숙. 1988. 「민족민주운동으로서 여성운동의 과제: 노동운동을 중심으로」. ≪새벽≫, 3호.
장미경. 1999. 『페미니즘의 이론과 정치』. 문화과학사.
_____. 2004. 「근대화와 산업화 시기의 여성노동자 - 여성노동자 형성과정을 중심으로」. 『경제와 사회』, 61호 봄.
정미숙. 1992. 「70년대 여성노동운동의 활성화에 관한 경험 세계적 연구 - 섬유업을 중심으로」. 이대 여성학과 대학원 석사학위 논문.
정현백. 1991. 『노동운동과 문화』. 한길사.
조순경. 1990. 「산업의 재편성과 여성노동운동 - 한국과 대만의 비교연구」. ≪아시아 문화≫, 6호.
조희연. 2004. 『비정상성에 대한 저항에서 정상성에 대한 저항으로』. 아르케.
한국노동조합총연맹. 1983. 「조직 여성노동자의 실태조사보고 자료집」.
_____. 1989. 「여성간부 워크샵 종합토의 결과 및 사례발표」 2.10, 제2호.
_____. 1992. 「노동시장내의 성차별 해소를 위한 노동조합 운동과제 - 노동현장의 여성고용실태 조사 연구중심-」 자료집.
한윤수 엮. 1980. 『비바람 속에 피어난 꽃 - 10대 근로자들의 일기와 생활담』. 청년사.
한국여성개발원. 1985. 「노사관계」. 『여성백서』.

Aronowitz S. 1995. "Reflection on identity." J. Ranciere(ed.). *The Identity in Question*, Routledge.
Butler J. 1992. "Contingent Foundations: feminism and the question of post-modernism." *Feminists Theorize the Political*. J. Butler & J. W. Scott(eds.). New York: Routledge.
Harding S. 1986. "The instability of the analytical categories of feminist theory." *Signs*, Vol.12. No.4.
Hall S. 1996. "Introduction: who need identity?" S. Hall & P. D. Gay(eds.). *The Question of Cultural Identity*. Sage Publications.

Mouffe C. 1995. "Democratic politics and the question of identity." J. Ranciere(ed.). *The Identity in Question*. Routledge.

McRobbie A. 1992. "Post marxism and cultural studies: a post-script." L. Grossberg & C. Nelson & P. A. Treichler(eds.). *Cultural Studies*, Routledge.

Nam, Jeong-Lim. 1996. "Labor Control of the State and Women's Resistance in the Export Sector of South Korea." *Social Problems*, 43(August).

Ogle, G. 1990. *South Korea: Dissent within the Economic Miracle*, Zed Book.

〈성공회대학교 노동사 Archives 소장 자료〉

강남식. 2003. "안순애 구술" 녹취문. 『한국 산업노동자의 형성과 생활세계』. 성공회대학교 사회문화연구소.

_____. 2003. "이정화 구술" 녹취문. 『한국 산업노동자의 형성과 생활세계』. 성공회대학교 사회문화연구소.

_____. 2002. "조화순 구술" 녹취문. 『한국 산업노동자의 형성과 생활세계』. 성공회대학교 사회문화연구소.

_____. 2003. "김지선 구술" 녹취문. 『한국 산업노동자의 형성과 생활세계』. 성공회대학교 사회문화연구소.

장미경. 2002. "한명희 구술" 녹취문. 『한국 산업노동자의 형성과 생활세계』. 성공회대학교 사회문화연구소.

_____. 2002. "유옥순 구술" 녹취문. 『한국 산업노동자의 형성과 생활세계』. 성공회대학교 사회문화연구소.

전순옥. 2002. "배옥병 구술" 녹취문. 『한국 산업노동자의 형성과 생활세계』. 성공회대학교 사회문화연구소.

_____. 2002. "박태연 구술" 녹취문. 『한국 산업노동자의 형성과 생활세계』. 성공회대학교 사회문화연구소.

3장
작업장 이데올로기와 노동자들의 상징적 저항
1960~70년대를 중심으로

박해광 (전남대학교 사회학과 교수)

1. 문제제기

우리 사회의 작업장 연구에서 1960~70년대는 비합리적 통제의 시기로 요약된다. 즉, '병영적 통제'(김형기) 혹은 '시장전제'(market despotism, Burawoy)라는 개념이 이 시기의 작업장 통제를 정의하는 개념으로 통용되어 왔다. 이것은 맑스에 의해 정식화된, 초기 산업자본주의 시기의 공장의 모습, 혹은 그것의 이미지를 가리킨다. 그 초기 공장이란, '사적인 입법자처럼 자기 마음대로 자신의 노동자들에 대한 전횡 권력을 정식화'하고, '노예감시자의 채찍을 대신하여 감독자의 처벌 규정집이 등장'하며 '모든 처벌은 벌금과 임금 삭감'으로 귀결되는 곳으로 묘사된다. 하지만 하나의 이미지로서 이 초기 산업화 시기의 공장은 관리자의 전일적이고 폭력적인 지배라는 아이콘으로 요약되어 버리고, 이 때문에 그 시기의 진실에 대한 추가적인 질문을 봉쇄해 버린다. 하지만 뷰러워이(Burawoy)가 적절히 지적하듯이 이 시장전제는 아주 짧은 시기에 예외적으로만 존재했다. 즉, 자본주의적 공장은 폭력에만 의존하는 관리와 통제로는 온전히 유지될 수 없으며, 또한 효과적으로 통제될 수도 없다. 항상 자본주의적 질서의 재생산은 노동자 주체의 재생산, 즉 질서 자체에 대한 순응의 재생산을 필요로 하기 때문이다.

그래서 이 연구는 1960~70년대 작업장 연구에서 시도되지 않았던 이데올로기라는 문제설정을 삽입하여, 시장전제적 상황에서도 무의식처럼 작동하는 이데올로기적 통제를 연구의 한 축으로 설정하고자 한다. 하지만 이 연구의 문제의식은 이데올로기적 지배라는 연구 초점의 이동에 있다기보다는 억압적 통제와 이데올로기적 지배가 어떤 결합을 통해 어떤 효과를 낳았는가를 해명하는 기존의 작업장 연구의 보완을 지향하고 있다.

또한, 항상 이데올로기 연구의 또 다른 축은 주체의 문제, 즉 노동자들의 순응 혹은 저항의 문제다. 우리는 역사적으로 1960~70년대 동안 발생했던 몇몇 예외적 노동운동 혹은 사건, 그리고 대부분의 시기에 있어 노동자들의 침묵을 정전화된 방식으로 이해하고 있다. 그리고 이것은 더 이상의 연구를, 특히 노동자 주체라는 문제설정을 폐쇄해 버린다. 하지만, 우리는 이 때문에 70년대 말에 분출되었던 민주노조운동과 뒤이은 80년대 중반의 노동자 대투쟁과의 연관을 제대로 이해하지 못하고 있다. 여전히 그 이해방식은 단절적이고, 그런 까닭에 '시기구분적'이다. 이 연구는 이러한 단절을 메우고 있는 것이 바로 이데올로기, 상징권력, 그리고 노동자들의 일상적이고 상징적인 투쟁이라 가정한다. 즉, 일상적으로 행해지고 축적되어 온 저항과 일탈의 경험들이 그러한 역사적 변화를 가능하게 했던 중요한 가능성으로 작용했던 것으로 볼 수 있는 것이다.

이 연구는 1960~70년대 작업장에서 이루어졌던 이데올로기적 지배, 혹은 지배 이데올로기들의 형태를 밝히고, 이것을 둘러싼 노동자들의 저항과 순응의 형태들을 검토하고자 한다. 이는 이 시기의 작업장의 진실은 무엇이었는가를 핵심 질문으로 하여, 병영적 통제와 순응 속에 숨겨져온 다른 차원의 지배와 순응, 그리고 저항의 모습을 그려내는 것이 될 것이다.

2. 이론적 논의

숨겨진 역사는 스스로, 자명한 것으로 자신을 드러내지 않는다. 호가트(Hoggart)는 노동자계급 문화 연구를 위해서는 '말해진 것의 이면에 숨겨진 것, 의미된 것의 의미'를 이해할 것을 요청한다(Hoggart, 1957: 17). 특히 체험된 것의 발화는 다양한 경험과 그것의 해석이 결합된 혼합물이기 때문에, 이를 이해하기 위해서는 집단적 경험과 시대적 요인들을 고려한 긴장적 독해가 요구된다. 심성과 감정구조는 이러한 긴장을 사고할 수 있는 유의미한 개념이 될 수 있다.

1) 감정구조

윌리엄스(Williams)는 명료하고 명시적인 사회적 사실을 '습관적'으로 인정하는 것을 경계한다. 개인의 의식 속에는 고정된 형태들을 통해서는 전혀 논급될 수 없고 인식조차 될 수 없는 경험들이 존재하며, 그렇지만 그것은 또한 사회적 경험 및 관계의 특유한 성질로서 다른 특유한 성질들과 역사적으로 구분되며, 한 세대나 한 시대를 구별하는 기준이 되는 실천적 의식인데, 이것을 그는 '감정구조'로 지칭한다(Williams, 1993: 164-165). 그것은 한 시대를 특징짓는, 사회적으로 체험된, 실제로 활발히 체험되고 느껴지는바 그대로의 의미와 가치이며, 생동적이고 상호 관련적인 연속성 속에 놓여있는 현재적인 실천적 의식이자 하나의 구조, 상호관련적이면서도 긴장관계에 놓여 있는 특정한 내적 연관들을 가진 하나의 체계이다. 윌리엄스는 감정구조라는 개념을 통해 관습적으로 수용되는 그리고 드러난 경험과 구분되는 역사적 경험을 부각시킨다. 그리고 이 경험은 '충동, 억제, 경향 등을 구성하는 특징적 요소로 의식과 관계의 정서적 요소들'이며, 사고와 정서를 모두 포함하는 '느껴진 사고이자 사고된 느낌'으로 사회적 경험이 용해된 것이다. 이것이 구조인 이유는 '상호 관련적이면서도 긴장관계에 있는 특정한 내적 연관들을 지닌 하나의 배열'이기 때문이다.

감정구조와 유사한 개념으로 심성을 들 수 있는데, 감정구조가 의식될 수 있는 것과 그렇지 못한 것을 포함하는 반면, 심성(mentalite)은 '집단적 비의식'으로 정의될 수 있다. 심성은 '특정 시점에서 전체 사회에 공통적이기 때문에 집단적이며, 동시대인들이 거의 혹은 전혀 주의하지 않기 때문에 비의식이다. 그것은 자명하기 때문에, 자연의 불변상태의 일부이기 때문에 비의식이다.[1] 그리고 그것은 전래되는 또는 시대에 부합하는 이념들, 즉 상투어, 행위규칙과 도덕코드, 순응과 금지, 감정과 환상의 허용되거나 강제된 또는 금지된 표현들을 포함하기 때문에 비의식이다'(쇠틀러, 2002: 132). 심성사는 세계관과 집단감각이 반영되는 행동양식, 표현형식, 침묵방식의 재구성을 목표로 한다. 그리고 그 기본요소는 '집단들 또는 전체사회가 인정하거나 참고 묵인하는, 그리고 집단심리의 내용을 형성하는 표상과 그림, 신화와 가치이다'(Robert Mandrou, 쇠틀러, 2002: 124에서 재인용).

이 연구는 감정구조를 구성하는 핵심적인 차원을 일상적 경험으로 간주한다. 주지하듯이 일상이란 반복의 시간이지만, 그 반복 속에서 일상과 구분되는 변화의 계기를 만들어내는 것이 그 고유한 특성이다. 그렇지만 그 일상은 개별적 개인들의 일상이 아닌, 집단적인 일상적 전형으로 파악하는 것이 바람직하다. 일상이 감정구조의 중요한 차원이 되는 것은 그것이 인간 역사의 인류학적 의미에 의존하고 있기 때문이다. 즉, 일상적 경험은 주체들의 개인적·집단적 그리고 반복적 체험을 통해 사회적 의미의 구성과정에 개입하며, 이를 통해 '사회적 경험의 용해된 것'으로서의 감정 구조가 형성된다고 요약될 수 있다.

---

[1] 심성사의 차원은 일상과 자동적인 것의 차원, 말하자면 역사 속의 개별 주체들이 알아차리지 못하는 거의 차원이다. 왜냐하면 그것이 주체들 사이의 비인격적 내용을 이루기 때문이다(Le Goff·쇠틀러, 2002: 124에서 재인용).

2) 작업장, 이데올로기, 저항

기존의 연구는 작업장과 노동자 (계급) 주체, 그리고 이데올로기의 관련을 당연시해 왔다. 작업장 정체성은 소외와 연결되어 있었고, 이 정신적 소외(spiritual alienation)를 야기하는 이데올로기를 허위의식(false consciousness)으로 이해해왔다. 즉, 개인의 허위의식은 소외의 조건이며, 이데올로기는 그러한 허위의식에 의해 만들어진 신념체계라는 것이다(Bottomore & Rubel, 1963: 21). 그러나 허위의식, 그리고 수단으로서의 이데올로기 개념은 '무엇'이 허위의식의 모체가 되는가를 설명하지 못한다. 즉, 이데올로기의 메커니즘을 해명하지 못한다. 또한 허위의식은 이데올로기를 (추상적) 관념으로만 파악하게 만드는 오류를 생산한다.

감정구조는 '경험된 이데올로기' 그리고 '이데올로기적 경험'을 파악하는 유용한 개념적 도구가 된다. 알뛰세르의 이데올로기 개념을 따를 때, 우리는 이미 역사적 경험 속에서 이데올로기적으로 호명된 주체인 것이다. 하지만 그 주체는 일정한 성찰성을 통해 이데올로기를 '느낀다'. 따라서 이데올로기에 대한 분석을 그 '느낌'을 명확히 밝히는 적절한 방법론을 요구한다. 이 연구는 그러한 방법론으로 담론분석, 그 중에서도 특히 클리셰(Cliche)에 주목한다.

클리셰란 '책 속에서 또는 대화에서 반복되는 관용적 문장' 또는 '흔해진 어떤 생각'을 가리킨다(Amossy & Pierrot, 2001: 18). 클리셰는 예술, 특히 문학과의 관계에서 항상 '수준낮은' 것으로 정의되지만, 또한 '모든 모방을 전달하는 거대한 수송도구'이기도 하다. 클리셰는 그것이 가진 풍부한 사회이론적 함의 때문에 많은 사회적 담론이론들이 주목했는데, 특히 페쇠(Pecheux)는 '마치 이 요소가 이미 거기에 있었던 것처럼 하나의 요소를 표현하는 명사나 형용사적 구성'을 클리셰로 규정한다. 이것은 전형적으로 정치담론에서 명확히 드러나는데, '노동자 계급 복지의 증대' 같은 표현들이 그것이다(Amossy & Pierrot, 2001: 177). 이러한 클리셰는 이데올로기적 언어 사용의 명확한 증거이다. 그것인 언어가 항상 중립적인 것이 아니라 사회적 의미의 저장고라는 점에서, 그리고 클리셰는 그 저장물들의 대표적 목록이라는 점에서 그렇다. 따라서 1960~70년대 담론들에서 발견되는 클리셰들은 이데올로기적 지배의 방식과 내용들을 보여주는 중요한 증거들이 되는 것이다.

한편 이러한 이데올로기가 작업장과 개인들의 발화 속에서 어떻게 작용하는지를 살펴볼 필요가 있는데, 뷰러워이에 따르면 작업장은 그 자체로서 '정치적·이데올로기적 효과를 가진다. 즉, 사람들은 원료를 유용한 물건으로 전환시키면서 특정한 사회관계에 대한 경험뿐만 아니라 특정한 사회관계 자체도 재생산한다. 또한 작업조직, 즉 노동과정과 더불어, 생산관계를 규제하는 독특한 정치적·이데올로기적 생산장치들이 존재한다'(Burawoy, 1999: 16). 그람시는 이러한 이데올로기적 혹은 헤게모니적 지배의 핵심을 '타협과 순응의 생산'으로 이해한다. 권력은 자신의 지배를 폭력이라는 최후의 수단에 의존하지 않을 때 가장 효과적으로 작동하며, 이를 위해서는 권력은 지적이자 도덕적인 권위를 생산할 수 있어야 한다. 그럼으로써 권력은 지식과 도덕에 대한 순응을 이끌어낼 수 있는 것이다. 즉, 통제는 노동자들의 공모를 필요로 하는 것이다.[2] 이것은 1960~70년대 작업장 상황에서도 동일했던 것으로 가정할 수 있다. 폭력적 지배는 항상 궁극적인 순간에만 그 모습을 드러내기 때문이다.

그래서 이 연구는 1960~70년대 작업장에서 어떤 타협과 순응의 모습들이 존재했는가, 노동자들은 공모자로서 행동했는가를 검토해 볼 것이다. 톰슨과 맥휴(Thompson & McHugh)는 작업장의 이데올로기적 지배에 대한 노동자들의 반응이 크게 세 가지 형태, 즉 조직인간(organization man),

---

[2] 노동의 객관화(구상/실행 분리)는 …… 그야말로 주체적인 과정이다. 그것을 어떤 불변의 자본주의 법칙들로 환원할 수는 없는 일이다. 우리는 우리 스스로를 종속시키는 과정에 직접 참여하면서 스스로 종속되는 전략을 세웠다. 우리는 우리 스스로의 착취에 대한 적극적인 공모자였다. 무엇보다 주목할 만한 일은 바로 그것이었지 주체성의 파괴가 아니었다(Burawoy, 1999: 19).

저항(opposition),3) 거리두기(distancing)의 형태로 드러남을 확인하고 있다 (Thompson & McHugh, 1990: 315). 이러한 유형의 반응들이 이 시기 작업장에서 드러나는지가 이 연구의 또 다른 관심사가 된다.

3. 분석방법

1) 수기를 통한 텍스트 분석

1960~70년대 작업장 상황을 전달해주는 수기들은 상당히 많이 있다. 첫째, 송효순, 석정남, 유동우 등 노동운동가들의 출판된 개인사들이 있다. 둘째, 공장새마을운동과 관련한 교육 후 수기들이 상당히 존재하며, 셋째 각종 사보 및 공보에 실린 노동자들의 수기 형태의 수필들도 연구의 대상으로 삼을 수 있다. 수기에 대한 분석은 클리셰를 중심으로 한 담론분석방법이 될 것이며, 주로 클리셰를 중심으로 한 계열 및 통합관계 분석, 그 어휘의 사용방식에 대한 의미론적 분석 등이 분석방법으로 활용될 예정이다.

2) 구술방법

구술사(oral history) 방법은 이제 역사학이나 사회과학 내에서도 일정한 시민권을 부여받은 듯하다. 구술사 방법이 가지는 장점은 역사적 주체 스스로의 발화를 통해 역사를 이해한다는 데 있다. 이 때 구술된 것은 주체가 스스로 구성하는 역사의 총체적 서사로 이해될 수 있다. 이 연구는 구술사 방법을 문화적 역사연구의 한 전략으로 자리매김하고자 한다. 역

---

3) 특히 이 연구는 이러한 노동 및 통제에 대한 특수한 경험이나 해석에 의해 발생하는 투쟁들에 주목하고 있다.

사의 문화적 차원, 즉 관념, 이데올로기, 취향 등에 대한 접근은 제도 중심의 접근에서는 다루어지기 어렵다. 의미와 해석의 세계는 물질 속에 단지 그 흔적만을 남길 뿐이며, 그것들은 표상과 기억 저장고 속에 위치한다. 이렇게 해서 구술된 것은 이러한 역사적 의미와 그것에 대한 주체의 해석을 보여주는 방법, 즉 문화적 접근의 한 방법이 되는 것이다. 더구나 구술사에 대한 비판이 기억의 정확성에 집중되어 있듯이, '무엇'이 말해졌는가라는 사건 중심의 서사에 주목하기보다는, '어떻게' 말해졌는가에 주목함으로써 역사적 의미의 차원을 밝힐 수 있다는 점에서 구술사적 방법이 옹호될 수 있을 것이다. 작업장 중심의 구술에서 주로 다루어질 내용은 노동과정, 관리와 통제로서의 작업장 관계, 작업장 담론, 일상생활과 관행, 그리고 의례(ritual) 등이 될 것이다.

4. 작업장 상황과 주체의 존재조건

1960～70년대 작업장은 '사악한 공장'(Satanic Mill)으로서의 면모를 여실히 갖고 있었다. 그것은 작업시간에 대한 엄격한 통제와 함께 신체를 이용의 대상으로 명백히 정의하는 것이었다. 그것은 일종의 신체에 대한 점유권이었다. 그래서 작업장에서 육체는 피로제와 타이밍까지 먹어가면서 노동을 위해 봉사해야 하는 명백한 '작업장의 부속물'이 되기도 했다.

> "하루에 20시간씩 철야작업을 하느라고 집에 안 왔더니 집이 엉망이다. 회사에서 20시간씩 일 시키면서 피로제와 타이밍을 마구 먹이는 것이다. 약을 먹는다 해도 고달프기만 한 몸은 곧 쓰러질 것만 같았다."[최순희(15세, 국졸, 미싱사), 『비바람 속에 피어난 꽃』]

또한 이 통제는 신체에 대한 통제를 포함하여, 개개인의 일상마저도 통제의 대상으로 삼는 시장전제적 지배의 형태로 비쳐진다. 그래서 심지어는 휴일에 '야유회'를 가는 것마저도 감시와 통제의 대상이 되었다.

> "다음날 아침 조회시간에 공장장은 단상에 올라가서 야유회 이야기를 꺼냈다. …… 그리고는 생산부 B포장반을 따로 남으라고 하여 다음부터 한번 더 이런 사고가 있을 시에는 용서하지 않겠다고 위협을 하였다. …… 그러나 공원들 모두가 분노하기 시작하였다. 지금까지 열심히 회사를 위해서 쉬지 않고 일해 왔는데 어쩌다 한번 출근을, 그것도 일요일날 출근을 하지 않았다는 이유로 이렇게 여러 번 야단을 맞는다는 것은 어디가 잘못되어도 분명히 잘못됐다며 노골적으로 불만을 표시하는 것이었다."(송효순, 1982: 63-64)

그리고 이런 이유 때문에 노동자에 대한 인격적 통제 역시 일반화된 관행이었던 것으로 생각된다. 그 인격적 통제는 명백히 전근대적인 것, 푸코(Foucault)가 지적하는 '신체형의 화려함'과 유사한 형태였다. 즉, 손들고 벌을 서거나 죄인의 낙인, 팻말을 붙이게 하는 등은 인격적 통제가 사실상 신체형의 형태였음을 보여준다. 이를 통해 공장은 단순한 비인격적 계약관계가 아니라 인격적 지배와 관리가 이루어지는 공간이 되는 것이다.

> "기업주나 간부, 기업주가 곧 법이니까 '너 내일부터 나오지마' 이러면 내일부터 안 나와야 되는 거고, 너 저기 가서 손들고 있어 이러면 손들고 있어야 되는 거고 더군다나 지각을 하면 팻말을 앞에 붙이고, '나는 지각을 해서 다른 사람에게 피해를 줘서 미안하다' 이렇게 하면서 돌아다녀야 하고. 그런 노예같은 삶, 비인간적인 삶, 이런 것이 상당히 많았죠."(박○○, 섬유노동자 구술)

하지만 이런 처벌자-죄수의 관계를 통해 작동되는 신체형적 통제는 전일화된 것으로 보기는 어렵다. 그런 사례들이 1960~70년대 사업장에서 다수 발견됨에도 불구하고, 그것은 항상 명백한 혹은 암묵적인 저항을 동반하고 있었다. 다시 말하면 그러한 신체형적 통제는 노동자들의 저항을 봉쇄하고 동의와 순응을 얻어낼 수는 없었던 것이다. 이러한 억압에 대한 저항은 매우 빈번하게 발견되며, 그것은 때때로 가시적인 성과를 얻었다. 예컨대 송효순은 이런 통제에 저항하여 결국 현장관리자였던 구○회 과장을 다른 곳으로 전출시키는 데 성공하기도 했다.

> "⋯⋯ 그러자 모두들 그 동안에 당한 것이 억울하다는 이야기를 하면서 이번 기회에 모조리 고쳐야 한다고들 입을 모았다. 특히 우리들에게 가장 악랄하게 대했던 구○회 과장이라고 이구동성으로 의견의 일치를 보았다."(송효순, 1982: 67-68)

하지만 이런 저항 역시 항상 찻잔 속의 태풍으로 그치고 만다. 적어도 그러한 저항은 작업장 질서 자체에 대한 저항으로 발전하지는 못했던 것이다. 그렇다면 여기서 당연하게도 던져야 하는 질문은, 그러한 작은 저항들이 질서에 대한 전복이나 변화로 나아가지 못하도록 만들었던 작업장 통제의 조건과 방식들은 무엇이었나 하는 것이다. 이 연구는 그 핵심 요인을 이데올로기로 지목한다. 그리고 이러한 이데올로기적 지배에 대한 노동자들의 상징적 저항은 또한 무엇이었던가를 살펴본다.

5. 작업장과 이데올로기적 통제

박정희 시기는 한마디로 '전근대와의 투쟁'으로 정의될 수 있다. 근대화는 강력한 국가 이념으로, 이우영은 박정희의 통치 이념을 크게 '민족주의', '성장주의', 그리고 '집권주의'로 요약하는데, 성장주의는 근대화 이념의 또 다른 이름으로 보아도 무방할 것이며, 변형된 민족주의 속에서도 근대화 이념이 상당히 발견되고 있다.[4] '합리성', '근대화'라는 강력한

---

4) 대표적으로 민족경제의 이념이나 실리적 민족주의는 근대화를 그 핵심으로 하고 있다.

국가 이데올로기로 대중을 동원함에 있어, 새마을운동, 공장새마을 운동 등은 핵심 수단이었다. 이러한 합리성 이데올로기는 한편으로 법적 지배의 합리성에 대한 순응으로, 그리고 또 한편으로 이에 대한 저항을 전근대적 퇴행으로 낙인찍는 결과들을 만들었다.

하지만 이 시기의 이데올로기적 지형에서 또 하나 주목해야 할 부분은 바로 그 퇴행으로 이름 붙여져야 할 이데올로기들의 역할에 있다. 윌리엄스(Williams)가 지적하듯이 하나의 잔여적 문화로서 전근대는 강력하게 생존하여 사회의 현재적인 일부분을 명백히 점령하기도 하는데, 이데올로기적 지배에서 동일한 사태들이 발전하였던 듯하다. 즉, 가족주의, 온정주의, 연고주의 등은 박정희 통치기간 동안 투쟁의 대상이 된 것이 아니라 오히려 지배 이데올로기의 일부로 자연스럽게 차용되었던 것이다. 그것은 많은 담론과 담화문에서 그리고 사회적 클리셰들에서 발견된다. 그렇다면 이러한 주도적 이데올로기와 잔여적 이데올로기는 모순 없이 조화될 수 있었던가, 아니면 그것은 애초에 불화의 비극적 결말을 담고 있었던가. 그리고 이러한 모순적 조합이 만들어낸 효과는 또 어떤 것이었던가? 우선 이 연구는 이런 이데올로기 형태들이 담론들 속에서 어떻게 드러나고 있는지를 탐색한다.

1) 사회적 지배담론[5]

(1) 과학화와 인력개발

1973년 박정희는 연두기자회견에서 '전국민의 과학화운동'을 제창했다. 그래서 1) 모든 국민의 사고와 생활습성을 과학화하고 과학기술을 존중하며 과학지식을 일상생활에 활용할 줄 아는 과학적 생활풍토의 조

---

[5] 지배담론의 또 한축은 반공주의일 것인데, 이 연구에서는 다루지 않는다. 기존의 연구들이 충분히 주목해온 주제이기도 하거니와, 작업장 질서를 규율함에 있어 반공주의는 노동조합운동과의 연계에서 작동하므로 이 연구의 범위를 넘어선다.

<그림 3-1> 전국민의 과학화 기념비

성, 2) 국민 각자가 한 가지 기술이나 기능을 익혀서 국가발전에 기여하고 자기의 삶의 방향을 도모하게 하기 위한 기술과 기능의 촉진, 3) 과학화운동의 또 하나의 방향으로서 산업기술의 전략적 개발 등 세 가지 기본방향을 설정하였다. 이에 따라 1973년 첫해는 '과학적 생활풍토의 조성'을 위해 과학기술처에서 한국과학기술진흥재단을 통해 과학지식 보급운동을 전개하고, 한국과학기술단체총연합회가 전개하는 새마을 기술봉사단의 활동을 지원했다. 또 문교부는 초·중등교에 자연관찰원을 설치하고 초등학교의 과학활동을 강화하는 한편 1973년 3월에는 전주공설체육관에서 「전국민의 과학화를 위한 전국교육자대회」를 열어 11개 분과에 걸쳐 과학화의 방법에 대한 토론회를 열었다. 또 '전국민의 기술 및 기능화 사업'을 위해 문교부는 학교 교과서를 탐구학습, 발견학습 중심으로 개편한 것을 비롯하여 사대 및 교대 등에 과학교육연구소 실치, 실업계 학생 중 기술자격취득자에 대한 현역복무 면제와 장학금 지급, 특성화 대학 및 학과의 설정과 지원 등의 정책을 추진함과 아울러 노동청은 직업훈련

소를 대대적으로 확장해갔다.

 박정희의 전사회적 과학화 정책은 변형된 형태의 자본주의적 합리화라 할 수 있다. 자본주의적 합리화·근대화는 인간에 대한 재정의를 수반한다. 노동자는 인간의 동의어가 아니다. 그것은 새롭게 발명된 주체의 한 유형이다. 즉, 생산을 중심으로 공장이라는 세계가 창출되었듯이, 또한 일상이라는 공간을 소비로 채우는 과정은 자본주의의 출현과 함께 동시적으로 시작되었다(McCracken, 1997: 31). 이 속에서 노동자와 소비자라는 서로 다른 주체의 형태가 발명되고 정의되어 온 것이다. 이런 과정을 명확히 인식한 사람 중의 하나가 푸코(Foucault)였다. 푸코는 고전시대와 구분되는 자본주의 시기에 규율적 권력은 명백히 신체에 대한 과학적 정의를 요구하고 있음을 지적한다.

> 노동력은 따라서 일련의 개인 신체에 완벽하게 명료한 방식으로 확산됨으로써, 개인 단위로 분석될 수 있었다. 우리는 생산과정의 분업에 기초한 대규모 산업의 출현에서 개별화되는 노동력의 파편들을 발견한다. 훈련적 공간의 배분은 흔히 이 두 가지를 모두 보장했다(Foucault, 1993: 145).

 이것은 신체에 대한 새로운 발견이자 인간에 대한 새로운 정의였다. 인간은 그 복합성과 모호성의 가면을 벗고 이제 단위들로 분석될 수 있는 어떤 집합, 즉 노동력 혹은 인력이라는 개념으로 재정의되었다. 이런 재정의는 일련의 특별한 담론, 즉 인간에 대한 과학 혹은 노동에 대한 과학의 외피를 띠고 등장했다. 그 역사적으로 정의된 담론체계의 대표적인 것이 바로 테일러리즘이다. 테일러리즘은 자연세계에 대한 실증적 접근으로서의 과학과는 전혀 상관이 없으며, 오히려 그 용어들의 적극적인 차용 속에서 만들어진 통제의 담론들에 다름 아니다. 그것은 현실을 정의하기 위한 적극적인 권력 작용에 다름 아닌 것이다.

 70년대 초에 우리 사회에도 이러한 인간을 둘러싼 과학적 담론들이 등장하는데, 그것이 바로 인력, 인적자본이라는 개념이다. 인적자본은 물론 슈츠나 베커 등의 인적자본이론(human capital theory)의 핵심 개념이지만, 이것은 그 이전에 하나의 '과학적 어휘', 즉 과학을 표상하는 클리셰로 작용했다. 그리고 이것은 '노동과잉 자본부족'이라는 현실을 설명하는 클리셰, 그리고 '공업입국'이라는 국가 비전 클리셰와 논리적인 연관을 가지는 어휘로 변모했다. 인력에 대한 이러한 정의방식이 가지는 목적성은 그것과 근대화 혹은 발전과의 유의미한 연관을 창출하는데서 명백히 드러난다.

> 그런 점에서 보면 하나의 개발이론으로서는 후진국개발이론이 선각적으로 인력이론을 도입하고 있는 것 같고, 또 현실여건이 「인구과다, 자원빈약」이라는 후진국의 일반적 양상에 비추어보면 인력개발이론이야 말로 후진경제의 개발이론의 골격을 이루어야 하지 않겠는가 생각됩니다(대담, ≪노동공론≫, 72년 1월, 20쪽).

즉, 잠재적으로 풍부하게 존재하는 인구들을 재정의된 '인력' 혹은 인적자본으로 전환시킴으로써 후진적 사회를 근대화시키는 동력으로 활용하겠다는 정책적 의도가 인력에 대한 논의 방식에서 그대로 드러난다.

> 결국 인적자본이라는 개념을 토대로 하여 생각해서 인간이 경제학적인 주체가 되면서도 어느 사회, 경제에 있어서 투자의 대상도 된다는 것이 아닙니까, 또 그러한 인간투자는 인간능력을 바로 배양한다는 것이고 그 인간능력, 즉 인력은 부단한 사회경제적인 요구에 순응해서 자꾸자꾸 변해간다는 것이겠죠. 이러한 뜻에서 인력은 사회경제적인 수요에 맞추어 기동성 있게 형성되어 가야 하고, 또 배분되고 활용되고 보존되어야 한다는 것이겠죠(대담, ≪노동공론≫, 72년 1월, 20쪽).

인력 개념은 그 속에 일정한 논리적 연관들을 내포하고 있다. 우선 그 첫 번째 단계는 형성인데, 그것은 자본화되지 못한 원료를 가공하여 하나의 인적 자본으로 전환시키는 것을 의미한다. 그런데 이 인적 자본은 인간의 능력 개발이라기보다는 사회적으로 필요한 기능, 즉 '사회경제적 수용에 맞추어 기동성 있게 형성되어 가야' 하는 기능을 의미했다. 즉, 자연인으로부터 자본주의적 사회인으로의 전환이 그 핵심인데, 이러한 형성에 대한 사회적 관심은 노동자들이 자본주의적 삶, 즉 도시적 삶의 질서를 체늑하기도 전에 자본주의적 필요에 의해 만들어살 필요를 제기하고 있는 것이다. 이것은 대부분의 도시 노동자의 삶이 이전의 것, 특히 농촌적 질서와는 다른 것이어서 단순한 '변화'의 문제가 아니라 적극적이고 의도적인 '형성'이 필요함을 보여주는 것이다. 이러한 형성은 정책적으로도 뒷받침되어, 인력개발 5개년 사업이나 직업 전문성에 대한 사회적 담론들로 표출되었다. 그 하나가 아래에 보는 '기능공 양성' 담론이다.

> 산업이 고도성장할수록 기능공의 수요는 늘게 마련이고 따라서 노동청이 기능공의 양성과 그들의 합리적 배분을 주요 기능으로 삼는 근대적 노동시장으로서의 직업안정소를 발족시키겠다는 착상 그 자체는 그릇된 생각이 아니다. …… 이상적으로 말하면 그것이 가능한 기업체일 경우 기업체 자체가 견습생을 모집하여 기능공을 양성하는 기업체 부설양성소가 바람직한 일이다 (≪조선일보≫, 1968. 2. 14).

또한 대부분의 초기 자본주의화가 그렇듯이, 여성들 역시 중요한 노동력 자원으로 호명당한다.

> 10년 전만 해도 미국은 이 문제(남녀 적성문제)를 과학적으로 연구한 결과 여성의 언어적성, 인간관계적성, 손가락재주의 적성을 밝혀내고 가르치는 일(티칭), 서비스업, 방직업이 여성에 알맞다고 주장했으나 지금에 와서는 이 생각을 완전히 뒤집었다. 남녀적성의 근본적인 차이는 없고 앞서 말한 세 가지 적성도 사실은 ① 사회학적인 편견(여자가 무얼 하느냐, 또는 여자인데도 제법이다 하는 생각까지 포함) ② 문화인류학적인 측면에서 본 아동양육문제(기를 때부터 여아는 남아보다 열등하다는 생각을 일으키게 한다) ③ 제도적·기기적인 문제

(임금이 낮고 중임보다는 막일하는 곳에 여자를 고용) ④ 이제까지의 교육이 전반적으로 직업과 무관한 내용이었다는 점이 원인일 따름이라는 것이다(≪조선일보≫, 1970. 3. 15).

두 번째는 배분의 개념이다. 이 배분은 사회적으로 필요한 적소에 인력을 배치한다는 개념을 내포하고 있다. 신원철(2003)의 논문에서 제시하고 있듯이, 이 시기 사회적 노동력 배치의 제도는 거의 존재하지 않았고, 그래서 입직을 위한 경쟁은 중공업 부문의 경우 상당히 치열했다. 그렇지만 그 제도의 부재가 마찰적 인력 부족을 낳은 것은 아니었는데, 그것은 기본적으로 초기 산업화 시기에 이미 농촌 분해로 인해 형성된 광범위한 산업 예비군들이 존재했기 때문이다. 이 때문에 오히려 절실했던 것은 실제 사회적으로 필요하고 그 필요를 충족시킬 수 있는 적절한 노동력의 배분 혹은 탐색의 시스템이었다.

"노동에 귀천이 없다고 하면서도 오랜 봉건사상에 젖은 관념을 뿌리뽑지 못하는 데서 아직도 일부에서는 노동천시의 사고방식을 씻어 버리지 못하고 따라서 직종에 따라 멸시마저 하는 안타까운 경향이 남아있는 것이 사실이죠. 이와 같은 고루한 사고방식의 소유자는 오늘날의 낙오자로서 불쌍히 여길지언정 여기에 휘말려서 스스로를 자학할 필요가 없겠지요."(「세대 간의 근로대화」, ≪노동공론≫, 72년 5월)

이것은 무엇보다, 인력이 하나의 상품이며, 그 상품을 해외에 수출한다는 것을 정당화하는 현실 이데올로기가 되었던 것이다. 이른바 '인력수출'이 그것이다. 1960년부터 시작된 인력수출은 인력='수출상품'으로 정당화하면서 상품으로서의 노동력 개념을 활용했던 대표적인 성장정책이라 할 수 있다.[6]

---

[6] 1960~70년대 인력수출 관련 주요 기사들을 간추려보면 다음과 같다. "경제발전을 위한 한국 자원의 개발책(3): 외자유치가 긴요, 노동력을 수출자원으로"(≪조선일보≫, 1960. 3. 10); "외원 운용에의 제언: 유림노동력을 활용"(≪조선일보≫, 1960. 5. 25); "농촌

이렇듯 박정희 정권이 추진했던 과학화와 과학주의 이데올로기는 직접적인 과학기술의 발전과 함께 인력에 대한 과학적 정의를 수반한, 새로운 인간 담론을 창출하였다. 이를 통해 상품으로서의 인력, 자본이라는 개념은 이제 작업장 질서, 관리와 통제의 고유한 대상으로서의 인간을 확립하게 되는 것이다.

(2) 근대화

박정희 집권시기의 가장 핵심적인 정치이념은 바로 근대화라 할 수 있다. 근대화란 근대/전근대의 대립 속에서 근대적인 것에 정당성을 부

<표 3-1> 박정희 정치이념의 시기별 비교: 정치목표

군사정부(61-63년)		제3공화국(64-72년)		유신체제(73-79년)	
핵심어휘	빈도 (%)	핵심어휘	빈도 (%)	핵심어휘	빈도 (%)
민주질서	29 (9.70)	조국근대화	137(11.42)	조국통일	135 (8.92)
국가재건	22 (7.35)	조국통일	115 (9.60)	국력배양	79 (5.22)
혁명완수	18 (6.20)	국가건설	60 (5.00)	유신이념	77 (5.09)
조국통일	14 (4.70)	민족중흥	60 (5.00)	총화단결	56 (3.70)
정치개혁	14 (4.70)	민주주의발전	48 (4.00)	평화정착	55 (3.63)
국제관계개선	14 (4.70)	국제관계개선	36 (3.00)	국가번영	46 (3.04)
반공	13 (4.34)	총화단결	26 (2.17)	민족중흥	44 (2.91)
정치안정	10 (3.34)	자유평화보장	25 (2.00)	새역사창조	31 (2.05)
민족중흥	6 (3.64)	반공	19 (1.58)	민주주의발전	21 (1.38)
행정쇄신	5 (3.21)	정치제도개선	16 (1.33)	국제외교개선	21 (1.38)
	156(52.17)		631(33.74)		611(40.41)

자료: 구경서, 1998: 478.

노동력: '젊은 놈'은 떠나가도 땅이 좁아 남아 돈다"(≪조선일보≫, 1960. 8. 22); "미국 캘리포니아주에 2만명 노동력 수출, 정부 장기계약을 추진, 실현되면 명춘공표"(≪조선일보≫, 1964. 11. 6); "붐 이룰 인력수출, 일본·알래스카서도 요청, 서독과는 朴대통령 독일방문 때 협정 체결"(≪조선일보≫, 1964. 11. 7); "늘어가는 인력수출, 코리언과 기술, 과잉인구의 명랑한 배출구, 어떤 조건으로 얼마나 가고 있나"(≪조선일보≫, 1965. 10. 17); "기능공의 양성과 인력 통제의 공론"(≪조선일보≫, 1968. 12. 4 사설); "오늘의 여성계, 노동력 34.5% 차지, 이제부터는 정신자세가 문제"(≪조선일보≫, 1968. 8. 18); "인력수출 전면개방, 정부, 기본산업부문만 제외키로"(≪조선일보≫, 1971. 12. 4).

<표 3-2> 박정희 정치이념의 시기별 비교: 경제목표

군사정부(61-63년)		제3공화국(64-72년)		유신체제(73-79년)	
핵심어휘	빈도 (%)	핵심어휘	빈도 (%)	핵심어휘	빈도 (%)
경제발전	17 (5.68)	경제발전	132 (11.01)	경제발전	42 (2.77)
자립경제	10 (3.34)	수출증대	71 (5.92)	자립경제	40 (2.26)
경제안정	8 (2.67)	자립경제	65 (5.42)	복지사회	34 (2.24)
농촌발전	3 (1.03)	복지사회	46 (3.83)	기간산업	27 (1.78)
자본형성	2 (0.67)	중농정책	32 (2.66)	수출증대	27 (1.78)
외자도입	2 (0.67)	기간산업	22 (1.83)	경제안정	23 (1.52)
국가재정	2 (0.67)	공업발전	20 (1.66)	고도성장	15 (0.99)
기간산업	2 (0.67)	경제안정	18 (1.50)	물가안정	12 (0.79)
공업개발	2 (0.67)	소득증대	15 (1.25)	소득증대	11 (0.72)
자원개발	1 (0.34)	고도성장	13 (1.08)	선진국진입	9 (0.59)
	49(16.39)		512(27.38)		237(15.67)

자료: 구경서, 1998.

여하는 정치 이데올로기라 할 수 있는데, 이것은 여러 정치연설들 속에서 다양한 어휘들로 표현되고 있다. 박정희 정치연설에 대한 한 내용분석(content analysis) 연구결과는 박정희 정권의 정치이념이 시기적으로 뚜렷이 구분된다는 것을 보여준다. 군사정부(1961-63년), 제3공화국(1964-72년), 유신체제(1973-79년)의 세 시기로 구분해서, 집권기간 중 발표한 연설문 1,541개 중 340개를 선정하여 정치목표, 경제목표, 사회목표에 대한 문장단위의 의미화된 개념들을 추출하여 그 출현 빈도를 계산하였다. 그 결과가 다음의 표에 제시되어 있다.[7]

분석 결과를 살펴보면, 1964년에서 72년까지의 제3공화국 기간 동안 조국 근대화에 대한 강조가 뚜렷하게 지배적인 이데올로기가 되고 있음을 보여준다. 한편 경제목표에서의 정치이념은 박정희 집권기간 동안 일관되

---

[7] 이 방법은 문장들을 의미론적으로 파악한 뒤, 이를 하나의 개념으로 요약하고, 이러한 개념에 해당되는 문자의 수를 계산하는 것인데, 이것이 하나의 개념으로 축약될 때 의미의 변형이나 왜곡이 있을 수 있다는 문제점은 자명해 보인다.

게 '경제발전', '수출증대', '자립경제', '고도성장' 등의 의미화가 제시되고 있는데, 이것은 근대화라는 이데올로기의 또 다른 이름에 다름 아니다.

이 내용분석 결과를 재음미해 볼 필요가 있는 것은, 우선 정치목표와 경제목표로 제시된 내용의 양적 분포의 차이다. 근대화는 일관되게 무엇보다 전근대성의 탈피이자 동시에 경제적 발전에 있었다.[8] 정치목표에서 박정희 정치 이데올로기의 주요한 한 축인 반공은 '반공', '조국통일' 등을 포함하여 모두 296회 언급되고 있는 반면, 경제발전과 관련해서는 798회나 언급되고 있다. 이것은 박정희 정치 이데올로기의 언어적 표현이 압도적으로 근대화에 초점이 맞추어져 있었음을 단적으로 보여주는 것이다.

> "당면한 우리의 지상목표는 경제재건을 위한 산업개발에 두어야 하겠습니다. 우리가 이상으로 하는 진정한 자유민주주의가 확고한 경제적 기반 없이는 실현을 바라기 어렵다는 것은 너무나도 명백한 사실입니다. …… 우리는 공산위협으로부터 자유를 수호하기 위해 절대적인 방위력이 필요하거니와 그 자유를 향유하기 위해 또한 경제재건이 이루어져야 하는 것입니다."(1962. 1. 1, 신년사)

이러한 언어의 과다는 사회적으로 일관된 언어사용, 클리셰들을 생산해 냈다. 이러한 클리셰들을 노동자들의 담론에서 발견하기란 아주 쉬운 일이었다.

> "때는 바야흐로 우주과학시대로 눈부신 비약을 하고 있읍니다. 옛날처럼 부모의 유산이나 가문으로 버티어 나갈 수 없는 세상이 되고 말았읍니다. 인물본위 실력본위의 경쟁시대에서 직업이 남자에게만 국한되어 있는 것이 아닙니다.

---

[8] "전근대적인 봉건적인 잔재가 아직까지 완전히 일소되지 않고 있는 것이다. 이것을 완전히 일소해버리고, 자주 국민으로서 우리의 자주성과 민족의 주체의식을 똑바로 가진 그런 민족이 되자는 것이다."(1963. 9. 28, 박정희 서울고 유세); "우리나라와 같은 개발도상국에서는 정치의 초점은 역시 경제건설에 있다. 속담에 수염이 석자라도 먹어야 산다는 말과 같이 …… 경제건설을 하는 것만이 민주주의 성장을 위해서 절대적인 기본 요건이 된다."(1972. 1. 11, 연두기자회견)

우리 여성들은 작은 힘이나마 사회에 봉사할 수 있도록 노력하고 결혼 후에도 가정주부로써 위신을 얌전히 지킨다고 가정에만 묻혀 가만히 앉아서 남자가 벌어다 주는 것만으로 살아갈 것이 아니라 이젠 자기들의 인생을 개척하기 위해서도 우리 여성은 남성과 함께 동등한 입장으로 일할 수 있는 정신무장을 해야할 것입니다. …… 오직 그것은 회사의 발전과 성장만이 이 연약한 여성 조계영의 생활안정의 보금자리인 것입니다. 우리 쉬지 않고 힘써 일하며 어떠한 고난도 참고 견디며 사막의 오아시스처럼 갈망하는 사람이 되기 위하여 노력합시다."
(조계영, 「집념의 길」, ≪노동공론≫, 73년 4월호)

'정신무장', '발전', '성장' 등의 표현들은 국가 담론을 충실해 내면화하여 노동자들의 일상 언어 속에 이미 자리잡고 있음을 보여준다. 그리고 이러한 이데올로기는 '회사의 발전과 성장'이 자신의 삶, 나아가 국가와 자신의 삶을 동일시하게 만드는 효과를 낳고 있다.

"「우리공장 앞서가자」, 이것이 우리 공장의 스로건이다. 모든 면에서 계획성 있고 치밀한 공장장님은 우리나라 제사업계의 권위자라고 알려지고 있으며 부공장장님을 위시하여 여러 간부들도 한결같이 능력있고 다감하신 분들이다."(권희걸, 「기적」, ≪노동공론≫, 72년 6월호)

"새마을 사업이 전국 방방곡곡에 힘찬 메아리를 치고 있읍니다. 농촌의 새마을 사업도 중요하지만 우리나라의 기업에도 새마을 사업의 새싹이 배태되어야 함이 무엇보다 우선 급하다. 더구나 각 기업체에서 전개되고 있는 원가절감운동이니 생산목표 100% 달성 등등 처음에는 전시 효과로 내세우나 전개과정에서 솔선 실천해야 하는 개개인의 노력은 용두사미격으로 된 기분이 없지 않읍니다. 처음부터 큰 것을 머리에 두지 말고 새마을 사업도 내집 앞 내가 쓸기 등 사소한 문제부터 출발하였으니 우리 기업체에서도 사소한 문제, 하기 쉬운 문제부터 전체가 손잡고 하루도 쉬지 않고 노력하는 가운데 기업은 건전한 바탕으로 눈부시게 발전할 것을 믿어 의심치 않읍니다."(조계영, 「집념의 길」, ≪노동공론≫, 73년 4월호)

1960~70년대 지배적인 사회적 담론은 일종의 최상위 지배 이데올로기를 구성하였다. 그리고 이것은 명백한 통치이념의 형태로 표출됨으로써 사회의 제도적 부분까지 일관된 질서로 구현하려는 노력을 동반했다. 지금까지 많은 연구들이 주목해왔던 것은 이러한 지배담론의 성격에 대한 것이었다. 하지만 이 연구는 동시에, 이러한 지배담론과 동시에 잔여적 담론들, 부차적인 이데올로기들 역시 작업장과 노동자들의 감정 구조 속에 깊이 체험되고 있음을 지적하고자 한다. 그리고 그 존재방식은 지배 이데올로기의 효과로서 존재하는, 직접적으로 체험되고 또 실천되는 그러한 이데올로기였다.

2) 잔여적 담론들

(1) 가족주의

가족주의는 인간관계를 규율하는 원리이자 노동자들의 정체성 형태를 결정하는 일종의 전략이었다. 이 가족주의는 무엇보다 1960~70년대 일반적으로 남아있던 '가족적 삶', 즉 개인의 삶이 가족의 재생산과 강하게 결합되어 있으며, 그것이 '희생'의 형태로 실현되는 것에 기초하여 존재했다. 가족을 위한 희생은 이 시기 여성노동자들에게 일반화된 의식형태였다.

> "그동안 저에겐 결혼자리가 수없이 나섰지만 그때마다 전 마다했습니다. 동생의 장래를 걱정해야 하는 전 시집을 가서는 안 됩니다. 무거운 책임을 벗고 홀가분한 몸으로 가버린다면 당장에 동생 대학은 포기해야 됩니다. 희생으로 사는 보람으로 살아가고 있는 계영이, 가난한 속에서 역경을 딛고 동생을 위하여 내 한몸 아끼지 않았던 장한 누나의 뜻이 눈물겹도록 아름답다고 우리 동네사람들은 칭찬이 자자합니다. 동생들은 누나가 고생한다고 애달파하며 누나의 고마움이 절실히 뼈에 사무쳐 온다며 편안하게 공부만 하는 것이 미안하다고 틈만 있으면 누나를 생각하고 집안일을 도웁니다."(조계영, 「집넘의 길」, ≪노동공론≫, 73년 4월호)

이러한 가족주의는 작업장에서의 관계를 가족관계로 유비하여 이해하도록 만드는 밑바탕으로 작용했다. 이것은 권위와 복종의 관계를 인간애에 기초한 관계로 치환함으로써 자연스럽게 지배를 정당화하는 이데올로기가 되는데, 이런 이데올로기는 그것의 명시적인 모순성에도 불구하고 상당히 효과적인 통제 방법이 되었다. 그런데 이 가족 이데올로기는 노동자들과의 공모에 의해 작동하는 것이었다. 전근대적인 가부장적 질서에 대한 묵인과 승인이 특히 여성노동자들에게 가족-공장의 유비관계를 가능하게 했고, 가부장-가족성원의 관계는 연장자-여성노동자의 관계로 그대로 연결되었던 것이다. 즉, 가부장적 질서는 가족 내에서건 공장에서건 '당연시된' 세계였던 셈이다.

"식당 아주머니들은 회사간부들에게는 반찬도 좋은 것으로 골라서 주었다. …… 이런 때 왜 높은 사람들한테만 좋은 반찬을 주냐고 물어보면 '가정에서도 아버지나 어른들은 좋은 반찬을 주지 않느냐, 회사도 가정하고 똑같아서 어른 대우를 해야 한다'고 했다."(송효순, 1982: 52)

"신정에 또 한복 입고 만나 가지고 사장님한테 다 세배하고 찾아가면 떡국 끓여주지요 그렇게 우린 유대를 했었어요 그분들도 자식을 키우는 그런 아버지고 엄마이기 때문에 미울 때 미웠어도 그렇게 하니까 도닥거려 주시더라구요" (오운선 구술, 청계피복 노동자)

즉, 아버지를 상징하는 '어른' 혹은 '사장님'은 사실상 노동자들을 제외한 모든 사람들을 지칭하는 것이기 때문에, 이러한 어른은 결국 사회 일반에 대한 복종과 순응을 지칭하는 상투어에 다름 아닌 것이다. 그래서 '회사도 가정하고 똑같아서 어른 대우'를 하는 것이 당연시되었던 것이다.
이러한 '어른'에 대한 용인, 나아가 가부장적 가족 질서에 대한 용인은 어른으로 상징되는 존재들, 즉 회사, 국가에 대한 순응으로 쉽게 연결되었다. 가족주의 이데올로기는 노동자들을 개인화시키면서, 그 호명의 주체는 모두 '어른'으로 표상하는 강력한 힘을 갖고 있었다. 이 때문에 때로 노동자들은 이러한 질서 자체의 억압성을 자각하지 못한 채, 어른에 대한 순종, 나아가 그 어른의 입장과 동일시된 모습들을 보여 주었다. 그래서 노동자 스스로는 '현장 책임자'의 위치에서 작업장의 문제점을 사고하기도 하고, 또는 사회 전체의 발전을 국가의 위치에서 걱정하기도 하는 모습을 보이고 있다. '수출 근대화'라는 클리셰를 통한 어른의 내면화가 '우리나라'로 표현되고 있음을 알 수 있다.

> "현장에서 일할 땐 갖은 수모도 많았고 말 못할 희비극도 얽히고 설키었어요 그러나 나 하나의 실수로 인하여 서울통상이 흥망에 관련될 수도 있고 좀더 나아가서는 우리나라의 수출근대화에 흠이 생길까 하는 두려움이 앞서 하나의 일을 신중히 계산하여 한올 두올 정성껏 짜낸다."(박재희, 「나의 공장생활」, ≪노동공론≫, 73년 4월호)

> "내가 하고 싶은 말은…… 현장 안의 책임자들과 우리와의 관계를 말하고 싶은 것이다. 이 사람들은 사람 일 시킬 줄을 모르고 있다. 왜냐하면 좋은 소리로 하면 우리는 그래도 웃는 얼굴에 침 못 뱉는다는 속담도 있듯이 일을 잘 할 것이다. 그렇지만 책임자들은 그저 무력으로만 할려고 든다. 좋은 소리로 하면 우리도 우리 할 일을 제대로 할 텐데 그렇게 하지를 않는다. 그러기 때문에 우리는 책임자의 눈만 없으면 잡담이나 하고 싶은 것이다. 그래서 우리의 행동은 즐거웁지도 않은 일을 책임자들의 눈동자에 의하여 좌우된다. 사실 이건 양쪽 다 잘못된 것이다. 우리도 자기 책임이 누구의 눈에 의해 좌우되는게 아니고 책임자들도 그런 욕설과 그런 행동이 없는 분위기를 원한다. 그러면 생산량도 많아지고 서로가 좋지 않을까."[장안나(19세, 국퇴, 가정부 거쳐 미싱사), 『비바람 속에 피어난 꽃』]

이러한 상상된 관계 속에서 가족 주체가 된 노동자들은 심지어 친구와 함께 자발적으로 집들을 방문하여 '방위성금'을 모금하는 실천들을 보이기까지 한다.

여방직공의 힘으로 조금이나마 나라에 도움이 될 수는 없을까. 조국을 위해야 된다는 마음은 언제나 마음 한구석에 자리 잡고 있다. 그러던 어느 날 우리 혜영이와 의논을 했다. 우리가 금전으로는 도저히 나라에 보탬이 될 수 없으니 노력으로나마 보탬이 되어 보자고 의논 끝에 범국민적으로 전개하고 있는 방위 성금에 협조하기로 했다. 일요일 작업복 차림으로 방위성금 모금함이라고 쓴 함을 가슴에 안고 한집 두집 다녔다. 결코 강제성을 띠지 않았다. 협조하고 싶도록 있는 힘과 모자라는 말솜씨로 설득을 시켰다. 학교시절의 경험을 발판삼아 부지런히 뛰었다(최찬수, 「하면 된다는 신념으로」, ≪노동공론≫, 75년 1·2월호, 제5권 1호).

어른에 대한 의식과 가족주의는 1960~70년대 동안 노동자들의 경험 속에서 극복되지 못한 채 온존해 있었다. 이것은 아마도 노동자들이 기업이나 국가에 대해 보다 적대적인 관계를 설정하지 못하게 만드는 중요한 원인으로 작용했을 것이다.

(2) 학력주의: 차별의 내면화
60년대에 들어서면 이미 우리사회는 대중교육의 체계가 확립되고, 학력수준별 위계적인 학교 구조가 갖추어지며, 그 결과 학력에 따른 사회적 위계서열화가 상당히 진행되었다. 아래의 표에서 보듯, 유치원/초등/중등/고등/대학 및 각종 대학교 시설들이 1965년에 이미 그 모습을 갖추었다. 하지만 고등학교 이상의 고등교육을 받은 사람은 고등학교가 1965년 426,531명, 1970년 590,382명, 1975년 1,123,017명이며, 대학 졸업자도 1965년 105,643명, 1970년 146,414명, 1975년 208,986명으로 증가하고 있었다. 하지만 대부분의 노동자들이 초등학교 졸업이나 중퇴 등의 학력을 가졌던 것으로 간주할 때, 1965년 초등학교 학생이 4,941,345명, 1970년 5,749,301명, 1975년 5,599,074명이나 되는 인구에 비해 고등학교 이상의 인구는 사회적으로 뚜렷이 구별되는 교육 상층이었다. 즉, 충분히 의식될 수 있을 만큼의 '교육받은' 인구의 존재는 노동자들과 그 이외

사람들을 구분하고 위계적으로 대우하는 학력주의 이데올로기를 작동시키기 위한 객관적 조건인 것이다.

하지만 학력에 따른 차별은, '산업전사'로 호명되어야 할 노동자들에게는 부정적이고 잔여적인 이데올로기였다. 그래서 이러한 학력주의는 국가담론의 수준에서는 앞서 보듯, '직업에 귀천이 없다'는 과학주의적 담론으로 표현되는 대신, 노동자들의 일상 속에서는 개인적 체험으로 존재했던 것이다. 이러한 학력주의는 노동자들에게 매우 충실히 내면화되어 있었음

<표 3-3> 연도별 학교통계 추이

구분		년도	1965	1970	1975	1980
학교수		계	8,221	9,664	10,833	11,450
		유치원	423	484	611	901
		초등학교	5,125	5,961	6,367	6,487
		중학교	1,208	1,608	1,967	2,100
		고등학교	701	889	1,152	1,353
		방송통신고교	-	-	36	44
		기타학교	582	522	447	271
		특수학교	20	32	49	57
		전문대학	48	65	101	128
		대 학	70	71	72	85
		교육대학	13	16	16	11
		각종학교(대학)	31	16	15	12
학생수		계	6,362,578	7,988,381	9,225,149	10,658,457
		유치원	19,566	22,271	32,032	66,433
		초등학교	4,941,345	5,749,301	5,599,074	5,658,002
		중학교	751,341	1,318,808	2,026,823	2,471,997
		고등학교	426,531	590,382	1,123,017	1,696,792
		방송통신고교	-	-	15,855	29,379
		기타학교	83,464	108,686	138,476	113,384
		특수학교	2,577	4,137	6,523	8,904
		전문대학	23,159	33,483	62,866	165,051
		대 학	105,643	146,414	208,986	402,979
		교육대학	5,920	12,190	8,504	9,425
		각종학교(대학)	3,072	2,709	2,993	4,058

자료: 『교육통계연보』, 1998.

을 보여준다. '공장'에 대비되는 '사무실', '모자'와 '작업복'을 입는다는 것 자체가 하나의 열등감이었다.

> "나는 영업부로 올라갔다. 다른 때 같으면 사무실로 들어가기가 부끄러워서 주저도 하였는데 …… 모자를 쓰고 작업복도 달랐지만 떳떳하기만 하였다."(송효순, 1982: 69)

이러한 열등한 자기의 발견은 사회 어디에나 있었다. '은행원 언니'나 '고등학생', '대학생' 등은 모두 학력에 따른 서열관계를 항상 인식시키는 존재들이었다.

> "은행으로 예금하러 갔다. 은행원 언니들이 정말 부러웠다. 나도 직업이 은행원이 되었으면 하는 생각이 간절하다. 나는 공장으로 돌아와서 박 언니한테 나도 모르게 말이 나왔다. 은행이나 다녔으면 좋겠다고 했다. 그랬더니 언니는 주산학원 다니면 된다는 것이다. 나는 더욱 기뻤다. 나는 학원에 다니겠다는 결심이다. 나의 꿈은 은행원이다. 이 꿈을 버리지 않고 변함없는 마음으로 꿈을 이룰 것이다."[최순희(15세, 국졸, 미싱사), 『비바람 속에 피어난 꽃』]

> "…… 내가 그토록 부러워했던 교복을 입고 어엿한 고등학생이 되어 그 누구보다 인간처럼 살아보고 싶었다. 난 꼭 하리라. 누구보다 열심히…… "[최순희(15세, 국졸, 미싱사), 『비바람 속에 피어난 꽃』]

> "대학생이라나? 인사 소개를 하고 그 사람들은 우리들에게 말을 건네온다. ……왠지 그런 좌석에 앉아 있다는 것이 좌절감이 들어 시간이 없다는 핑계로 나오려 했으나 붙잡는 것이다. 다음에 만나기로 하고 나와버렸다. 난 우울해졌다. 왜 나와야만 했던가? 난 공장에 다닌다는 것 때문에 그들과 얘기하고 싶지도 않았고 두려웠다. 그게 큰 나의 오산이었던 것이다. 지식이란 것을 떠나서 인간적으로 생각할 때 동등할 수 있다. 근데 무엇이 대학생과 노동자를 분리시켜 놓는가?"[최순희(15세, 국졸, 미싱사), 『비바람 속에 피어난 꽃』]

<표 3-4> 1960~70년대 주요 베스트셀러 도서

1960년대	1970년대
『광장』(최인훈, 정향사) 『김약국의 딸들』(박경리, 을유문화사) 『정협지』(김광주, 신태양사) 『흙 속에 저 바람 속에』(이어령, 현암사) 『그리고 아무 말도 하지 않았다』(전혜린, 동아PR출판부)	『별들의 고향』(최인호, 예문관) 『어린왕자』(생 텍쥐페리, 문예출판사) 『객지』(황석영, 창작과비평사) 『위기의 여자』(시몬 드 보부아르, 정우사) 『당신들의 천국』(이청준, 문학과지성사) 『무소유』(법정, 범우사) 『부초』(한수산, 민음사) 『소유냐 삶이냐』(에리히 프롬, 홍성사) 『난장이가 쏘아올린 작은 공』(조세희, 문학과지성사)

자료: ≪중앙일보≫, 2004. 6. 12.

학력에 의한 차별의 자각은 그 보상에 대한 강한 동기를 부여했다. 그것은 때로 학생처럼 외모를 가꾸거나, 자신이 알고 있는 지식에 대한 자부심의 형태로 나타나기도 했다. 최순희의 수기는 그런 모습들을 뚜렷이 보여준다.

"나도 다음 달에는 학생 코트를 꼭 해 입어야겠다. 아주 학생식이 되고 싶다. 구정에 집에 가면서도 가짜 학생이 되어가지고 갈 작정이다."[최순희(15세, 국졸, 미싱사), 『비바람 속에 피어난 꽃』]

"보조애를 데리고 기숙사에 가는 길에 리어커를 끌고 가는 장사꾼 할아버지를 보았다. 그 물건 중에 내 눈에 얼른 띄는 것이 있었다. 야학에 입학했을 때 배운 고사성어란 낱말로 되어있는 '고사성어와 속담'이란 책이 있었다. 난 그 책을 이해할 수 있어서 순간 자부했다."[최순희(15세, 국졸, 미싱사), 『비바람 속에 피어난 꽃』]

70년대에는 이른바 '베스트셀러'들이 많이 만들어졌다. 그 중 상당 부분은 노동자들의 이러한 지식에 대한 열망과 교양에 대한 욕구가 반영된 것이라 볼 수 있는데, 이러한 베스트셀러들이 모두 '교육적'이었던 것은 아니다. 문학사적으로 60년대 이후는 본격적인 대중소설들이 등장한 시기였으며, 노동자들이 즐겨 읽었던 책은 '공부'를 위한 것이라기보다는 대중소설이나 대중적 책들이었다. 이것은 1960~70년대 주요 베스트셀러 목록에서도 확인된다.9)

그리고 이런 과정에서 학력에 따른 사회적 차별을 인식하고, 학력 상승하려는 강한 욕구들을 표출하기도 하였다. 그것은 명백히 '성공과 출세', '인간 대접' 등을 목표로 하는 것이었다. 사회적 불평등에 대한 문제의식으로 발전하는 것은 구술이나 수기들에게 매우 드물게만 발견된다. 이것은 학력을 개인적 능력과 동일시하고, 그것에 따른 차별적 대우를 당연시하는, '인력' 개념의 연장에서 이해해 볼 수 있다.

"우리나라 대한민국에서는 배우지 못하면 인간 대접을 받기 힘들고 어렵다는 것을 여러 가지 사건과 수업시간에 들었다."[오원희(18세, 국졸, 요꼬), 『비바람 속에 피어난 꽃』]

"아, 이 공부를 계속할 수 없단 말인가. 어떡하든 성공하고 출세를 해야 하는데. 어차피 자수성가해야 하는 몸, 고생은 짊어지고 다니는 내가 아니야."[고영생(20세, 국졸, 막노동), 『비바람 속에 피어난 꽃』]

"그 때 상황에서는 공부를 잘해야 잘 살고 이런 건 좀 아니고, 사람은 사람답게 살기 위해서는, 인간이 되기 위해서는 공부를 좀 해야 된다 이런 게 좀 있지 않았었나 싶어요."(오운선 구술, 청계피복 노동자)

즉, 못 배워서 '창피한' 것은 학력의 보충을 통한 상승의 욕구와 동일한

---

9) 또한 유사하게 이태호는 70년대 '잘 팔리는 책들'로 정다운, 『옷을 벗지 못하는 사람들』, 이주희, 『F학점의 천재들』, 황석영, 『어둠의 자식들』, 이규태, 『한국인의 의식구조』, 김홍신, 『인간시장』, 조세희, 『난장이가 쏘아올린 작은 공』, 이창우, 『옛날 옛날 한옛날』 등을 거론하고 있다(이태호, 1982).

의미였다. '배움' 자체에 대한 열망은 이러한 상승의 욕구를 숨기고 있었던 것이다.

> "같은 또래 친구들이 교복을 입고 지나가는 걸 보면 너무너무 부러워가지고, 너무 부럽고, 내가 도시락 가방 들고 지나가는 게 너무 챙피해 가지고 그 아이들을 피하고 다녔어요. 그랬기 때문에 더 하고자 하는 열망이 많았던 것 같아요." (오운선 구술, 청계피복 노동자)

> "책가방을 메고 즐겁게 지나가는 어린 아이들의 모습을 볼 때마다 나는 부러운 듯 넋을 잃고 쳐다보았으며 나는 미칠 듯 공부하고 싶은 욕망이 끓어올랐습니다."(황정희, 「유리속의 신데렐라」, ≪노동공론≫, 72년 5월)

하지만 이런 경우에서조차, 학력주의는 차별의 내면화라는 한계를 벗어나지는 못했던 것 같다.

6. 노동자들은 저항했는가?

1) 일상의 재조직

에드워즈(Edwards)가 지적하듯이 작업장은 각축장(contested terrain)이다. 각축은 다양한 방식으로 드러나는데, 그것은 통제의 규칙화를 둘러싼 갈등이 되기도 하고, 제도를 유지/변화시키기 위한 갈등이 되기도 한다. 그 중에서도 주목할 필요가 있는 영역은 바로 일상적 관행의 측면이다. 일상에서의 관행을 둘러싼 투쟁은 작업장에 대한 실질적 전유(appropriation)를 둘러싼 투쟁이자, 이를 통해 비일상적 투쟁의 공간을 확보하는 투쟁이기도 하다. 푸코(Foucault)에 의하면 작업장은 노동자들을 규율의 대상으로 만들기 위한 권력의 전략들이 개입되는 공간인데, 이 중

특히 시간표는 규율의 경제를 만들어내기 위한 가장 효율적인 수단의 하나다. 시간에 대한 통제는 지배 이데올로기로서의 과학주의와 근대화가 작업장에서 작동하는 핵심 요충지였던 셈인데, 이러한 통제에 대한 일상적 위반은 노동자들이 권력작용의 핵심에서 보여주었던 저항의 한 측면으로서의 의미를 가진다. '과학적으로 규율되어야 할 작업장 시간'에 대한 '의도적인 저항'의 대립이 형성되었던 것이다.

동남전기 노조위원장이었던 조경수의 구술에 의하면, 그러한 시간표를 어기고 여유시간을 확보하기 위한 저항은 상당히 의식적인 것이었음을 보여준다. 그리고 그것을 '자율성'이라는 대항적 의미화로 만들어내고 있다.

"근데 옛날에는 우리들 스스로가 뭐랄까 그런 조건들을 넓혀 나갔어, 노동조합이 없었어도 어떻게 하냐면 벨 울리면 애들이 담배를 핀다, 일하는 시간에도 나가 담배피고 화장실 같은 데서도 하고 그러지. …… 딱 봐서 휴식시간 벨 안 울렸는데도 다 빠져나가서 미리 하고 그 담에 10분 (휴식시간) 종료 벨이 울렸는데도, 그 때 미리 와서 준비하고 있다가 10분 돼서 딱 울리면 바로 시작해야 하잖아, 그런데 안 돼 있고 벨 울리면 그때서야 들어와 갖고 일하고…… 점심시간도 인제 예비종이 10분 전에 울리긴 하는데 시작 벨이 울려야 인제 들어오고 …… 우리 같은 경우는 운동 좋아하니까 축구 같은 거 운동장에서 하고 있다가 또 뭐 벨 울리면 그때서야 인제 점심시간에 딱 나가서 운동하고, 그리고 끝날 때 가서 그 때 가서 밥 먹고, 후다닥 밥 먹고 오고, 그런 식으로, 좀 조금씩 뭐랄까 우리의 자율성이라고 할까 권리랄까 이런 걸 좀 넓혀 나갔지, 사실은."(조경수 구술, 전 동남전기 노조위원장)

"땡 하면 다 나왔다가 종 땡치면 들어가자, 그러면 종 땡치고 현장에 들어가서 작업을 하려고 하면 한 10분이 소요가 돼요. 회사가 손해를 봐요. 그런데 우리는 그 10분이 늦어도 생산성에 아무런 지장이 없는데 일부러 갯수를 줄이지요. 한 개씩 덜 해버리는 거예요. 10분 늦게 들어왔으니까 …… 점심시간에 나가 가지고는 절대로 현장에 안 들어와요. 종치면 들어와요. 회사가 죽겠는거야."(유옥순, 콘트롤데이타 전노조간부)

회사가 정해 놓은 '시간'은 노동자들에게 부과되는 신체 규율의 한 방법이다. 그리고 이러한 시간의 위반은 권력이 작용하는 공간을 노동자들의 의지가 개입하는 공간으로 바꾸기 위한 한 전략으로서의 의미를 갖는다. 구술에서 드러나듯, 이것을 '자율성'과 '권리'라 칭한 것은 주목할 만한 부분이다. 맑스(Marx)가 자본론 1권에서 지적하고 있듯이, 자본주의 작업장은 노동일의 절대적 연장과 시간의 규제라는 본원적 속성을 갖는다. 따라서 노동자들을 정해진 시간표 속으로 종속시키는 것은 작업장을 규율하기 위한 가장 중요한 대책 중의 하나가 된다. 정해진 시간 내에서 일상의 여유를 만들고 시간규율의 틈을 벌리는 것은 이러한 규율에 대한 저항이 될 수 있는 것이다.

하지만 이것은 동시에, 작업 시작과 종료 시간이 근원적으로 정해져 있는 상황에서 발생하는, 일종의 시간 변형 게임이기도 하다. 휴식 시간을 어기거나, 시간 규칙을 지키지 않는 것은 본질적으로 작업장 내의 시간표를 위배하는 것은 아니다. 그런 점에서 이러한 일상의 재조직은 작업장 규율 자체에 대한 저항이라기보다는, 그러한 위반에서 발생할 수 있는 대항적 의미화에서 그 의의를 찾을 수 있을 것이다.

작업장 시간표에 대한 저항과 일상의 재구성은 학력주의 이데올로기의 작용 속에서 드러나기도 하였다. 즉, 지식에 대한 높은 열망이 종종 작업장에서의 '규칙 어기기', 즉 작업시간 중에 감독자의 눈을 피해 책을 읽는 행위로 나타나기도 했던 것이다.[10]

> "책 같은 것도, 사실 그 때도 책을 제일 많이 읽을 시기인데, 책 읽는 것도 즐기니까 몰래몰래 읽었어요. 일을 하면서, 미싱을 하면 못하는데, 미싱을 하기 전에는 틈틈이 시간이 날 때마다 책을 읽다, 들키면 뺏기기도 하고……"(오운선 구술, 청계피복 노동자)

---

[10] 작업 중에 책을 읽는 것이 가능한 것은 이 시기 대부분의 작업들이 일관조립이 등장하기 이전의 갯수작업(piece work)이었기 때문이다.

이러한 지식과 배움이라는 학력 이데올로기가 시간표라는 이데올로기를 압도하여, 자연스럽게 개인적 실천으로서의 위반을 이끌어내었던 경우라 할 수 있다.

2) 유흥적 의례와 집합적 정체성

공식적 규율에 대한 유흥적 의례는 일종의 치환 전략이다. 기업 공간을 부유하는 담론들은 대부분 공식성의 공간을 구성하면서 노동자들에 대해 일종의 행위규범으로 작용한다. 이 중 공식성의 정도가 가장 높은 것이 규칙과 규율에 대한 담론인데, 이것은 명시적이고 문서화된 규범의 형태를 띠기도 하고 혹은 비공식적 규율이나 관행의 형태를 띠기도 한다. 이 규율 담론은 공장 내에서 정당성을 획득한 최상위의 담론으로, 이것에 대해 저항적 의미화를 시도하거나 거부하는 것은 매우 어렵다. 이 때문에 규율에 저항하는 노동자들의 실천은 종종 거리두기(distancing)와 같은 소극적인 형태 혹은 치환된 형태를 띠게 되는 것이다(Collinson, 1992). 또한 작업장 내에서 사소한 유흥적 실천은 그 자체로 작업장의 흥미를 유지하고 노동자들의 적응을 높이는 효과적인 기제로 작용하기도 한다.

산업선교회가 노동자들의 관심을 끌 수 있었던 것은 단순히 노동자들의 권리를 자각하게 하고 노동조합 건설을 도왔다는 사실 때문만은 아니다. 산업선교회는 작업장으로부터 거리두기를 할 수 있는 다양한 의례들을 제공했다는 점이 오히려 강조되어야 할 것이다. 산업선교회의 활동방식은 단순히 노동자들에게 교육하기보다는, 다양한 방식의 소집단식 실천을 통해 하나의 문화를 구성하도록 하는 방식을 선호했다. 산선을 중심으로 노동자들이 저항의 지점을 찾기 위해 벌인 가장 적극적인 노력 중의 하나가 바로 소모임의 결성을 통한 단결이었다. 소모임은 70년대 산업선교활동의 가장 대표적인 활동방식 중의 하나로, 노동자들을 5 내지 10명씩 모임을 결성하게 한 후 교양강좌에서 노동법 교육, 신앙교육 등 다양한 활동을 스스로 조직하도록 유도하였다. 유동우에 의하면 삼원섬유에서 노동조합을 결성하게 된 밑바탕이 되었던 것도 바로 이 소모임 조직이었다.11) 산선 핵심활동가였던 조화순 목사에 의하면 1967년부터 인천에서 동일방직 노동자 15명과 소모임을 시작했는데, 처음에는 예배형식의 집회였다. 그러나 노동자들의 참여가 부진하자 계획을 수정하여 1단계 자치활동(생활실습, 일반교양, 이성교제, 오락 등), 2단계 실력양성(성서공부, 한문공부), 3단계 의식화(노동법, 노동조합론, 역사공부)로 나누어 그룹활동을 전개하였다. 조화순 목사는 이를 통해 1972년 동일방직의 어용집행부를 민주적 집행부로 교체하고, 최초의 여성지부장을 탄생시킬 수 있었다고 증언하고 있다.12)

> "산업선교회를 가면 공짜로 취미생활을 하게 해준다고 해서 거기를 갔지요. …… 뜨개질도 배우고 독서토론도 하고 …… 처음에 목사님이 아주 가볍고 읽고 싶은 책을 선정해보라고 해서, 내가 읽고 싶은 책을 읽고 얘기를 하게 했고, 발표하는 것을 봐주시더군요."(유옥순, 콘트롤데이타 전노조간부)

물론 이러한 문화교양적 소그룹활동은 일종의 '관심 끌기'를 위한 통과의례적 성격을 가졌다. 즉, 교양을 통한 관심의 획득이라는 통과의례를 거쳐, 실력 양성, 그리고 최종적으로는 의식화라는 목표를 설정하였으며, 이러한 설정에서 문화교양적 소그룹활동은 그 자체가 산선 소그룹활동의 목표는 아니었다.

그럼에도 불구하고 이러한 문화교양적 소집단 활동은 노동자들에게 상징적 저항의 가능성을 제공했다. 무엇보다 노동자들이 집합적 정체성을 부분적으로 획득하고, 작업장과 거리를 둘 가능성을 제공한 것이 문화교양적 활동의 가장 큰 성과라 할 수 있다. '편하고 위선과 가식이 없는'

---

11) 이전까지 산선은 지도자 훈련 중심이었다. 이것이 평신도 중심 소그룹활동으로 전환되는 시점이 60년대 후반이었다(성공회대 사회문화연구원, 2002: 227).
12) 조화순, 1980: 15-17; 성공회대 사회문화연구원, 2002: 229에서 재인용.

공간을 제공한 것은, 사악한 작업장과 대비되는 하나의 새로운 가능성, 그리고 저항적 의미화의 지점을 제공하는 것이었기 때문이다.

> "노동교회는 참 편하고 위선과 가식이 없어서 좋았다. 나는 노동교회에 나가기 시작했고 열심히 다녔다. 그때 노동교회에는 지부장님과 순애언니, 봉순언니, 나, 그리고 다른 회사 친구 몇명 등 모두 합해 20여 명 정도 되었다. 뻐스 안에서 지부장님과 얘기를 하기도 하고 대림동에 내려 영화제과에서 현장 얘기, 기숙사 얘기, 또 노동자가 가져야 할 자세를 얘기 나누며 나는 조금씩 성장해 갔다."[장남수(원풍모방 노동자), 1984: 54]

구술 결과들은 그러한 유흥적 의례를 일상 속에서 반복적으로만 실천했던 부류와, 이를 의식적인 노동운동으로 발전시킬 수 있었던 부류로 뚜렷이 구분된다. 전자의 경우에는 이러한 유흥적 의례는 기업이 제공하는 경쟁적 문화 이벤트들, 즉 표어 공모나 노래자랑, 제안상 등과 경쟁관계에 있었고, 노동자들은 쉽게 그러한 기업문화전략에 빠져들었다.

> "나의 짧은 직장생활에서 즐거웠고 잊지 못할 추억들은 67년 '당사 창립기념 노래자랑'에서 영광의 1등을 하였고 내빈기념 인기상까지 받은 일, 이듬해인 68년에는 2등을, 68년에는 당사 노조에서 실시한 표어모집에 응모해서 1등에 당선되었던 일, 70년 4월에는 창립기념일을 맞아 모범공로상을 받은 일, 그리고 70년 9월에는 당사에서 실시한 파손방지 설명서와 방법을 제출하였는데 5백여 종업원 가운데서 여자로서는 나 혼자만이 응모하여 가작으로 제안상을 받았던 일, 어려운 여건 속에서도 6년간의 개근과 정근으로 연휴가가 12일이나 되는 즐거움 등이다."(서명심, 「고개를 넘으면」, ≪노동공론≫ 72년 4월)

하지만 후자의 경우는, 그 이념적 지향과 상관없이 일상의 재구성과 유흥적 의례를 하나의 의미화로 연결시키려는 노력을 보여주었다. 예컨대 '미리 작업하기'는 노동자들의 인간적인 삶과 생산성이 조화롭게 연결될 수 있다는 신념을 표출하는 하나의 실천이었다. 물론 그 신념은 제약된 것이고, 저항적인 동시에 타협적인 것이기도 했다.

> "책임량을 하루 10개 만들어내야 된다. 그러면 한 12개 정도 만들어가지고 2개를 맨날 저금을 해요. 그러니까 일주에 한번 정도를 놀아도 책임량이 전혀 손상이 없는 거예요. …… 무조건 일을 시킨다고 해서 생산성이 오르는 것은 아니다. 노동자들한테 인간다운 삶을 제공했을 때 생산성도 반대로 올라간다는 것을 보여주려고 노력을 했구요. 노동조합이 근로기준법을 확실하게 하고……"(유옥순, 콘트롤데이타 전노조간부)

오히려 이러한 명확한 의식이 없는 가운데, 70년대 노동자 경험이 만들어낸 결과는 기존에 의미화되지 않은 상징투쟁의 영역을 엿보이기도 했는데, 대표적인 것이 콘트롤데이타의 단체행동 사례다. 유옥순은 국가와 기업의 억압적 감시 하에서 나름대로 표출할 수 있는 저항의 의미로 '나무에 노란 핀을 꽂는' 실천을 했다. 노란색은 '돌아가라'는 의미로, 그래서 원위치로 돌려놓고 교섭을 하자라는 의미로 만들어냈다. 이것은 우스꽝스런 것이기도 하지만, 동시에 풍부한 것이었다.

> "노란 핀을 밤새 만들어가지고 다 꽂았어요 그리고 나니까 그 때는 단체행동이라는 것을 이만큼도 하면 안 되니까, 당장 긴급조치에 걸리고, 정보과에서 뜨고 난리가 났어요. 노동부하고 정보과에서 다 나와 가지고 뭐 단체행동이라는 거야. 노란 핀 당장 빼라고 난리가 났어요. …… 그래 노란 핀을 꽂은 이유가 뭐냐? 그래서 그 때 노란 신호등은 돌아가라는 얘기다, 그러니 원위치로 돌려라 그렇게 얘기를 했어요. 그러니까 너무 웃긴다는 거예요. 그거 빼라고 지키고 서서 그거 빼라고…… 노란 핀을 빼고 교섭에 들어갔어요. 다음 방법으로 무엇을 할까, 무조건 쉬는 시간에 다 밖에 나갈까, 점심시간 종치면 다 현장 비우기를 할까……"(유옥순, 콘트롤데이타 전노조간부)

혹은 아리랑이라는 전통 민요가 국가의 억압적 권력과 대치한 가운데, 저항적 실천의 수단이 되는 것도, 그러한 상징적 투쟁이 갖는 힘이자 그 특징이기도 했다.

"공장 그 현장 안에 딱 와서 군복 딱 입고 전투복, 저, 그거 입고들 와서 그 때 그 형사들 이름도 안 잊어버리네. 저, 김○○이라고, 그 때 경사였어요. 그런데 현행범으로 체포할 때 5분만 여유 주겠다, 안 그러면 현행범으로 체포한다 그러는데, 그냥 안 되겠어. 사람들이 벌벌벌벌 떨고 앉아서…… 그냥 내가 그 당시에 뭐 운동가 이런 게 없었잖아요. 아리랑을 불렀어요. 아리랑. 소그룹을 짜고 아리랑을 부르니까, 사람들이 아리랑을 부르는데 아, 그게 처량하잖아. 그 부르면서 눈물을 글썽거리는 사람들도 있고……"(유동우 구술, 전 삼원섬유 노조위원장)

1960~70년대 동안 공장은 노동자들에게 적극적인 삶의 공간이 되지는 못했다. 개인적으로 그것은 언제든 탈출해 나가야 할 곳, 부정적인 장소였으며, 그렇기 때문에 공장에서 데모나 일으킬 음모를 꾸미거나 농땡이를 부리는 노동자는 '공장 생활에 찌들은' 낙오자들에 지나지 않는다는 의식이 지배적이었다.

"서투른 내 솜씨를 보고 애들이 '햇병아리다' 하고 자기네들끼리 시시덕거리는 꼴이 눈에 거슬렸지만 정말 햇병아리인 나는 아무 말도 안했다. 알고보니 그애들은 공장생활에 젖고 찌들은 애들이었다. 작업시간에 농땡이도 부렸고 때론 데모도 일으킬 음모도 꾸몄다. 그러나 난 거들떠 보지도 안했다."(박재희, 「나의 공장생활」, ≪노동공론≫, 73년 4월호)

그럼에도 불구하고 노동자들은 문화적 경험과 소집단 활동을 통한 집합적 정체성을 제약된 형태나마 형성해 나갔다. 그것이 민주노조운동의 토대가 되었던 것은 물론이거니와, 특히 70년대 소집단 활동은 80년대까지 이어주는, 우리 사회의 노동운동의 지속에 중요한 매개고리가 되는데, 그것은 상당 부분 소집단 활동의 문화교양적 성격에 기초한 것이었다. 대표적으로 70년대 민주노조가 건설되면서 '탈춤반'이 조직되고, 이것이

80년대까지 이어지는 것을 그 예로 들 수 있다.[13] 1960~70년대 이데올로기적 지배와 노동자들의 상징적 저항은 심각한 불균형과 모순을 그 특징으로 하는 것이지만, 동시에 노동자들의 대안적 의미화의 가능성을 보여준 것이기도 했다. 그것은 미약하나마 지배 이데올로기의 균열이었던 것이다.

| 참고문헌 |

구경서. 1998. 「박정희 정치연설에 나타난 국가목표의 정치커뮤니케이션적 의미 분석: 연설문의 내용분석을 중심으로」. 『한국정치학회 1998년 연례학술회의 논문집』.
구해근. 2001. 『한국 노동계급의 형성』. 창작과비평사.
김도종. 2001. 「박정희 패러다임의 등장과 지속에 관한 담론적 접근: 산업화와 민주화의 이중구조」. 한국정치외교사학회. 『한국정치외교사논총』, 23호.
김원. 「1970년대 민주노조와 교회 단체: 도시산업선교회와 지오세 담론의 형성과 모순」. 『산업노동연구』, 제10권 제1호.
김준. 2001. 「1970년대 여성노동자의 일상생활과 의식: 이른바 '모범근로자'를 중심으로」. 《역사연구》, 제10호.
노동문제연구소. 《노동공론》, 각호.
박해광. 2003. 『계급, 문화, 언어: 기업 공간에서의 의미의 정치』. 한울아카데미.
성공회대 사회문화연구원. 『1970년대 산업화 초기 한국노동사 연구: 노동운동사를 중심으로』. 노동부.
송효순. 1982. 『서울로 가는 길』, 형성사.
이시재. 1988. 「필립 아리에스의 심성사 연구」. 《사회와 역사》, 제10권.
이우영. 「박정희 통치이념의 지식사회학적 연구」. 연세대학교 사회학과 박사학위논문.

---

13) 성공회대 사회문화연구원, 2002: 245.

이태호. 1982. 『70년대 현장』. 한마당.
장남수. 1984. 『빼앗긴 일터』. 창작과 비평사.
한국기독교교회협의회. 1984. 『1970년대 노동현장과 증언』. 풀빛.
뤼스 아모시·안 에르슈비르 피에르. 2001. 『상투어』. 동문선.
페터 쇠틀러. 2002. 「심성, 이데올로기, 담론」. 『일상사란 무엇인가』. 청년사.

Bordy, David. 1983. "Workers and Work in America: The New Labor History." *Ordinary People and Everyday Life*. Nashville.
Bourdieu, P. 1995. 『상징폭력과 문화재생산』. 정일준 역. 새물결.
Burawoy, M. 1999. 『생산의 정치』. 박종철출판사.
Certeau, Michel de. 1984. "General Introduction." *The Practice of Everyday Life*. University of California. 김용호 역. 1996.
Cohen, S. & L. M. Shires. 1997. 『이야기하기의 이론』. 임병권·이호 역. 한나래.
Foucault, M. 1993. 『감시와 처벌』. 박홍규 역. 강원대학교출판부.
Gay, Paul du. 1996. *Consumption and Identity at Work*. SAGE.
Gramsci, A. 『옥중수고』.
Hoggart, R. 1957. *The Uses of Literacy*. Penguin Books.
Iggers, G. G. 2000. 『20세기 사학사』. 임상우·김기봉 역. 푸른역사.
Jenkins, R. 1996. *Social Identity*. Routledge.
Ludtke, A.(ed.). 2002. 『일상사란 무엇인가』. 청년사.
Thompson, P. & D. McHugh. 1990. *Work Organizations: A Critical Introduction*. London: Macmillan.
Williams, R. 1993. *Marxism and Literature*. 이일환 역. 『이념과 문학』. 문학과지성사.

4장
1970년대 기업복지와 여성노동자의 대응

장미경 (전남대학교 사회학과 교수)

1. 서론

    1970년대 우리 사회의 노무관리체제는 관료적 통제와 헤게모니적 통제가 결합되어 있는 선진 자본주의 국가의 경우와는 달리, 대체로 전제적이고 병영적이었다. 1987년 이전까지 대기업의 노사관계는 노사관계에 대한 국가의 강력한 개입, 노조의 미조직, 노동력의 과잉공급이라는 조건 속에서 만들어졌기 때문에 대부분의 자본가나 경영자들은 단독으로 규칙을 제정하거나 혹은 개정하였으며, 기업 내 노무관리는 전적으로 경영주의 권위에 기초한 가부장적이고 단순한 '병영적 노동통제'의 양상을 띠었다. 대기업과 노동자 사이에는 '의사소통'의 기제가 거의 없었다고 해도 과언이 아니었으며, 단지 위로부터 아래로 내려가는 '명령'만이 지배할 뿐이었다(김형기, 1997: 154-156; 박준식, 1996: 38-42). 이 시기에는 노동조합이 없거나 있어도 단체교섭 기능이 극히 미약하여 관료적 통제의 전제적 성격을 약화시킬 수는 없었으며, 승진제도나 사내복지제도 등은 대부분의 육체노동자들에게는 혜택기회가 없었기 때문에 효과적인 이데올로기 장치가 되지 못하였다. 당시 이데올로기적 통제는 70년대 초부터 전개된 품질관리운동과 제안제도, 70년대 중반부터 전개된 공장새마을운동 등에서나 찾아볼 수 있었다(김형기, 1997: 154-156).

이런 환경 속에서 70년대 기업복지는 매우 제한적으로, 그리고 기업측에 의해서 지배적으로 도입되기 시작되었으며, 그 도입목적도 노동자를 위해서라기보다는 생산성 향상과 노동자의 효율적 관리를 위한 것이었다. 사실 기업복지가 아닌 80, 90년대 노동자의 조직화와 노동조합을 토대로 도입된 복지가 발전하는 시기에 이르면, 복지는 기업복지가 아니라 '노동복지'로 인식되기도 하며, 노동자 자신들을 위해 도입하는 복지로서의 성격을 갖기도 한다.[1]

그러나 '기업복지'로 불리워지거나 70년대 기업이 주도적으로 도입한 복지는 노동자의 불편을 해소하고 사기를 진작시킴을 통해서 생산력을 향상시키고 노동자를 효율적으로 통제하기 위한 노무관리제도의 하나이다. 일반적으로 기업이 주체가 되어 행하는 복지는 진정으로 노동자를 위한다거나 공공의 이익을 위해 행해진다고는 할 수 없다. 기업은 일차적

---

1) 일반적으로 노동자에 대한 복지는 노동복지, 산업복지, 근로복지로 불리는데, 복지를 행하는 주체가 누구냐에 따라서, 기업이 복지를 행하는 '기업복지', 국가가 복지를 행하는 '국가(공공) 복지', 노동조합이 자율적으로 복지를 행하는 '자주복지'로 구분된다. 이중 기업이 행위주체가 되어 행하는 복지를 의미하는 기업복지의 정의와 범주에 대한 이전의 논의를 요약해보면, 최종태(1983)는 기업복지를 그의 가족의 생활수준을 증진시키기 위하여 마련한 임금 이외의 갖가지 급여를 총칭하여 정의하고 있으며, 박세일(1988)은 급여보다는 활동에 초점을 맞추어 정의하고 있다. 즉, 임금이나 근로시간 등과 같은 기본적 근로조건 이외의 부가적 내지 부차적 근로조건의 개선을 통하여 근로자의 복지를 향상시키는 것을 목적으로 하는 제 정책이나 활동을 의미하는 것으로 보는 것이다. 노동부(1988)도 '기업내 노동복지후생'이라는 용어를 사용하면서, 임금과 기본 노동조건 이외의 추가적으로 기업부담하에서 제공하는 편익으로 정의하고 있다. 박해웅은 이 모두를 포함하는 포괄적인 정의방식을 택하고 있다. 즉, 산업복지가 국가 또는 지방자치단체, 기업, 노동조합, 협동조합 등이 주체로 되어 근로자와 그의 가족의 생활안정, 생활수준의 향상 등 생활복지의 증진을 목적으로 실시하는 제 시책, 시설, 서비스 활동의 종합적·통일적 체계라 할 때, 이중 기업의 책임과 비용부담 하에서 경영목적 달성을 위한 노무관리의 일환으로 그의 근로자가 직장내외의 생활을 통하여 물질적·정신적 욕구를 충족시켜 지속적 복지를 실현함을 목적으로 한 임금 등 노동조건 이외의 제 급부, 시설 또는 활동체계(박해웅, 2001)를 기업복지로 정의하고 있는 것이다.

으로 이윤창출의 목적 아래 노동자의 노동력을 최대한 짜내려고 하기 때문이다. 실제로 1970년대에 기업도 특히 여성노동자들에 대해서 저임금 단순 노동자로 활용하는 데에만 관심을 가지고 있었기 때문에, 복지혜택은 삶의 질을 추구하는 '적극적 복지'로서보다는 여성노동자의 욕구와 불만을 잠재워서 생산효율을 높이는 데 지장이 없을 정도로 생활에 대한 최소한의 지원을 하는 '소극적 복지'에 한정하여 실시하였다.

이에 이 연구는 1970년대 기업복지가 도입되고 유지되는 과정 속에서 노동자들의 인식과 대응을 살펴보고자 한다. 즉, 기업복지를 매개로 한 노동자의 반응, 기업복지를 둘러싼 노사간의 관계에 초점을 두고자 한다.

이를 위해 노사관계에 관한 이론들을 살펴보면, 브레이버만(Braverman, 1985)은 자본가의 관점에서 파악되는 노동관리방식에 주목하면서, 독점자본주의의 노동과정을 규정하는 '과학적 관리', 즉 테일러리즘의 방식을 들고 있다. 자본주의가 고도화될수록 테일러리즘을 통한 관리방식이 필요하다는 것이다. 그리고 에드워즈는 노동현장을 자본가와 노동자의 갈등적 이해가 맞부딪치는 각축장(contested terrain)으로 보면서, 기업내의 생산의 사회적 관계는 작업에 대한 지시와 평가, 그리고 규율이라는 세 가지 통제요소가 조정되는 바에 따라 '단순통제'에서 '기술적 통제'로, 다음은 '관료적 통제'로 변화해가는 과정에 주목하고 있다(Edwards, 1979). 이러한 관료적 통제단계에서 고용안정, 고임금, 직무사다리로 특징지워지는 '내부 노동시장'이 창출되며, 이러한 내부 노동시장은 기업복지의 발전을 가져오는 것이다. 관료적 통제하에서는 기술적으로 동질적인 직무들이 관료적인 직무규정에 의해 분할되고 서로 다른 직무평가에 의해 위계적으로 편성됨에 따라, 사회적으로는 서로 차별화된 직무들로 전화될 수 있으며, 자본가들은 이러한 관료적 통제체제를 통해서 노동과정내의 임노동자를 분할 지배하는 것이다(김형기, 1997: 95-96). 이렇게 보면, 기업복지는 광의의 측면에서 노동자를 기업에 포섭하고 노동자를 순응하게 하는 전략의 하나라고 할 수 있다.

물론 1970년대 기업복지는 앞에서도 지적한 바 있듯이, 주로 기업 측에서 주도하여 도입한 바 있으며 그 수준 역시 매우 낮은 상태였다. 당시 노동자들의 기업복지에 대한 의사표현은 매우 제한되어 있었지만, 실제로 노동자들이 불만을 토로한 어떤 복지제도들의 경우는 변형되거나 다른 방식으로 대치되기도 하였으며, 폐지되기도 하였다. 노동자들은 기업복지를 일방적으로 수용한 수동적 수용자라기보다는 기업복지의 재생산이나 변형, 폐기에 영향을 준 주체적 행위자였던 것이다.

이런 점에서 이 연구는 70년대 기업복지에 대한 연구초점을 노동자에게 맞추고자 한다. 노동자를 단지 기업복지에 대한 수동적 수용자로 보는 관점에서 벗어나 주체적으로 대응하는 행위자로 보는 관점에서 파악하고자 하는 것이다. 이를 위해 첫째, 여성노동자들이 이러한 기업복지를 어떻게 인식하였는가를 살펴보고자 한다. 특히 당시 여성노동자들은 기업측과 순응적 노사관계를 형성했다는 견해들이 많이 제시되고 있는데, 여성노동자들이 기업복지에 만족했는지, 아니면 불만을 가졌는지를 살펴볼 것이다. 둘째, 기업복지에 대한 여성노동자들의 행동양식을 살펴볼 것이다. 즉, 복지제도의 도입, 유지, 변형, 폐기의 과정에서 노동자들이 실제로 어떠한 역할을 했는지를 알고자 한다.

나아가 이 연구는 여성노동자들의 인식과 행동에 있어서 동일한지, 아니면 차이가 있는지를 주목해볼 것이다. 일반적으로 사람의 인식과 행동은 일치하는 것으로 알려지지만, 실제로 기업복지에 대한 여성노동자들의 인식과 행동이 동일연속선상에 있다고 보아도 좋은가? 즉, 기업복지에 대한 긍정적 인식이 순응과 협력이라는 행동으로 연결되고 있는가? 아니면, 전혀 다른 결과를 가져오기도 하는가? 이 연구는 이처럼 인식과 행동의 차이에 주목하여 70년대 기업복지에 대한 여성노동자의 대응을 살펴볼 것이다.

2. 논의의 배경과 분석틀

1) 70년대 기업복지의 성격과 수준

우리 사회에서 기업복지는 1960년대부터 시작되었는데, 주요 산업이 농업이던 당시 산업화가 시작되면서 공업부문에 취업하는 것 자체가 엄청난 복지로 간주되었다. 그러다 1970년대에 이르러 점차 공업부문이 확대되면서 기업복지도 서서히 확대되게 된다(박해웅, 2001: 23-25, 조흥식 외, 2001: 90-105).

이 당시 복지는 노동자의 복지와 생활수준을 증진시키려는 차원보다는 저임금 여성노동력을 집단관리하는 노동통제적 의미를 강하게 가지고 있었다. 그리고 복지의 내용도 기숙사, 주거시설, 양호실, 급식시설 등 생산활동을 안정화하기 위한 노동시설 프로그램이 주를 이루었다. 이후 중화학 공업이 본격화된 1973-1987년에는 노동자를 위한 복지가 확대된 시기라 할 수 있는데, 기업복지의 내용도 노동시설뿐만 아니라 임금을 보완하는 생계보조적인 프로그램으로 확대되었는데, 이때에 자체 신용조합이 마련되고 재형저축 장려금, 장학금, 학비보조 등의 제도도 도입되었다(박해웅, 2001: 23-25).

<표 4-1> 기업복지의 영역과 프로그램

영역	프로그램
주거지원 사업	기숙사, 사택, 주거비용 융자, 주거관리비용보조, 주택조합 결성
생활지원 사업	생활용품 염가 제공, 자녀학자금 보조, 탁아, 급식
공제, 금융지원 사업	공제조직 운영지원, 종업원 융자, 단체보험 가입, 종업원 지주제도
건강관련 사업	사내의무실, 사내체육시설, 정기건강진단
사회심리적 지원 사업	고충처리제도, 사내상담전문가, 사원휴양소
가족생활지원 사업	자녀교육지원, 배우자교양교육, 부부관계 상담

자료: 조흥식·김진수·홍경준, 2001: 62

<그림 4-1> 욕구계층설에 따른 기업복지의 유형

법정 기업복지		법정외 기업복지
	자존 및 자아실현적 욕구	← 교육, 재산 형성
	사회적 욕구	← 문화, 체육, 오락,경조
의료보험, 산재보험, 퇴직금	안전적 욕구	← 의료, 보건
불근로급부	생리적(기본적) 욕구	← 식사, 주거, 생활보조, 불근로 급부

자료: 송준호, 1987.

기업복지의 수준을 매슬로우(Maslow)의 욕구계층설에 따라 살펴보면,[2] 생리적(기본적) 욕구, 안전적 욕구, 사회적 욕구, 자존 및 자아실현적 욕구의 4가지 단계로 구분할 수 있으며, 이는 아래로부터 위로 순차적으로 발전해간다고 볼 수 있다. 이에 따르면, 1970년대의 기업복지는 식사, 주거, 생활보조시설 등 생리적(기본적) 욕구를 충족하는 단계에 머물러 있었다고 볼 수 있다.

주거관계 시설은 60년대 후반에 나타나기 시작하여 70년대에는 많은 대기업으로 확산되었다. 전종업원이 함께 식사를 할 수 있는 독립적인 식당 시설은 50년대부터 생성되었고, 장학제도와 근로자의 재산형성 및 금융관계 제도는 70년대에 생성, 보급되었다. 70년대 후반이 되어 휴게소, 오락, 운동시설의 설치가 현저하게 이루어지기 시작하였다(권계자, 1996: 26-28). 당시 보건사회부의 산하조직인 노동청의 1963년 조사에 따르면, 전체 기업 중 사택을 제공하는 기업은 7.5%, 의료시설을 제공한 기업은

---

[2] 기업복지의 유형으로는 근로자의 주거안정(사택, 임대주택, 기숙사 등), 보육시설, 근로자 휴양시설 등 부동산 및 설비시설 등 고정자산을 확보하여 실시하는 프로그램과 현금보조 등을 통하여 근로자의 비용지출을 보전하는 식사 지원, 의료 및 보건, 보험료 지원, 학비 보조, 통근지원 등의 프로그램 그리고 순수한 복지 지원보다는 기업과 근로자 간의 마찰을 줄이기 위한 방안으로 마련된 법정외 산재보험, 원거리 지원 등이 포함된다(박해웅, 2001: 7-13).

12.8%이지만, 교육시설과 후생시설은 각각 전체 기업의 0.7%, 1.4% 정도에서만 제공되었다(조홍식 외, 2001: 98). 그러나 1970년대에 전체 기업체의 96%가 중소기업이라는 점을 고려해보면, 실제로 대부분의 기업체에서 복지시설은 거의 없었다고 할 수 있다. 게다가 설치된 법정 복지시설의 경우 형식적이었으며 기능면에서 제구실을 하지 못하였다. 임의 복지시설의 경우는 대기업조차도 설치율이 매우 낮았다. 이렇게 기업복지의 수준이 낮았지만, 전체의 48.3%가 "그런대로 바람직하게 운영되고 있다"고 보았고, 41.6%만이 "더욱 확충해야 한다"고 답변했다(대한서울상의, 1982: 36).[3] 노동부 조사에 의하면, 79년 현재 50인 이상 사업체 10,819업체 중 식당은 62%, 교양시설은 67%, 오락시설은 57%, 운동시설은 56%의 설치율을 보였다(김용호, 1982: 39-40). 그리고 생활지원제도로서는 급식제도의 운영, 통근제도의 운영, 자녀 학자금 지원 등의 제도가 운영되고 있었다.

이 연구에서는 70년대 당시 비교적 많은 기업체에서 이루어졌던 생리적 욕구를 충족하는 부문의 복지, 그중에서도 노동자들에게 선명한 기억으로

3) <표> 대기업의 복지시설 설치비율

법정 복지시설			임의 복지시설(1980년말 현재)		
구분	대상업체	설치비율	구분	대상업체	설치비율
휴게설비	5,490	91.2	식당	9,020	72.9
수면장소	2,884	91.3	세척시설	9,020	82.1
휴양시설	9,401	85.6	오락시설	9,020	69.4
세면설비	13,651	98.4	교양시설	9,020	49.4
목욕시설	4,692	90.3	운동시설	9,020	61.4
변소시설	57,760	100.0	교통편의제공	4,828	47.9
식당설비	3,001	86.1	기숙사	1,479	70.3
자료: 노동부, 1981; 김학선, 1983: 60.			목욕시설	1,479	72.8
			의무실	1,479	52.5
			판매장	1,479	44.2
			공제조합	1,479	43.5
			장학금	1,479	48.6

자료: 노동부, 1981; 김학선, 1983: 61.

남아있는 복지부문을 중심으로 살펴보고자 한다. 즉, 기숙사 시설과 식당, 목욕시설 등 복지후생시설과 산업체 부설학교와 특별학급에서의 교육복지부문이 주요 연구대상이 된다.

2) 연구방법

이 연구에서 특별하게 사용하고 있는 방법은 구술사 연구방법이다. 1970년대 직접 노동자로 생활하였던 노동자들의 직접적인 구술을 활용하고자 한다. 구술사 방법은 문헌자료나 각종 통계자료를 통해서 밝혀낼 수 없는 주관적인 측면과 심리적인 측면을 밝혀내는 데 큰 이점이 있다. 구술사의 장점은 또한 상황을 왜곡하지 않고 직접적인 목소리를 통해서 과거를 생생하게 복원하는 데 가장 좋은 도구라는 점에 있다. 실제 노동자들의 구술은 70년대 기업복지에 대해 여성노동자들이 실제로 어떻게 인식하고, 대응했는지를 자세히 알 수 있게 해준다. 이는 그 동안 문헌자료나 각종 통계자료에 나타나지 않는 기업복지에 대한 여성노동자들의 인식과 반응을 자세하고도 깊이있게 알 수 있게 해주는데, 특히 특정 기업복지를 긍정적으로 인식하지만 행동은 불만으로 표현되거나 불만스럽게 인식하지만 행동은 기업에 협조적인 것으로 나타나는 식의 인식과 행동의 차이, 잠재된 불만이 기업복지의 폐기나 노동자의 투쟁으로 나타나는 과정 등을 잘 나타내 준다.

실제로 노동현장에서 특정 노무관리제도가 도입·유지되는 데에는 어느 일방에 의해서만 이루어지는 것은 아니다. 설사 노동자들이 특정 제도가 도입될 때 거의 아무런 의사표현을 하지 못하고 수동적으로 받아들인다고 하더라도, 그 제도의 지속에는 어떤 형태로든 노동자들의 잠재적 반응과 대응이 내재되어 있는 것이며, 이러한 인식과 대응의 잠재화 속에서 특정 제도가 유지·변형·폐지되는 과정을 밟게 되기 때문이다.

이 연구의 주요 구술대상은 1970년대 서울 및 수도권 지역에서 공장노

<표 4-2> 구술자 명단

근무회사	구술자 성명
반도패션	이O란, 허O례, 한O임
콘트롤데이타	한O희, 유O순, 정O진
해태제과	김O실, 이O례, 순O순
YH무역	최O영, 박O연, 최O희(쉬즈통상)
기타	최O순(삼양통상), 박O순(남영나일론), 윤O련(고오동), 조O옥(한일합섬), 양O화(원풍), 문O순(동일방직)

동을 했던 여성들로서 현재는 40-50대 여성들이다. 기업복지가 이루어진 사업장의 특성상 중소기업보다는 대기업 노동자들로서 섬유, 가발, 기타 다른 업종 종사자 출신들이다. 구술 인터뷰는 2002년 8월부터 2004년 4월까지 실시되었고, 본 연구자는 물론 사회문화연구원 연구원이 함께 구술하였다. 구술은 1회 또는 2회에 걸쳐 최저 3시간-최대 10여 시간 동안 실시되었다. 이들 중 상당수가 현재 여성운동이나 노동운동, 지역운동 등에 종사하고 있었으며, 또한 70년대 노동운동에 참여한 당시 일을 자랑스럽게 생각하고 있었으며, 당시의 일이 기록으로 남겨진다는 사실을 의미있게 생각하였다. 여성노동자들 중 구술 인터뷰를 거절한 사람도 있었는데, 이들은 거의 현재 운동과 무관한 생활을 하고 있었다.

3. 기업복지와 여성노동자의 인식

기업이 복지를 실시한 가장 중요한 이유 중 하나는 생산성 향상 및 노동자를 통제하려는 목적에서라고 할 수 있으며, 이런 점에서 광의의 측면에서 노동자 통제전략의 하나라고 할 수 있지만, 실제로 70년대의 여성노동자들이 이런 기업의 의도를 올바로 인식하고 있었다고 보기는 어렵다. 많은 여성노동자들에게 기업복지는 어떻게 인식되었을까?

1) 생활의 불편을 해소해 주는 편리한 제도

70년대의 많은 여성노동자들에게 기업복지는 생활의 불편을 해소해주는 편리한 제도로 인식되었다. 특히 시골에서 도시로 돈을 벌기 위해 올라온 많은 농촌여성들에게 주거문제를 해결하는 것은 매우 시급한 일이었는데, 별도의 돈이 들지 않고 먹고 잘 수 있는 기숙사는 매우 고마운 제도였다. 1980년 조사자료를 보면, 공단 내 여성노동자의 2/3인 66.1%가 농촌 출신이었으며, 이들과 군소도시 출신까지 합하면 91.5%에 달했는데, 이들은 급작스럽게 이촌향도한 여성들로서 대부분 도시 주변 빈민촌에서 거주할 수밖에 없는 상황에 있었다(한국여성유권자연맹, 1980). 도시 빈민 선교를 위한 활빈교회의 1972년 조사보고서에 의하면, 판자촌 주민의 약 30%, 판자촌 청소년(13-18세)들의 약 40%가 공장노동자였다.

1970년대에 많은 기업들에서는 기숙사 시설이 없거나 수요에 비해 부족하였는데, 한국 수출공단 1·2·3단지 내의 205개의 업체 중 기숙사 시설을 갖춘 곳은 120개 업체에 불과했고, 그마저 수용인원은 20,000여 명밖에 되지 못해 40,000여 명이 공장 주변에서 방을 얻어야 했다. 이로 인해 연탄가스 때문에 목숨을 잃은 노동자 수는 1977년부터 1978년 10월까지 69명에 달하기에 이른다(김경희, 1979). 한국사회복지협의회의 조사를 보더라도 공단 여성노동자가 기숙사를 이용하고 있는 비율은 40.5%에 불과했다. 지역별로 보면 구미공단 기숙사 보유율이 구로공단보다 높은데, 신흥 공업단지인 구미공단의 경우 인근 주택이 없고 타 지방출신이 많았기 때문에 기업측으로서는 불가피한 일이 아니었나 한다.[4]

따라서 이들에게 주거장소가 마련된다는 것은 매우 중요했고, 기업이

---

4) 한국여성유권자연맹이 1980년에 구로의 여성노동자 600여 명, 구미 400여 명을 조사한 「여성근로자실태조사보고서」에 따르면, 기숙사 시설은 전자업보다 섬유업에 훨씬 많이 설치되어 있었으며 기숙사 시설이 없다고 답한 경우는 전자업이 62.0%, 섬유업이 9.8%였다(김정열, 1982).

<표 4-3> 공단 여성노동자의 주거실태

주거형태	자가	기숙사	사택	친척집	하숙	자취	기타	무응답
%	20.7%	40.5%	0.9%	4.9%	2.0%	28.9%	1.3%	0.3%

자료: 한국사회복지사협의회, 「공단노동자의 복지를 위한 조사연구」; 김경휘, 1979: 40 재구성.

세공한 기숙사는 생활을 유지하는 중요한 근거지로서, 비용을 절약하면서 주거문제를 해결할 수 있는 고마운 시설이었다.

"일반 회사에 기숙사가 어디 있어요? 외지에서 왔는데, 방 얻어서 있을 돈도 없고, 기숙사가 있어서 …… 진짜 놀러 많이 다녔어요. 하루 6시에 들어가면 새벽에 들어가면 하루가 놀잖아요 그럼 뭐, 젊은데 잠 안자면 어때요 사감들이 자라고. 자라고. 낮에 누워서 잔다고 잠이 옵니까. 와서 놀고 시간만 채우면, 그렇게 하고 뭐, 밥 먹고, 밥 잘나오고, 보면은 기숙사도 환경이 나쁘지도 않잖아요."(문형순 구술: 장미경, 2003).

1970년대 후반까지 각 기업체에서 기숙사는 87.7%로 많이 갖추어져 있었지만(『노동백서』, 1981), 80년대 후반에도 전체 노동자 중 22.5%만이 기숙사 생활을 하고 있었다. 이중 2만 원 이하를 내는 근로자가 86.3%였으며, 상한선인 6만원 수준은 0.7%였고, 하숙을 하고 있는 경우는 많지 않았다. 하숙을 하는 노동자 중 '10~20만원'을 내는 경우가 61.5%를 차지했다(한국노총, 1988.12).

주거문제로 고통을 받고 있던 많은 당시의 여성노동자들에게 기숙사는 '안정적인 생활기반'을 의미하는 것이었다. 원풍모방의 이옥순은 겨울에 스팀과 더운 물이 나오는 목욕탕을 가진 기숙사를 만족스럽게 느꼈다. 목욕탕 시설이나 식사수준이 상대적으로 좋았고, 한 달 기숙사비 1,800원은 자취를 하는 경우보다 매우 싼 가격이었다. 동일방직의 석정남에게도 기숙사는 "숨 막힐 듯한 긴장과 피로를 풀 수 있는 공간"이고 "참으로 편하고 아늑한 휴식처"였다. 동일방직 기숙사는 목욕탕과 신식 화장실이

<표 4-4> 기숙사 시설에 대한 만족도

구 분	지역별				업종별				총계	
빈 도	구로		구미		전자		섬유			
정 도	수	%	수	%	수	%	수	%	수	%
아주 잘 되어 있다	49	7.7	102	26.2	71	11.9	89	18.7	151	14.8
보통이다	182	28.8	177	45.4	121	20.3	238	55.6	359	35.1
나쁘다	54	8.5	48	12.3	34	5.7	68	15.9	102	9.9
없다	348	55.0	63	16.1	369	62.1	42	9.8	411	40.2
계	633	100.0	390	100.0	595	100.0	428	100	1,023	100.0

자료: 한국여성유권자연맹, 「여성근로자실태조사보고서」(1980), 64; 김정열, 1982: 61.

갖추어져 있었으며, 한 방에 5-6명이 거주하는 비교적 쾌적한 공간이었다. 기숙사에는 여가공간으로 1층 도서실, 2층 음악감상실 겸 TV가 있었으며, 근무시간이 끝나면 기숙사에서 자유시간을 가질 수 있었다(김원, 2002: 437-438).

당시 기숙사의 시설 수준이 만족스러운 것은 아니었지만, 그럼에도 불구하고 이들의 기숙사 시설에 대한 불만은 높지 않았다. 기숙사 시설이, "아주 잘 되어 있다"고 답한 경우는 14.8%로 "나쁘다"(10.1%)보다 높았으며, "보통이다"가 35.1%, "없다"가 40.2%였다(김정열, 1982).

2) 사기를 진작시키는 제도

기업복지, 특히 산업체 부설학교와 산업체 특별학급 제도는 노동자의 사기 진작과 자아감을 고양하는 제도였다. 이들 제도는 근로 청소년들에게 산업현장에 적합한 교육을 받을 수 있는 여건을 조성하여 사기를 진작시키며, 생산기술의 향상도모 및 산업·기능별 소요인력을 효과적으로 양성하고 산학 연계체제를 확대하기 위해서 정규교육과정을 지원하는 정책의 일환으로 1977년부터 시도된 제도이다.[5] 중학/고등학교 과정이 있었으며, 고등학교 과정은 의류과, 봉제과 등 과체제로 운영되기도 했다. 이 학교는 한 반이 40-60명 정도로 구성되었고, 보통 6시에 시작하여 10시에 폐하였다(조여옥·윤혜련 구술: 장미경, 2003). 1980년 5월 공장새마

5) <표> 지방별 산업체 학교(1981.4.1. 현재)

지방별	산업체명	중학교명	학생수	고등학교명	학생수
서울	(주) 경방 방림방적(주) 태양금속(주)	경방여중 방림여중	261 668	태양공고	125
인천	동일방직(주)	동일여중	198	동일여상고	207
경기	대성모방(주) (주)삼풍 (주)경방용인공장 한일합섬(주)	수영여중 풍명중 경방용인여중	311 224 330	수영여고 풍명실고 수원한일여실고	976 502 960
충북	(주) 대농	양백여중	525	양배여상	1,609
충남	충남방적(주)(천안) 동방산업 충남방적(주)(대덕) 충남방적(주)(예산) 정풍물산 국제방직	청운여중 혜천여중 충일여중 예덕여중 정풍중학 연화여중	206 471 658 251 82 259	청운실고 혜천여고 충일실고 예덕실고 정풍고 연화여고	1,430 663 2,418 1,399 272 636
전북	청구목재(주) 한국합판(주) (주)쌍방울	청구여중 경암여중	119 142	무송여상	368
경북	제일합섬(주) 태화방적(주) 코오롱(주) 동국방직(주) 코오롱상사(주)	성암여중 태화여중	97 178	성암여실고 태화여실고 오운여실고 동국여실고 경진실고	1,003 678 763 470 120
경남	삼광물산(주) 한일합섬(주) 한일합섬(주)	시온중	88	한일여실고(마산) 한일여실고(김해)	7,171 1,413
부산	조선견적(주) (주)삼화 (주) 태창기업			조전여상고 삼화여상고 태창여삼고	350 585 465
대구	제일모직(주) 한일합섬(주)	성일여중	84	성일여실고 대구한일여실고	1,380 936
계	25	19	5,152	25	26,898

자료: 문교부·노동부·상공부·공장새마을운동추진본부; 전광현, 1981: 42-43.

을운동추진본부에서 조사한 결과(「야간특별학급 및 산업체 부설 중고등학교 운영개선방향조사보고서」, 1980)를 보면(전광현, 1981: 37-39), 산업체에서 노동자를 취학시킨 주동기는 불우한 환경에서 진학하지 못하고 취업한 "청소년의 향학열에 부응"(32.6%)하는 것이고, "종업원의 자질향상"(23.5%), "기업이윤의 사회환원"(17.0%) 등이다.[6] 이는 교육에 대한 노동자 본인의 열망을 반영하는 것으로 교육복지를 통해 노동자들의 사기 진작의 효과가 컸음을 잘 말해준다.

"한겨울이 지나고 봄소식이 저의 공장 안에도 살며시 전해올 무렵 회사로부터 뜻하지 않는 충격적인 소식에 놀라지 않을 수 없었습니다. 그것은 다름 아닌 청소년들을 어여삐 여기사 중고등학교에 취학시켜주도록 조치하셨다는 감사한 소식이었습니다. 1977년을 맞아 저의 근로 청소년들에게 주어진 선물로는 평생을 두고 잊지 못할 가장 값진 선물이라고 모두들 들뜬 기분에 잠도 제대로 이루지 못합니다마는 그토록 고등학교 진학이 뼈에 사무친 원이었고 내 자력으로 길을 개척하고자 이곳까지 찾아와서 맞는 기쁜 소식이었으나, 저는 아무 말도 할 수가 없어 눈물만 한없이 흘러 내렸습니다. …… 오직 1학급 65명 중에서 저의 사장님의 배려가 가장 커서, 54명이란 절대적인 수의 근로소녀들이 취학하게 되었던 것입니다."(최춘옥, 1978)

"진짜 인력을 확보하기 위한 방안이기도 했었고, 여러 가지 그런 경영을 하는데, 굉장히 전략적인 부분으로 널리 다녔다고 생각을 하는데, 그 당시에는 학교를 가고 싶은데 못 가는 사람들한테는 굉장히 큰 위안이 되기도 했었고, 굉장히 정말 희망을 잡은 이런 느낌이 들었어요."(조여옥 구술: 장미경, 2003)

"…… 회사에서 아무리 힘들어도 학교갈 생각하면 힘든 것은 뭐 아무것도 아니죠 …… 공부하는 게 재밌었어요. 그리고 제가 학교에서 10시에 끝나잖아요. 그러면은 제가 집에 안가고 도서관에 가서 도서관에서 밤을 새요."(윤혜련

---

6) 대기업의 경우 중소기업보다 본인 희망과 소속장 추천이 상대적으로 높았던 반면, 중소기업은 노동자의 안정확보와 이직방지를 일차적 목표로 하는 경우가 많았고, 따라서 선발기준에서도 노동자 본인의 희망보다는 기업에서의 기여도와 장래성을 더 우선하였다.

구술: 장미경, 2003)

산업체 부설학교 또한 노동자들의 공부에 대한 욕망을 일정하게 충족시켜주는 곳이기도 했다. 많은 학생들은 서로 학교에 입학하기 위해 경쟁을 했으며, 공부에 대한 의욕들은 매우 높았다. 이 정책은 가난으로 인해 배움에 대한 열망을 접을 수밖에 없었던 공장 여성노동자들의 좌절된 욕망을 달래주는 효과를 가졌다(정미숙, 1992: 50-66). 직장 분위기에 대해서도 산업체 학교를 다니는 근로 청소년들의 71%가 "좋다"고 답변했으며, 29.0%만이 "좋지 않다"고 답변했다("약간 좋다"가 52.5%, "대단히 좋다"가 18.5%, "좋지 않다"가 17.4%, "대단히 안좋다"가 3.1%로 나타났다)(전광현, 1981: 37-39).

3) 사용자의 따뜻한 배려의 결과

기업복지에 대한 만족감은 많은 경우 사용자에 대한 고마움으로 연결된다. 이러한 고마움은 노동력을 짜내기 위해 기업이 경쟁적으로 마련해야 했던 기숙사제도보다는 산업체 학교나 특급학급 등 교육복지에 대해 집중되었다. 산업체 학교나 특급학급은 사실 당시 국가의 시책 중 하나였지만, 모든 기업이 다 이런 제도를 실시했던 것은 아니다. 우수한 노동자를 모집함으로써 기업의 노동력 향상과 화합적 노사관리제도를 통해서 기업에 장기적인 도움이 되고자 했던 특정 대기업에 한해서 선별적으로 실시했다.

이는 기업의 측면에서 볼 때는 국가 시책에 적극 부응함으로써 국가와의 바람직한 관계를 형성함과 동시에 다른 한편으로 노동자들이 자신이 다니는 기업에 긍정적 이미지를 갖게 함으로써 노동자들의 충성을 동원해내는 노무관리방식의 하나였던 것이다. 더욱이 산업체 학교나 특급학급의 학생으로서의 혜택을 받을 수 있는 경우는 노동자 중 생산력이 높고 기업에 대한 충성심이 높은 소수 노동자들에게 한정되어 있었다. 우수하고 충성심이 높은 노동자들만이 그 혜택을 받을 수 있도록 선택되었던 것이다.

당시 의식수준이 낮았던 대다수의 노동자들은 기업이 교육복지제도를 도입한 이유를 어렵고 힘든 생활을 하는 노동자에 대한 고용주나 상사의 인간적이고 따뜻한 배려의 결과물로 인식했다. 이들의 상사에 대한 만족감도 높았다.[7] 서울시, 인천시, 경기도에 소재한 산업체 학교의 노동자들의 93.8%가 기업에 감사한 마음을 가지고 있었고, 직장의 상급자에 대해서도 좋다는 응답을 싫다는 응답보다 더 많이 하였다["약간 좋다"(32.4%), "대단히 좋다"(16.8%), "그저 그렇다"(37.0%), "약간 싫다"(7.5%), "대단히 싫다"(4.6%)].[8] 그리고 여성들과 나이 많은 노동자들의 비율이 더 높았다. 여성 근로자 생활수기에 실린 모정순(선진운수)의 글은 사장에 대한 감사의 마음을 잘 표현하고 있다.

"인자하신 사장님께서는 어버이보다 따뜻한 정성으로 생일파티를 해주신다. 어릴 때 엄마가 해주시던 생일날은 보리밥과 미역국이었는데, 지난 8월 처음으

---

7) 상사에 대한 만족감은 구미공단 여성들(61.7%)이 중소도시 여성들(42.2%)과 대도시 여성들(34.4%)보다 높았는데(김의영, 1984), 이는 공단 내 노동자들이 중소도시나 대도시 여성들보다 사용자측의 통제전략에 더 포섭되어 있었음을 말해준다.

<표> 상사의 인격적인 대우에 대한 평가

( )는 실수

반응	대단히 만족	대체로 만족	그저 그렇다	대체로 불만	대단히 불만	무응답	계
*구미공단 근로자	13.9	47.8		15.8	3.5	19.0	100.0(509)
**대도시	7.9	26.5	57.6	4.0	2.0	3.0	100.0(151)
**중소도시	11.7	30.5	47.7	3.9	3.9	2.3	100.0(128)
계	9.7	28.3	53.0	3.9	2.9	2.2	100.0(279)

자료: * 장훈·김대진, 「여성노동자의 직업에 관한 태도」, 1980.
　　　** 김의영 1983년 조사, 대도시는 대구시내 비산·평리동, 중소도시는 경상북도 안동시내 각각 200부를 배포하여 69.8% 회수율을 보임.
출처: 김의영, 1984: 637.

8) 표본수 560명으로 1981년 5월 20일-6월 20일 조사.

로 후한 생일을 맞은 것 같다. …… 옛날에 비해 이 생활이 얼마나 행복한가를 새삼 깨닫게 된다. …… 한 달에 한 번 있는 외출날 책을 읽고 그 동안 못한 공부를 하기에 여념이 없다. …… 얼마나 하고 싶던 공부인가. 맏딸이라는 무거운 짐 때문에 더욱이 못했었는데,…… 훌륭하신 사장님 덕에 일하며 배울 수 있게 된 것이 너무도 기뻤다. 이렇게 딸을 돌보시듯 우리를 위해 힘써주시는 사장님께 보답하기 위해 더욱 열심히 일하고 맡은 바 임무를 다하여, 내가 어른이 됐을 땐 나의 어린시절 같은 슬픔을 후세에는 물려주지 않기 위해 더욱 열심히 새마을운동에 앞장서서 일할 것을 다짐하면서 오늘도 내일도 근무에 임한다."
(모정순, 1977.4)

사용자들은 이 제도 운영에 "작업상의 손실"(45.2%), "취학 대상자의 선발곤란"(16.8%), "미취학자의 반발"(13.3%) 등의 애로를 느꼈지만, 결과적으로 "노동자의 사기진작"(29.8%), "애사심 제고"(19.9%), "자질향상"(12.9%), "노동자의 안정적 확보"(11.5%) 등의 노동자 관리효과가 있었기 때문에(전광현, 1981: 37-39) 이 제도를 지속적으로 운영하였다. 사용자는 노동력의 안정적인 수취를 위해서, 노동자에게 '긍정적인 이미지'를 보여줄 필요가 있었으며, 따라서 '가족으로서의 회사', '아버지 같은 사장님', 다시 말해서 '회사는 가족'이란 담론을 이용하였던 것이다. '사장님'과 '가족으로서의 회사'를 강조한 것은 회사와 여성노동자들이 '같거나' '동등한' 위치가 결코 아니며, 일단 회사라는 '가족'에 들어온 이상, '가족구성원'으로서 회사가 정한 규범과 규칙 그리고 지상목표에 동조하지 않는다면, 회사의 '조직원' 혹은 '가족구성원'으로서 인정할 수 없음을 의미하는 것이었다(김원, 2002: 179-185). 그럼에도 불구하고 이러한 기업의 노동자 통제의도는 대다수 노동자들에게는 사용자의 배려로 인식되었다.

"복지시설이 있는 곳은 대부분 대기업이었기 때문에 이들은 이러한 복지시설을 긍정적으로 여겼다. 동일방직이나 반도 같은 대기업에서는 노동자들의 취미생활을 고려하여 기타와 테니스 등을 가르쳐 주었으며, 도서실을 이용하기도 했다. 동일방직의 경우 객지에서 온 여성노동자들에게 양아버지를 연결시켜주어 외로움을 달래는 제도를 운영하기도 했는데, 양아버지들이 한 달에 한 번씩 월급날에 불러내서 레스토랑 가서 양식도 사주었고, 이따금 야외에 나가 피곤을 풀어준 것은 어린 시절의 외로움과 적적함을 달래주는 것이었다."(문O순 구술: 장미경, 2003)

4) 노동자 통제기제

기업복지는 다른 한편으로 여성노동자들의 인권과 자존심을 훼손함을 통해 노동자를 통제하는 기제로 인식되었다. 특히 질 낮은 복지수준은 여성노동자들의 자존심을 훼손하였으며, 인간으로서 존중받지 못하고 있다는 느낌을 주었다. 기숙사의 협소함과 많은 인원의 배치 등은 여성노동자들의 이런 느낌을 가중시켰다. 당시 기숙사에서는 보통 한 방에 6-20명의 노동자를 배치했으며, 방 크기에 따라 인원수를 달리했는데 공간이 지나치게 협소한 경우는 지그재그식으로 잠을 자는 경우도 있었으며, 이 경우에는 휴일이나 쉬는 날에 노동자들이 외출하면 공간이 넓어져 좋아하는 노동자들도 많았다. 낙후한 기숙사 시설도 노동자들의 주된 불만의 요소였다. 겨울 추위에 물이 얼거나 가물 때 물이 안 나오는 경우도 많았고, 지대가 높은 기숙사들에서는 물이 안 나오는 경우가 비일비재했다. 겨울 추위에 비누거품이 잘 나지 않았고, 전기난로에 물을 데우느라 고생을 하는 경우가 빈번했다(최O회 구술: 장미경, 2004). 기숙사가 더러워 빈대가 많았으므로, 이가 옮는 일도 많았다. 세면시설이나 목욕시설의 부족은 여성노동자들의 다툼의 잦은 원인이었다. 머리를 감기 위해 새벽부터 일찍 일어나 순서를 정해야 했고, 화장실에서 줄서는 일을 밥 먹듯이 했다. 시설의 낙후함과 낮은 수준의 복지는 노동자들간의 경쟁과 다툼을 초래했고 서로간에 질시하는 문화를 만들어냈다.

한국여성유권자연맹의 조사에 의하면(1980), 목욕탕은 없는 곳이 50.5%

에 달했고, 시설이 좋은 사업장은 11.8%에 불과했다. 의료시설의 경우도, "아주 잘되어 있다"고 답한 노동자는 13.7%였고, "보통이다"라고 답한 노동자는 42.7%, "나쁘다", "없다"고 답한 사람은 14.8%, 28.8%로서 43.6%에 달하는 여성노동자가 산업재해 발생시 즉각적인 응급처치를 받을 수 없는 상황에 있었다. 냉난방시설의 열악함, 식당 음식의 불결함, 영양부실 등도 이들이 존중받지 못하고 있다는 느낌을 증폭시켰다. 선풍기나 난방기가 노동자들을 위해서라기보다는 제품 제조를 위해(과자 등을 식히기 위해서) 사용된다고 느껴질 때에는 인간으로서의 모멸감을 느끼기도 했다.

"넓은 공장에서 석유난로 4개로 추운 겨울을 견디어야 했다. 아침에 출근을 하면 불기 하나 없는 현장 안은 냉장고 같았다. 발이 시렵고 손이 시려 일을 제대로 할 수가 없었다. 때로는 일을 멈추고 두 손을 마주 비비다가 다시 일을 해야 했다."(송효순, 1982: 40)

"밥이 그 묵은 쌀 있죠. 그 쌀에 벌레가 참 많이 있었어요. 여름이면 쌀을 아무리 씻었는지 안 씻었는지 구더기 벌레가 나와 밥을 먹다가 계속 버리는 게 참 많아요."(박O순 구술: 장미경, 2004)

"혼합곡, 혼합곡, 섞어주는, 그거를 밥을 해줘도 솥에다 하는 게 아니고 찐다고. 그럼 푸실푸실해. 그렇게 이제 주고, 말이 김치지, 짜서 못 먹고, 짜야지 조금 먹으니까. 그렇게 해주고 …… 가지로 국 끓이는 거 봤어? 가지로 국을 끓이고 양배추로도 국을 끓이고, 쌀 거는 뭐든지 하는 거야. 무 넣고 소금 넣고 이러면서 끓여주는 거야. 그렇게 인제 하고 주로 잔업하고 그러면은 그때는 닭죽이라고 한번씩 쑤어주는데, 닭고기는 아무것도 없고 멀겋게 닭 냄새만 나는 거죠. 그렇게 해서 ……"(최O희 구술: 장미경, 2004)

제과회사의 경우 샤워실이나 탈의실이 없음으로 인해서 청결에 대한 불만이 있었을 뿐만 아니라 출퇴근시에 '공순이'라는 자신들의 신분을 밖으로 노출시킴을 통해 자존심을 훼손당하였다.

"온몸이 과자냄새, 설탕냄새. 사람들이 우리를 이렇게, 이렇게 쳐다보지. 만원 버스 안에, 그것도 집에 가면 벌레가 나한테 다 꼬이는 거예요 개미 이런 게."(김O실 구술: 장미경, 2003)

"…… 화장실 같은데 들어가는 그 물. 근데 그 물로 목욕탕을 만들어 놨던 거 같애. …… 다른 부서는 몰라도 특히 껌부 같은 데는 목욕을 하고 나와야지 그냥 못나와. 끈적거리고 심각해. 만약에 아이스크림 아니, 아니, 아카시아 껌을 한다. 껌에 향이 있잖아. 그 향이 들어가서 배합을 할 때 속에서만 생활을 하잖아. 끈적거리는 거 있지. 향냄새 심각하지. 그러면 아무리 샤워를 하고 옷을 갈아입고 머리 감고 그러고 털고 나와서 와도, 차를 버스를 타고 가면 '봄도 아닌데 웬 아카시아 향기야. 왜 이렇게 달콤한 냄새가 나.' 그런 애길 하죠."(순O순 구술: 장미경, 2003)

기업복지는 또한 노동자 순응기제로 인식되기도 했다. 기숙사의 협소함과 기숙사 관리제도들은 노동자를 통제하는 대표적 기제로 인식되었다. 내무반 형태의 기숙사 구조는 좁은 공간에 많은 사람들을 배치할 수 있게 할 뿐만 아니라 통제가 용이한 구조였다. 동일방직의 경우 방을 배치할 때 입사한 지 얼마 안 된 노동자들과 경력이 오래된 노동자들을 별도로 끼리끼리 묶어놓았는데, 이는 유동성이 큰 신입직원의 이동성에 기존 직원들이 영향을 덜 받게 하고 신입 직원이 밖으로부터 유입해오는 정보를 차단함으로써 안정적인 생산 및 노사관계를 유지하고자 했기 때문이다. 대부분 기숙사의 규율은 엄격하였다. 통금시간과 외출, 외박이 통제되었는데, 대부분의 기숙사들은 10시가 통금시간이었고 토요일, 또는 이주만에 외출이나 외박을 허용하였다. 일하기 한 시간 전에 깨워서 점호를 하였고, 모포도 정확히 네모나게 줄맞춰서 개야 했으며, 작업복도 칼날처럼 날카롭게 세워야 했고, 대청소도 많이 했다. 외출금지는 노동자들의 다른 회사로의 이동을 막기 위해, 노조결성을 막기 위해 사용되었다. 이불 등 기숙사생들의 개인 보관품을 내주지 않는 식으로 퇴사를 억제하는 방법도 비일비재했으며, 기숙사의 출입관리 및 몸수색과 소지품 수색제도를 통해 여성노동자들을 통제하고자 했다. 종이 생리대가 거의 없던 시절, 대부분 천 생리대를 사용했던 여성노동자들은 기숙사 큰 솥에다가 여러 친구들 것을 모아 한꺼번에 빨기도 했지만, 이것도 여의치 않은 경우가 많았다. 그런 때는 1, 2주일간 사용한 생리대를 모아 집으로 가져갔는데, 생리대가 잔뜩 든 보따리를 들고 기숙사 수위실을 통과할 때면 경계어린 시선과 몸수색, 보따리 수색을 감수해야 했는데, 이런 식으로 여성노동자들은 인격적으로도 통제당했던 것이다.

"그게 힘들었지. 그러면 인자 수위실에서 집에 한 번씩 갈려면 조사를 한다고 인자. 뭘 가져가는가 싶어가지고. 그래가지고는 인자 내가 보따리가 아무래도 보따리가 되지 그게. '이게 뭐냐' 그래서 '빨래예요' 그러니까는 '무슨 빨래가 이렇게 있냐' 열어 볼라 그래서 '아, 빨래라니까요' 긍께는 '열어봐' 그러면 열어봐요. 빨래니까. 그때는 할 수 없는 거야. 열어보려면 열어보라고 그러니까는, 어떻게 하다 멈칫 하더라고요. 안 열어보더라고요. 열어 봐도 할 수 없는 거지, 어쩔거야."(최O순 구술: 장미경, 2003)

5) 생산력 향상과 노동력 창출을 위한 수단

일부 여성노동자들은 기업복지가 생산성 향상이나 노동력을 창출하기 위한 기제로 사용되었다고 생각하였다. 실제로 이 당시 이루어진 조사를 보면, 이러한 주장을 뒷받침하고 있다. 1979년 전국경제인연합회의 「기업 내 복리후생에 관한 실태조사」에서 기업복지의 목적 중 생산성 향상(40.1%)이 가장 높게 나타나며, 종업원 생활안정(32.2%), 노동력 확보(8.5%), 직장 소속감 고취(5.8%), 사회보장제도 보완(4.1%), 인간관계 개선(4.1%), 기타(4.9%)가 다음 순위를 차지하고 있다(최균, 1992: 51-56).

권계자의 연구를 보더라도(권계자, 1996), 기업복지는 전체 152개 기업 중 84.9%(129개)가 주로 기업을 위한 목적이 지배적이며, "주로 종업원을 위한 목적"과 "타 회사와의 순응적 목적"은 매우 적은 13.8%와 1.3%에 불과했다. 기업복지의 결정과정은 149개 기업 중 56.4%(84기업)가 기업측에서 먼저 제안하였다. 종업원측이 먼저 제안하였다라고 한 것은 43.6%(65기업)이었다.9) 기업복지는 고용안정의 확보를 위한 관리적 수단이자 생산성을 높이는 수단인 동시에 근로자의 욕구를 충족시키고 생활을 안정시키는 기능을 고루 가지고 있지만(박해웅, 2001: 7-13), 1970년대의 기업복지는 노동자를 위한 목적보다는 기업측의 생산성 향상 및 노동자 관리수단으로 이루어진 측면이 크다고 할 수 있다.

기숙사의 외출금지와 엄격한 규율 등은 장시간 노동을 강화하고 생산효율을 높이며, 노동자를 통제하기 쉬운 가장 효과적인 방식이었다. 기숙사를 통해 노동자들을 외부세계와 물리적으로 차단하는 것은 노동자들이 생산, 공장, 직장에서의 일 외의 다른 세계에 대한 사고와 상상까지도 차단하는 효과를 가져온다. 따라서 어떤 기업의 경우 생산성 효율을 위해 노골적으로 기숙사 생활을 권유하기도 했으며, 급하게 수출을 하거나 크레임이 올 때는 잠자다가도 일어나서 동원되어 일을 해야만 했다(박O연 구술: 전순옥, 2002).

일반적으로 노동자의 요구가 없음에도 불구하고 기업이 의도적으로 시

---

9) 기업규모별로 보면, 종업원측이 먼저 제안하는 것이 중소기업에서는 34.3%이나, 대기업에서는 46.0%였다. 이것은 중소기업에 있어서는 대기업에 비하여 종업원관리가 일방적이기 때문에 중소기업의 종업원이 기업복지의 제안에 있어서 수동적 자세를 취하고 있기 때문이다. 노동조합의 유무별에서 본 기업복지의 제안주체에는 큰 차이는 없었으나, 노조 미결성 기업에 있어서는 종업원측이 먼저 제안하는 것이 23.8%(5기업)인 것에 대하여 기업측이 먼저 제안한 것은 76.2%(16기업)로 압도적으로 기업측이 먼저 제안하고 있는 것으로 보였다. 이와 같은 사실은 노동조합이 결성되고 있는 기업에서는 하의상달의 경로가 확립되어 종업원측이 활발하게 기업복지를 제안하고 있으나, 노조 미결성 기업에 있어서는 상의하달의 경로에 의하여 기업복지의 제안도 같은 소극성을 갖는 것으로 해석된다(권계자, 1996: 31-32).

행하는 복지는 생산성 향상이나 노동력 창출을 위한 목적에서 비롯되는 경우가 많다. 특히 기업복지는 대체로 노동시장이 분절되고 탈중앙화된 노동조합운동과 노사관계가 지배적이며, 사무직 노동자와 중간계층 집단이 생산직 노동자와 현격하게 분리되고, 노동시장이 차별화된 사회에서 발전하기 마련인데(조홍식 외, 2001: 121), 해태제과에서 8시간 노동싸움을 한 후에 식사수준이 좋아진 것에 대해, 한 노동자는 노동자들의 불만을 달래고 저항의식을 약화시키는 한편 생산성을 지속적으로 유지하려는 사용자의 전략으로 보고 있다.

"식사 같은 건, 그래도 먹을 만했던 거 같애요. 먹는 쪽엔 신경을 쓰더라고요 회사에서도. 왜냐면 잘 먹여줘야지 애들이 일 잘하니까. 식당에서 밥 못주면 사장은 멍청한 사장이지. 그죠 맛있게 많이 먹고 일 잘하고 잘 놀리는 게 똑똑한 사장이지. '해태'사장도 똑똑한데, 웬만친 해주죠."(이O례 구술: 장미경, 2003)

생산량이 늘어나면서 기업은 꽃꽂이반이나 독서실 등을 만들었고, 여름 캠프를 가거나 자연농원 및 창경원에 단체 관람을 가는 등 복지정책을 확대했다. 그러나 이런 복지정책의 확대도 임금으로 가야 할 돈을 복지정책으로 써서 노동자들의 불만을 해소하려 한 것에 불과하였다(순점순 구술: 장미경, 2003). 이들이 이렇게 해석할 수 있었던 것은 두 차례의 투쟁(8시간 노동시간 확보투쟁, 민주노조 건설 투쟁)이 있은 후에 상대적으로 가중된 노동자들의 불만을 잠재우기 위한 사용자측의 전략이었다고 보기 때문이다. 즉, 이들은 기업복지가 노동자투쟁이 있은 후에 한층 강화되었다고 생각하는데, 이러한 생각은 기업복지가 강화되는 일반적인 조건에 대한 서술과 일치한다.

4. 기업복지와 여성노동자의 대응

 기업복지에 대한 여성노동자들의 대응은 어떻게 나타났을까? 일반적으로 기업복지에 대해 긍정적으로 인식하는 노동자들의 행동은 기업에 협력, 헌신하는 방식으로 나타나고, 부정적으로 인식하는 노동자들의 행동은 퇴사, 건의, 태만의 행태[10]로 나타나게 되는데(김영치, 1989: 15-18), 실제로 여성노동자들의 행동이 이런 식으로 나타나고 있는가?
 나아가 이러한 인식과 대응은 동일 연속선상에 있는 것일까? 즉, 기업복지에 대해 긍정적으로 인식한 여성노동자들이 행동에 있어서도 기업에 협력과 헌신하는 방식으로 나타났는가? 아니면, 긍정적으로 인식하였다 할지라도 이와 상관없는 행동도 나타나는 것일까?

1) 협력과 헌신

 기업복지에 대한 노동자들의 욕구충족과 만족감은 협력과 헌신적인 태도로 나타났다. 이는 첫째, 노동자들이 모범 노동자가 되기 위해 노력했던 모습에서 찾아볼 수 있다. 모범 노동자들은 정상근무시간의 일뿐만 아니라 야간작업이나 잔업 일에서 누구보다도 열심히 노력하고 생산량을 높이기 위해 성실하게 노력하는 노동자들이다. 이들은 몸이 아프고 고달파도 조퇴를 하거나 결근을 하지 않으며 회사에 '충성'하였다. 일반적으로 사용자들은 단체교섭제도와 교섭상황에 대한 만족, 보상에 대한 만족과 공정성, 종업원의 다양한 욕구 충족, 협조적 노사관계 등을 통해서 노동자의 충성심을 향상시키는 면이 있는데(김영치, 1989: 23-25),[11] 기업은 이런 복지혜택을 통해 여성노동자들을 기업에

---

10) 허시먼(Hirschman)은 조직에 대한 노동자의 반응을 퇴사, 건의, 충성모델로 설명하며, 패럴(Farell)은 여기에 '태만'을 추가한다(김영치, 1989: 15-18).
11) 창원공단의 기계산업, 마산수출자유지역의 전자산업, 대구시내의 섬유산업의 81개

포섭시켜 나갔던 것이다.

이에 회사에 충성하는 노동자들에게 회사는 임금상승이나 승진으로 보상했고, 표창과 부상을 수여했으며 성공사례나 모범사례 등을 발표하는 기회가 부여되었고, 산업체 특별학교 등에 우선적으로 선발되기도 했다.

"학교도 다니고 있고 뭐 어쩌고 저쩌고 …… 그래서 뭐 많은 사람 그 회사에서 절 모르면 간첩이었어요. 그리고 한 번 하고 나니까 무슨 일이 생기면 앞장서게 되더라고요."(윤O련 구술: 장미경, 2003)

"뭐 일도 최고로 잘해가지고 …… 뭐 그 관리자가 …… 엄청 이뻐했으니까 …… 내가 말하는 건 다 들어줬어요. …… 그러니까 나한테는 그런 파워가 있었지 …… 그랬기 때문에 대학 나온 사람 부럽지 않다. …… 나는 …… 나는 뭐든지 하면 정말 잘할 수 있다. …… 이런 그냥 그 자만심이라고 그럴까. …… 그래서 기죽지는 않고 …… 살았죠 …… 예."(허O례 구술: 김귀옥, 2003)

이렇게 특별한 대우를 받았던 노동자들은 몸이 아프고 고달파도 결근 조퇴를 하지 않는 더 성실한 일꾼이 되었을 뿐만 아니라 회사 직원으로서의 자긍심을 갖게 되었으며, 다른 노동자들의 시기와 질투까지 감내하였다. 나아가 이들은 사장에게 진심으로 고마움을 느꼈던 것이다.

"우수 생산사원에게 주는 정식 사령장을 받고서 …… 전 가슴이 설레이고 한편 부끄러웠습니다. 회사에 조금이라도 덜 충실했던 점이 있었으리라는 생각에 더욱 더 부끄러워하며 하나님께 먼저 감사드렸습니다. …… 몸이 아프고 고달파도 결근 조퇴란 생각을 못했습니다. …… 그와 반면에 괴로움도 당해야 했습니다. 선배 언니들의 시기와 질투, 이걸 빼면 여자가 아니라고 많이 들었습니다. …… 김준형 사장님 그분은 말할 수 없이 자상하시고 인자하신 사장님이셨어요."(김정자, 1978)

업체 4,000명의 종업원을 대상으로 설문조사를 하였다.

노동자들의 협력과 헌신은 관리자에 대한 아부행위로 나타나기도 한다. 노동자들은 식당에서 밥을 타갈 때, 관리자에게 잘 보이기 위해 관리자의 밥을 대신 타다 주기도 했다. 더욱이 노동복지 시설이 잘 되어 있는 곳은 대부분 대기업이었으므로 대기업 노동자들은 상대적으로 중소기업이나 영세기업에 다니는 노동자들과 스스로를 비교하면서 상대적 만족감을 가졌으며, 이는 노동자 생활에 대한 만족도를 높였고 노동자들이 협력과 헌신을 보이게 하는 계기가 되었다. 이러한 행동들은 노동자들이 조직의 목표와 가치에 대한 강한 신념과 수용, 조직을 대신해서 최선의 노력을 다하려는 의지, 조직 구성원이 되려는 강한 욕망을 갖도록 한다(김영치, 1989: 15-18). 이는 사용자들이 노동자들의 자발적 협력과 헌신을 이끌어 내는 고도의 노동자 관리전략에 노동자들이 포섭되었음을 보여준다. 그러나 협력과 헌신을 보인 노동자들 중에는 기업복지에 대해 부정적으로 인식한 경우들이 있었는데, 실제로 불만을 가지고 있던 많은 여성노동자들이 임원이나 우수사원이 되기 위하여 밤을 새워가며 일을 하거나 아부하는 경우가 많았다.

각종 노동자 차별화제도는 노동자들간의 불평등의 심화를 가져오며(박해웅; 조홍식 외: 14-15), 노동자들간의 경쟁을 부추겨서 노동자들간의 분리 혹은 분할을 가져온다. 즉, 노동자들이 서로 경쟁하는 한, 그들은 자본의 일부로서 자본의 구성요소로서 경쟁하는데, 노동시장과 노동과정의 분단은 노동자간 협력을 차단함으로써 서로 다른 노동자 집단간의 분리와 분할을 가져오는 것이다(김형기, 1997: 70), 우수한 노동자로 선발된 노동자들은 이처럼 기업의 관리전략에 포섭되어 협력과 헌신을 표했다. 중소기업에서 대기업으로 이동한 노동자 중에는 단지 임금뿐만 아니라 식사수준이나 복지시설 때문에 이동한 경우도 있었는데, 이처럼 대기업과 중소기업간의 차별적 복지제도 시스템은 노동자들이 상대적으로 복지시설이 좋은 대기업에 취업하게 하는 요인이었고, 이들 노동자들에게 상대적 안정감과 우월의식을 줌으로써 헌신을 이끌어내었다.

차별화는 또한 모범 노동자와 일반 노동자, 직급이 높은 사람과 낮은 사람 사이에서 이루어졌는데, 원풍모방 기숙사의 경우는 따뜻한 방은 반장들이 자고 조건이 좋지 않은 곳은 평범한 노동자나 신참들이 거주하도록 했다(정O진 구술: 류제철, 2003). 식당의 경우 관리자/노동자의 식당을 완전히 분리하거나(동일방직) 칸막이로 쳐서 구분하였으며(한일합섬), 음식이나 반찬에서의 차별 등이 이루어졌다(대일화학). 줄서는 시간을 줄여주기 위해 회사의 중요부서나 남자들이 많은 부서들에 한해 먼저 먹도록 한 곳도 있다.

교육복지에서 노동자를 차별하는 것도 보편적인 일이었다. 대기업에서는 해외로 간혹 기술교육을 보내는 경우도 있었는데, 그런 경우 회사에 충성하는 노동자들을 선별해서 보내었으며, 산업체 부설학교에 입학자격을 부여할 때도 모범 노동자를 위주로 선발하였다. 입학의 문은 좁았고 들어가려는 사람들은 많았기 때문이다. 한일합섬의 경우는 처음부터 그런 것은 아니었지만, 나중에는 산업체 부설학교 입학생중 신입사원을 뽑았다. 산업체 부설학교 입학은 상급학교에 대한 교육열망을 가지고 있던 당시 노동자들에게 희망을 안겨다 주었고 야간작업을 하지 않아도 되었으며, 학교에서 행사가 있을 때는 일을 빼주는 '특혜(?)'가 부여되었다. 학생들 중 합창단이거나 축구부원들은 회사에 다니지 않아도 되는 혜택을 받기도 했다. 기업은 일을 제일 잘하고 성실한 사람 중심으로 추천을 받아 입학자격을 주었는데, 경쟁률은 때로 몇 백대 일이 되기도 했다(조O옥, 윤O련 구술: 장미경, 2003). 우수사원 표창제도 등은 노동자들의 회사에 대한 충성심을 높이는 길이었고, 해태제과는 회사에 불만이 많거나 저항의식이 높은 노동자들에 대해 특별대우를 함으로써 불만을 잠재우려 했는데, 이는 노동자들의 투쟁의지를 약화시켰다.

"약간 회사한테 대들고 그러면 굉장히 잘해주고, 다른 회사는 대들고 그러면 못해준대. 못해주는데, 회사는 너무 머리가 좋아요. 교육시켜요 그런 애들을.

교육 보내고, 또 어디 놀러갔다 오라고 그러고 그래요. 어디 뭐 이렇게 서해안 그런데, 설악산 가는 코스 있어가지고, 설악산 공짜로 보내주고, 코스 보내주고, 그런 걸로 해가지고 애들 마음을 잘 살펴줘요. 회사가."(이O례 구술: 장미경, 2003)

2) 적응과 순응

협력과 헌신이 기업복지에 노동자들이 적극적으로 포섭되는 모습이었다고 한다면, 소극적 포섭 양태는 힘든 노동자 생활에 대한 적응과 순응적인 태도에서 찾을 수 있다. 사실 적응과 순응은 노동자들의 인식과 행위의 차이를 가장 잘 보여주는 행태이다. 처음에 기업복지에 불만을 가지고 있더라도 자기정당화나 자기합리화 기제를 동원하여 부정적으로 인식하였던 기업복지에 점차 순응하게 되는 과정을 밟게 되기 때문이다.

기업들 가운데는 사장이 본을 보여줌으로써 노동자를 기업의 규칙에 길들이려는 전략을 펴기도 했다.

"그냥 걸어서 밥을 먹으면 되는데, 항상 막 뛰더니 줄을 서더니 그 다음에 줄서서 밥을 먹어요. 거기서 좀 이상했던 게 사장도 같이 줄을 서 있더라구요. …… 누가 타다주는 게 아니라 서서 먹는 모습 보니까 참 이런 점은 좋은 것 같다. 뛰어서 줄을 서는 게 너무 이상해 가지고 너무 싫더라구요. 이러면서까지 밥을 먹어야 하나. 막 싫어 가지고 여기 사람 다닐 데가 못된다. 밥을 먹기 위해 동시에 많은 사람이 뛰어야 하다니. 이상하다. 나중엔 똑같이 뛰었죠. 빨리 먹어야 하니까. …… "(정O진 구술: 류제철, 2003)

식당시설이 낙후한데다가 빠른 시간에 밥을 먹어야 했던 상황에서, 노동자들은 처음 뛰어서 밥을 먹는 행위를 이상하고 자신들의 노동력을 착취하는 것으로 인식하였지만, 점차 빨리 뛰어서 밥을 먹는 행위에 익숙해지면서 자신 또한 이 행위에 대해 자기정당화를 하게 되는 것이다.

공장에서 겨울의 추위 또한 대단했지만, 많은 여성노동자들은 돈을 벌기 위해서 이런 추위쯤은 감수해야 하는 것으로 생각했다. 이런 상황을 불만스럽게 인식하였지만, 차츰 그런 상황에 적응해가면서 그와 부합되는 자기정당화 논리를 만들어내는 것이다.

"나는 공장은 다 이런 것이겠지 하면서 그렇게 해서 돈을 버는 게 당연하다고 생각했다."(송효순, 1982: 41)

외출을 규제당하는 기숙사 통제 시스템은 불만의 원천이었지만, 여성노동자들은 외출을 하지 않게 되기 때문에 돈을 절약할 수 있고 나쁜 생활에 빠지지 않게 된다는 자기합리화를 통하여 불만을 '동의' 또는 '스스로 원한 것'으로 바꾸어나갔다.

"일 시키는 거 때문에도 그랬지만 …… 지금 생각해보면 …… 나는 그게 좋은 면도 많았다고 생각하거든 …… 너무 애들 풀어놔서 …… 바깥에 나가면 뭐 돈 쓸 일만 많고 …… 다양한 남자 만나면 진짜 신세나 망칠 수도 있고고."(허O례 구술: 김귀옥, 2003)

이처럼 낮은 복지시설이나 미흡한 복지수준에 대해 많은 여성노동자들이 불만을 느끼고 있었지만, 당시에는 이러한 불만들이 즉각적인 노동자 저항을 이끌어내지는 못했고 잠재화된 경우가 훨씬 많다. 이는 중소기업과 비교해볼 때 대기업의 복지수준이 상대적으로 좋은 상태에 있는 사용주측의 노동자 차별화전략이 일정 정도 성공을 거두었고, 노동자 계급의식이 매우 미약한 상황 속에서 노동자들의 저항의식은 전제적이고 온정주의적인 가부장주의 노사체제에 포섭되어 있었기 때문이 아닐까 한다.

이처럼 자존심을 훼손당했음에도 불구하고, 당시 여성노동자들이 이러한 문제를 정식으로 제기하지 못한 것은 이들의 힘이 매우 미약했기 때문이다. 이들은 '도둑질'을 방지하기 위해 몸수색과 보따리 수색을 감수해야 한다는 사용자의 지배담론을 수용할 수밖에 없었다.

3) 도전과 저항

그러나 기업복지가 모든 여성노동자들에게 만족감을 가져다 준 것은 아니었다. 기업복지는 다른 한편으로 노동자들의 불만과 저항을 낳기도 했다. 이 당시 기업복지는 노동자의 진정한 만족과 삶의 질을 개선하는 방향으로 이루어진 것이 아니라 노동자의 의견을 고려하지 않고 기업이 일방적으로 기업의 편의대로 실시한 측면이 크다. 따라서 기업복지는 노동자를 포섭하여 생산효율을 높이고 협력적 노사관계를 형성하려는 기업의 의도와 달리 노동자의 도전과 저항의식을 형성해냄으로써 노동자 계급의식을 촉발하는 계기를 부여하기도 했다. 물론 이러한 노동자의 반응과 대응은 기업의 의도하지 않은 결과의 측면이다.

이는 첫째, 노동자들이 불만을 표출하는 행위에서 찾아볼 수 있다. 기숙사라는 공간 자체는 외부와의 단절을 의미했고, 노동자들을 숨막히도록 했다. 또한 기숙사 시설이 낙후하거나 공간이 좁은 곳, 기숙사 거주 비용을 받았던 곳에서 기숙사 생활은 불만의 요인이었고, 기숙사 생활을 하지 않는 사람들을 부러움의 대상으로 보게 했다. 더욱이 노동자들의 불만을 한층 가중시킨 것은 기숙사의 엄격한 규율과 관리감독이었다.

"응. 그래 가지고는 거기를 갔는데 외출 금지를 딱 시키니까는 월급 타면은 그때 2만 8천원인가 월급을 탔어요. 월급을 탔는데 집에 다 간다 그러면은 철문을 열어주는데 하늘로 날아가는 기분이에요. 딱 금지를 시켰다가 내보내니까. 그래서 자유가 어떤 건지, 얼마나 긋께, 하늘로 날아가는 기분이에요. 보름에 한 번씩 나오는데도, 그 철문을 나오는데도."(최O순 구술: 장미경, 2003)

"감옥에 갔을 때 감옥에서 생활하는 거나 그 당시 기숙사에서 생활하는 거나 차이가 없다. 음식도 차이가 없고 기숙사에서 갇혀 사는 건 똑같고 …… 중략 …… 기숙사 전면 문이 닫히면 기숙사 내에 갇혀 있었으니까, 감옥은 방에 갇혀 있는 거고 기숙사는 기숙사에 갇혀 있는 거였다 이렇게 볼 수 있는 거였죠"(박O연 구술: 전순옥, 2002)

이런 통제가 주는 압박감 때문에 일부 노동자들은 실제로 무료이거나 값이 싼 기숙사보다도 더 비싼 임대주택을 선호하였다. 즉, 임대주택에 지불하는 주거비는 일인당 10,000-15,000원 정도이며, 주거인 평균소득의 10% 이상을 차지했는데, 이는 기숙사에 입주할 경우와 비교해서, 생활비가 25,000-35,000원 정도 더 소요된 것이라 할 수 있다(진영훈, 1982).

특히 관리자와 노동자 사이의 차별화는 기업에 대한 반감을 불러일으켰다. 한O임은 직원 식당에 다니면서 관리직과 노동자 사이의 차별을 실감할 수 있었고, 이러한 불합리에 불만을 갖게 되었다고 한다. 작업시간 끝나고 교양교육을 하거나 레크리에이션을 하는 것에 대해서도 노동자들이 처음에는 재미있어 했지만, 쉬는 시간을 빼앗는 것에 불만을 갖고 교육을 거부하기도 했다.

교육에 대한 노동자들의 열망은 야간학교를 가는 형태로 표출되었는데, 야근을 빼주지 않는 경우 이에 대한 불만을 터뜨리기도 했다. 노동자들 중에는 학교 입학을 한 후 퇴근을 일찍 안 시켜주는 것에 항의하다가 관리자들에게 얻어맞아 뇌에 손상이 온 경우도 있다. 그런가 하면 노동자들이 자신의 목적을 달성하기 위해서 원치 않지만 '성실한 노동자'가 될 수밖에 없었던 경우도 있다. 한O임은 야간학교를 다니기 위해 회사로부터 야근을 하지 않아도 된다는 허락을 받아내야 했기 때문에 쉬는 시간에도 놀지 않고 청소를 하는 등 열심히 일해서 회사 관리자들의 마음에 들고자 했다. 학원 다닐 수 있도록 허락받기 위해 밥을 굶어가며 있는 눈물 없는 눈물 다 뿌리면서 열심히 일했지만, 야간학교 갈 시간을 빼낼 수 없었고 결국 결석이 잦으면서 학교를 포기하게 되는데, 이는 회사측에 대한 미움으로 돌변한다.

둘째, 불만은 '규율 위반'의 형태로 나타나기도 한다. 노동자들은 기숙사의 엄격한 규율을 위반하곤 하였다. 기숙사 생활규율 중에서 노동자들이 가장 많이 위반했던 규율은 외출금지 규율이었는데, 통금시간 까지 들어오지 못할 경우 기숙사 정문이 닫히므로 개구멍을 통해 들어오기도 했고, 기숙사 담을 넘어 먹을 것을 사오는 일도 비일비재했다. 일감이 많은 경우 경쟁업체에 노동자를 빼앗기지 않으려 했던 기업에서는 노동자들의 이동을 제한했고, 임금을 10일치를 제하고 주는 게 관행이었다. 따라서 노동자가 제 월급을 받고 회사를 나오기 위해서는 사직서를 내지 않고 회사를 그만두곤 했는데, 특히 기숙사 생활을 하는 노동자들의 경우 기숙사에서 빠져나오는 게 큰 숙제거리였다. 이들은 하는 수 없이 다른 친구가 퇴사를 할 때, 자신의 이불과 살림도구를 그 친구에게 들려 보내고 자신은 잠시 외출하는 것처럼 연극을 해야 했다.

"네, 그렇게 해가지고는 아휴 막 간다고 배웅해주는 척 하고는 우리도 가는 거지. 그런 적도 한 번 있었어요. 그렇게 해가지고는 수위가 가면 방이 텅 비니까는 우리 방에 가보면은 우리 한 일곱 여덟 명이 가가지고 있다가 나올라면 연극을 부려야지 안 부리겠어?"(최O순 구술: 장미경, 2003)

셋째, 기업복지에 대한 노동자의 불만과 저항이 활용의 측면으로 나타나기도 한다. 노동자의 주거지를 마련해줌으로써 노동자의 생산력을 향상시키고, 노동자 통제를 원활히 하기 위해 제공된 기숙사는 기업의 이러한 목적과 달리 노동자들의 의식화와 조직화의 근거지가 되었다. 기업의 의도와 달리 노동자들은 기업의 복지혜택을 저항과 투쟁의 기회로 삼았던 것이다.

노동자들이 스스로 조직화 민주노조 활동이 활발해지면서 이런 경우가 많아졌는데, 노동조합이 기숙사 운영권을 확보하자 사감을 내보내고 기숙사 자치운영위원회를 만들어 조합원들이 스스로 동장, 반장을 뽑고 민주적으로 운영하였다. 좁은 기숙사 공간도 자치운영위를 만든 후에 인원수를 줄여 넓게 쓸 수 있게 했고, 규칙도 바꾸어서 매주 수, 토, 일요일은 외출을 자유롭게 했고, 이외에도 방장의 책임 아래 외출이 허용되었다. 기숙사 내에 조그만 가게를 만들어 화장품을 비롯한 여러 가지 생필품을 판매했는데 이윤을 남기지 않고 조합원들에게 혜택을 제공하였다. 살림살이나 전자제품의 경우 노동조합에서 1/3 정도의 가격으로 제공하였다. 기숙사는 또한 노동자들끼리의 연대감을 형성하게 해 노동운동에서 노동자를 단결시키는 공간이기도 했다. 회사에서 무슨 문제가 발생했다든가 조합원의 합의를 이뤄낼 일이 있을 때 기숙사는 토론의 장이었다. 감옥 같던 기숙사가 이제 토론의 장이자 노동자 삶의 친근한 터전으로 변한 것이다(박O연 구술: 전순옥, 2002).

게다가 기업에서 실시하는 새마을교육을 노동자 교육과 조직화의 기회로 삼기도 했다. 새마을 교육을 위해 구보를 할 때에도 노동자 조합원 교육을 하였으며, 구보를 나오지 않는 과가 있을 때는 회사에 새마을 교육을 한다고 하고 새마을운동 노래를 가르쳐 주면서 노동조합 교육의 기회로 삼았다.

> "근면·자주·협동, 이 정신이 노동조합의 단결의 정신하고 크게 다르지 않다. 이렇게 하면서 그 교육을 가르치고 노래도 가르치고 또 우리 나름대로 사고하고 있는 그것도 가르치고, 그 다음에 노동자에 대한 조합 수칙도 알려주고 또 이렇게 가면서……"(박O연 구술: 전순옥, 2002)

산업체 부설학교는 또한 공장들 사이의 근무조건과 환경 등을 주고받으며 정보를 교환하는 곳이었으며, 식당과 탈의실 등은 공장 내부의 정보교환을 하거나 회의하는 장소였다. 게다가 노동자들은 회사측이 노동자 관리를 위해 사용하던 전략을 역이용하여 회사측이 복지시설을 설치하도록 했다. 콘트롤데이타 노동조합은 통근버스 운행을 하도록 하기 위해 노동자복지뿐만 아니라 생산효율을 올리기 위해서 필요하다는 논리를 전개했다.

> "버스에 매달려서는 진이 빠져서 (일을) 할 수가 없다. 밥 먹으면 토할 지경인데, 어떻게 일을 하겠냐? 그럼 오전 내내 진 빠져서 일을 못해도 니네가 책임질 거냐. 이렇게 하고 덤비는 거죠. 그리고 어쨌든 너희들이 고졸 이상의 학력을 뽑았으면 그에 상응하는 대우를 해주어야 되는 것 아니냐 하고……"(유O순 구술: 장미경, 2002)

실제로 기숙사에 대한 기업의 통제시스템에 숨막혀하던 여성노동자들이 역으로 기숙사를 의식화와 조직화의 거점으로 삼게 되는 현상이 처음부터 나타난 것이라고는 할 수 없다. 여성노동자들은 기숙사의 통제시스템을 투쟁의 장소로 활용했는데, 이는 기업이 의도하지 않은 결과였다.

5. 결론

여성노동자들의 기업복지에 대한 인식은 앞에서 보듯이, 다양한 측면으로 파악되었다. 기업복지는 한편으로 생활의 불편을 해소해주는 고마운 제도이며, 사용자의 따뜻한 배려이고, 사기진작과 자아감을 고양하는 제도였지만, 다른 한편으로는 질 낮은 실망스런 제도, 생산성 향상과 노동력 창출 수단, 사용자의 위계적 통제에 포섭하는 순응기제, 노동자 차별화 및 경쟁심화 기제였다. 이는 기업복지에 대해 매우 다른 인식이 공존하고 있었음을 말해주는데, 그것은 기업복지가 실제로 다양한 형태로 제공되었으며 다양한 기능을 하고 있었기 때문이다. 즉, 노동자들이 소속하고 있는 기업의 복지의 양과 질에 있어서 실제로 차이가 있었다는 것이다.

그러나 기업복지에 대한 서로 다른 인식은 노동자의 개인성향이나 의식수준과도 깊은 관계를 가지고 있다. 복지혜택을 받는 여성노동자의 조건이나 주관적 마음가짐, 의식에 있어서 차이가 있기 때문이다. 동일한 복지가 주어진다고 해도 여성노동자의 주관적 상태에 따라 복지는 긍정적으로, 또는 부정적으로 인식되기도 한다. 일반적으로 기업복지를 긍정적으로 인식하는 경우는 대기업 노동자, '가부장적 온정주의적 기업전략'에 포섭된 노동자, 계급의식이 낮은 노동자, 성별 이데올로기의 영향으로 인해 순응적 태도를 내면화한 노동자들에게서 많이 발견할 수 있다. 기업복지를 긍정적으로 인식한 노동자가 있는가 하면, 또 다른 노동자들은 부정적으로 인식하였고, 이중 일부는 기업복지를 '노동자를 위계적 통제체제에 길들이거나 노동자들을 차별하는 전략'의 하나였음을 인식하고 있었다.[12]

이러한 다양한 인식수준은 또한 노동자들의 다양한 대응을 가져왔는데, 즉 노동자들의 대응은 '협력과 헌신', '순응과 적응', '도전과 저항'의 형태로 나타났던 것이다. 일반적으로 기업복지에 대해 긍정적으로 인식한 경우 협력과 헌신을 보였으며, 부정적으로 인식한 경우에는 도전과 저항이라는 행동을 보였다. 그러나 노동자들 가운데 인식과 행동이 반드시 일치하지 않는 경우를 제법 발견할 수 있다. 즉, 기업복지에 대해 긍정적으로 인식한다고 해도 행동은 기업측에 대립적으로 나타날 수도 있고, 부정적으로 인식한다고 해도 행동은 순응적·협력적으로 나타나기도 하는 것이다. 이는 인식과 행동이 반드시 일치하는 것이 아니기 때문이다.

일반적으로 적절한 보상체계와 상벌체계는 어느 노동자들에게든 동일하게 작동하는 것은 아니다. 노동자의 개인특성(나이/성별/결혼/학력/근속기간/직위 등)이나 심리적 속성(순응적/반항적 등)에 따라 사용자의 목적에 긍

---

[12] 면접이 2003-2004년에 이루어졌기 때문에 여성노동자들은 기업측의 노동자 통제전략을 인식하고 있었다고 답변했지만, 실제 70년대 당시에 여성노동자들이 이런 인식을 하고 있었는지를 알 수는 없다.

정적 또는 부정적 결과를 가져오기도 하기 때문이다. 노동자의 반응은 충성, 헌신, 협력 등 긍정적인 형태로 나타날 수도 있고, 퇴사, 태만, 불만 표출 등의 부정적인 형태로 나타날 수도 있는 것이다. 이를테면, 노동자 계급의식이 미흡한 경우에 기업복지는 '권리'가 아니라 '배려와 시혜적인 혜택'으로 인식되며, 노동자 자신의 객관적 조건에 비해 좋은 회사에 입사한 경우나 자신의 생활조건이 어려운 경우 기업복지는 긍정적인 것으로 인식된다.

반면 노동자 계급의식이 발달한 경우나 생활이 여유가 있는 경우 기업복지는 부정적인 것으로 인식된다. 또한 행위자의 성격에 따라 적극적 행위가 유발될 수도, 소극적 행위가 유발될 수도 있다. 이 경우 적극적 행위는 협력과 헌신 또는 도전과 저항을 가져오나, 소극적 행위는 순응과 적응을 가져온다. 이와 반대의 경우도 마찬가지이다. 나아가 긍정적 인식이나 부정적 인식이 반드시 긍정적 대응이나 부정적 대응을 낳는다고 볼 수 없다. 역시 개인 특성에 따라 적극적 대응을 유발하기도, 아무런 대응을 유발하지 않기도 하기 때문이다.

결국 여러 학자들이 지적하듯이, 1970년대 초기 산업화시대에 전반적으로 노동자의 생활이 어려운 상태에서 기업복지는 최소한으로 제공되었고, 기업복지는 노동자 주도적이기보다는 기업주도적으로 도입, 유지되었다. '고용되는 것' 자체가 복지로 인식되던 당시, 기업은 최소한의 복지로도 대부분의 노동자들의 동의나 만족감을 이끌어낼 수 있었던 것이다. 더욱이 당시 노동자들의 계급의식은 미성숙한 상태였고, 특히 여성노동자들의 경우는 유교 가부장제도의 전통적 가치관에 포섭되어 권리의식이 미성숙했다. 이는 순응적이고 협조적인 노사관계를 형성하는 데 기여하였다.

그러나 여성노동자들 중에는 기업측에 실질적인 저항을 보인 경우도 많았다. 강압과 억압적인 기숙사제도의 운영에 대해서 여성노동자들은 불만을 표출하였고, 규율위반, 거짓말이나 위장, 활용 등의 방식으로 저항하였으며, 낙후한 시설과 기업의 노골적인 노동자 차별화 전략에 대응하였다. 특히 복지제도를 '활용'하는 측면은 여성노동자들이 기업측의 통제 전략에 포섭되지 않을 뿐만 아니라 있는 제도를 슬기롭게 변환시키는 '민중의 지혜'를 보여준 것이라 할 수 있다. 그리고 이러한 여성노동자들의 일상에 대한 저항과 투쟁은 노동운동의 잠재적 힘으로 축적되었던 것이다. 그리고 순응적이고 협조석인 태도를 보인 노동자들도 그들이 모두 기업측의 대우에 만족하여 그런 태도를 보인 것으로 오인해서는 안 된다. 인식과 행동양태 사이의 간극이 있기 때문이다. 그들의 상당부분은 기업측에 대한 불만을 잠재화하고 있었고, 이들의 잠재된 불만은 70년대나 80년대의 노동투쟁으로 분출되었으며, 기업복지를 더욱 확대하고 기업복지의 성격을 변화시켜 '기업주도적인 복지'에서 '노동자 중심적 복지'로 변화시키는 결과를 가져왔다.

| 참고문헌 |

권계자. 1996. 「한국기업체의 근로자복지에 관한 실증적 연구 – 여성을 중심으로」. 한양대학교 행정대학원.
김경휘. 1979. 「여성근로자를 위한 복지시책에 관한 연구 – 근로상의 문제점과 그 대책」. 한국사회사업대학 대학원.
김광현. 1981. 「근로청소년의 복지에 관한 연구 – 산업체 부설 중고등학교 재학생을 중심으로」. 중앙대학교 사회복지학과 사회사업학 전공 석사학위논문.
김영치. 1989. 「근로자의 커미트먼트와 충성심의 영향요소에 관한 연구」. 연세대학교 경영대학원 박사학위논문.
김용호. 1982. 「도시산업근로자의 복지실태에 관한 연구」. 한양대학교 행정대학원 일반행정전공 석사학위논문.
김원. 2002. 「여공담론의 남성주의 비판 – 전전 일본에 비추어 본 한국 사례를 중심으로」. 서강대학교 정치외교학과 박사학위논문.
김의영. 1984. 「기혼근로여성의 사회적 문제와 그 대책」. 『대구보전논문집』 8.

김정열. 1982. 「우리나라 여성근로자의 실태조사와 분석 - 특히 제조업에 종사하는 여성근로자를 중심으로」. 성균관대학교 경영행정대학원 경영학과 석사학위논문.
김정자(유니버스세라믹주). 1978. 「억척스런 가시내」. 제8회 여성, 연소근로자 생활수기 당선작. ≪노동≫, 제5호.
김학선. 1983. 「한국 복지후생에 관한 연구 - 기업복지를 중심으로」. 건국대학교 행정대학원 노사행정학과 석사학위논문.
김형기. 1997. 『한국 노사관계의 정치경제학』. 한울 아카데미.
노동부. 1981. 『노동백서』. 노동부.
대한서울상의. 1982. 『노동정책에 관한 업계 임의조사 보고』, 9월호.
모정순. 1977. 「차창에 미소를」. ≪노동≫, 1977년 4월.
박준식. 1996. 『생산의 정치와 작업장 민주주의』. 한울
박세일. 1988. 『공공근로복지의 전개방향: 한국의 근로복지미래상』. 근로복지공사.
박해웅. 2001. 「기업복지 수준과 만족도에 관한 연구 - 공기업의 기업복지프로그램을 중심으로」. 연세대학교 행정대학원 사회복지전공 석사학위논문.
서재진. 「한국 자본가계급의 이데올로기분석을 통해서 본 자본가계급, 노동계급, 국가와의 관계연구」.
송준호. 1987. 「고용안정과 기업복지」. 한국인사관리학회. ≪인사관리 연구≫, 11집.
송효순. 1982. 『서울로 가는 길』. 형성사.
윤형원. 「야간 특별학급 및 산업체 부설학교의 제도 및 운영개선방안에 관한 연구」.
전광현. 1981. 「근로청소년의 복지에 관한 연구 - 산업체 부설 중고등학교 재학생을 중심으로」. 중앙대학교 사회복지학과 사회사업학 전공 석사학위 논문.
정미숙. 1992. 「70년대 여성노동운동의 활성화에 관한 경험세계적 연구 - 섬유업을 중심으로」. 이화여대 여성학과 대학원 석사학위논문.
조흥식·김진수·홍경준. 2001. 『산업복지론』. 나남출판.
진영훈. 1982. 「공업단지주변 근로자의 주거환경에 관한 연구 - 서울시 구로공단 주변의 임대주택을 중심으로」. 서울대학교 환경대학원 환경계획학과 석사학위논문.

최균. 1992. 「한국 기업복지의 전개와 성격」. ≪경제와 사회≫, 16호.
최종태. 1983. 『현대인사관리론-시스템 어프로우치』. 박영사.
최춘옥. 1978. 「장갑 한짝의 사연」. ≪노동≫ 송년호.
탁희준 정년퇴직기념논문집 발간위원회. 1988. 『한국의 공업화와 노사관계』. 정암사.
한국여성유권자연맹. 1980. 『여성근로자실태조사 보고서』.

Braverman, H. 1990. 이한주·강남훈 역. 『노동과 독점자본』. 서울: 까치.
Burawoy, Michael. 1985. *The Politics of Production: Factory Regimes Under Capitalism and Socialism*. London: Verso.
Edwards, R. 1979. *Contested Terrain: the Transformation of the Workplace in the Twentieth Century*. London, Heinemann.

〈구술자료는 이하 성공회대 사회문화연구원 노동사 연구소 자료실〉

김귀옥. 2003. "이O란 구술" 녹취문/"허O례 구술" 녹취문.
류제철. 2002. "양O화 구술" 녹취문/"정O진 구술" 녹취문.
오유석. 2002. "최O영 구술" 녹취문.
장미경. 2002. "유O순 구술" 녹취문/"한O희 구술" 녹취문.
_____. 2003. "김O실 구술" 녹취문/"박O순 구술" 녹취문/"순O순 구술" 녹취문/"윤O련 구술" 녹취문/"이O례 구술" 녹취문/"조O옥 구술" 녹취문/"문O순 구술" 녹취문/"최O희 구술" 녹취문/"최O순 구술" 녹취문.
전순옥. 2002. "박O연 구술" 녹취문/"한O임 구술" 녹취문.

5장
작업장통제전략으로서의 공장새마을운동: 성과와 한계

장상철 (연세대학교 사회학과 강사)

1. 문제제기

　1970년대를 살아 본 사람들이라면 누구나 확성기를 통해 울려나오던 '새마을노래'를 들으며 하루 일과를 시작하던 기억을 가지고 있다. 새마을운동의 출발점인 농촌뿐만 아니라 도시의 직장생활과 일상생활에 있어서까지, 70년대에 '새마을' 또는 '새마을운동'은 우리의 하루 일과의 처음부터 끝까지 모든 생각과 행동을 규제하는 기본 원리로 강조되었다. 학교와 직장에서는 '새마을 교육'과 '새마을지도자 연수'가 실시되었으며, '새마을 급식'과 '새마을 저축' 등 당시 모든 일에는 새마을이라는 이름이 관례적으로 따라다녔다. 이처럼 새마을운동은 1970년대에 박정희 정권이 국민을 동원하기 위해 전면에 내세운 국가적 이데올로기였다. 그러나 80년대에 들어서 새마을운동은 그것을 이전처럼 국민동원을 위한 관주도운동으로 이용하고자 했던 전두환 정권의 의도에도 불구하고 70년대만큼 활성화되지 못했으며, 시간이 지남에 따라 사실상 소멸되었다. 오늘날에도 새마을운동을 관리하는 기관으로서의 새마을중앙회가 존재하고 있으나, 더 이상 아무도 새마을운동이 이전처럼 우리의 생활에 영향을 미친다고 느끼지 않는다.

박정희 정권 시기인 1970년대 초반에 시작되어 박정희 정권의 종말과 함께 사실상 막을 내린 새마을운동은 어떻게 평가되어야 하는 것일까? 1970년대에 전국민에 대한 국가적 동원의 수단으로서 새마을운동이 가졌던 위상을 생각한다면, 이에 대한 평가는 상당히 미흡한 수준에 머물러 있다고 할 수 있다. 새마을운동을 다루고 있는 연구성과 자체가 양적으로 상당히 적으며, 그 중 상당 부분은 관변학자들에 의해 운동의 정당화와 동원을 목적으로 쓰이어진 것들이다. 새마을운동 전체에 대한 평가가 이러한 만큼, 그 일부분으로서의 공장새마을운동에 대한 체계적인 연구는 더욱더 찾아보기 어려운 실정이다. '새마을운동 중앙본부'와 '공장새마을운동추진본부'에서 발간된 관변자료들 이외에는 공장새마을운동을 대상으로 한 글을 찾아보기 어려울 정도이다. 그러나 공장새마을운동은 단지 실패한 국가동원 이데올로기의 일부분으로만 처리되기 어려운 중요성을 갖는다. 한 공장의 사례를 다룬 연구에서 다음과 같은 내용을 볼 수 있다.

"공장새마을운동은 국가에 의해 위로부터 강제되었지만, 경영자는 이를 수동적으로 수행한 것이 아니라 경영혁신운동으로서 적극적으로 전개하였으며, 당시 한국노총체제하의 노동조합은 이에 동조하여 공장새마을운동이라는 이름으로 진행되는 경영혁신운동의 하위파트너로서의 역할을 하였다."[1]

"1970년대 공장새마을운동은 1987년 노동자 대투쟁 이후 작업장의 통제와 규율을 고민하는 1990년대의 경영자에게 중요한 유산으로 활용되었던 것이다."[2]

---

1) 신원철, 「경영혁신운동으로서의 공장새마을운동: 대한조선공사사례」, ≪산업노동연구≫, 제9권 2호, 353쪽.
2) 같은 글, 378쪽.

이렇게 보면 공장새마을운동은 구호에 그친 관주도 운동이 아니라, 사실상 작업장 내부의 노사관계와 노동자들의 생활에 실질적인 영향을 미치는 중요한 요인이었을 것으로 판단된다. 따라서 공장새마을운동은 한국에서 노사관계의 중요한 한 축을 담당했던 국가가 노사관계 규율을 위해 사용한 중요한 도구로 인식될 필요가 있다.

이 글은 공장새마을운동의 시행과정을 검토하여 관제운동으로 시작된 이 운동이 작업장 내에서 실질적으로 어떤 작용을 했으며, 또한 박정희 정권의 소멸 이후에 더 이상 지속되지 못하고 쇠퇴하게 된 이유는 무엇인지를 밝히고자 한다. 다음 제2절에서는 전체적인 새마을운동의 출발에서부터 공장새마을운동의 70~80년대의 전개과정을 전반적으로 검토한다. 제3절에서는 공장새마을운동의 출범 당시의 배경과, 이 운동이 경영혁신운동으로서 출발하게 된 맥락을 살펴볼 것이다. 제4절에서는 유신체제 이후 공장새마을운동 내부에 나타난 성격 변화를 확인해 본다. 제5절에서는 공장새마을운동 추진과정에서 나타난 내적 모순 또는 고유한 한계들을 지적하고, 마지막 제6절에서 전체적인 결론을 도출할 것이다.

2. 공장새마을운동의 전개

새마을운동은 1970년 4월 22일 지방장관회의에서의 박정희 대통령의 발언[3]을 기초로 하여 1971년부터 추진되기 시작하였다. 출발 당시의 새마을운동은 농촌의 근대화운동이라는 성격을 띠고 있었다. 우리가 기억하고 있는 새마을운동의 주된 내용이 농촌에 초가집을 없애고 농가소득의

---

[3] "우리 스스로가 우리 마을은 우리 손으로 가꾸어 나간다는 자조·자립정신을 불러일으켜 땀흘려 일한다면 모든 마을이 머지않아 잘 살고 아담한 마을로 그 모습이 바뀌어지리라고 확신한다 …… 이 운동을 '새마을 가꾸기 운동'이라 해도 좋을 것이다 ……."(공장새마을운동추진본부, 1978; 5)

증대를 꾀하며 도로를 건설하는 등에 집중되어 있는 이유도 새마을운동의 출발점이 농촌지역이었다는 사실에 기인하는 것이다.

1961년 5·16 쿠데타로 집권한 박정희 정권은 주지하다시피 정권의 정당성을 경제적 성과에서 찾고자 했다. 1970년은 두 차례에 걸친 경제개발 5개년계획이 일정한 성과를 거두어 경공업 중심의 수출주도 산업화전략이 안정적인 성장모델로서 자리를 잡아가고 있는 시점이었다. 그러나 급속한 산업화와 도시화가 진행되는 가운데 농촌은 여전히 산업화의 혜택을 받지 못한 전근대적인 영역으로 남겨져 있었고, 이러한 농촌의 모습을 근대적으로 탈바꿈하고자 하는 것이 새마을운동의 주된 목표였던 셈이다. 이러한 면에서 새마을운동은 뚜렷하게 근대화·서구화·합리화를 지향하는 관주도의 운동이었다고 할 수 있다. 농촌을 대상으로 한 새마을운동은 당시의 한국의 농촌에 적합한 구체적 내용인 정신계발, 환경개선, 소득증대 등의 내용으로 구성되어 있어 단기간 내에 상당한 성과를 올릴 수 있었다.[4]

또한 새마을운동은 그 내용상 '정신혁명'을 강조함으로써 근대적인 사회적 주체를 형성하고자 하는 측면이 강조되고 있었다. 새마을운동 추진의 주체라 할 수 있는 새마을운동추진본부 측에서는 새마을운동의 본질을 다음과 같이 정의하고 있다. 첫째, 근면, 자조, 협동을 기반으로 한 정신계발, 둘째, 가난을 극복하기 위한 근대화의 실천적 행동철학, 셋째, 현재 우리가 처하고 있는 어려운 국난의 타개를 위한 국민총화단결, 넷째, 역사의 단축을 위한 전국민의 대약진운동. 이러한 주장은 "반만년의 역사를 돌이켜 볼 때 우리는 지나치게 안이하고 의존적이며 숙명적인 사고방식에

---

[4] 내무부, 『새마을운동-시작에서 오늘까지』, 29쪽. 당시의 새마을운동이 시멘트 업계의 심각한 불황을 타개하기 위한 수단으로 이용되었다는 주장도 흥미롭다. 농촌새마을운동의 중요한 사업이 마을 진입로를 확장하는 등 시멘트를 사용하는 '취락구조개선'과 '공동이용시설'의 마련 등이었던 데는 이러한 배경이 있다는 것이다. 이에 대해서는 박진도·한도현, 「새마을운동과 유신체제-박정희 정권의 농촌 새마을운동을 중심으로」, ≪역사비평≫ 47, 여름호(1999) 등을 볼 것.

타성화되어 한결같이 가난과 정체, 타락의 악순환에서 허덕이었다"는 평가를 동반하고 있다.5) 그리고 이의 기반이 되는 새마을운동의 이념은 첫째, 근대화의 이념이고, 둘째, 복지평등의 이념이며, 셋째, 국민총화에 의한 안보의 이념이며, 넷째, 한민족의 주체적 이념이라 주장되고 있다. 새마을운동의 궁극의 목표는 경제개발이고 복지평등이며 주체성에 의한 평화적 통일이라는 것이다.6)

1973년, 국가는 농촌지역을 대상으로 한 새마을운동의 긍정적인 성과에 기반하여 사회 각 영역으로 새마을운동을 확산시켜 나가고자 하였다. 공장 및 광산새마을운동, 학교새마을운동, 직장단체새마을운동, 서비스집단 새마을운동, 주거지역단위 새마을운동 등으로 구성되는 도시새마을운동과 군대새마을운동이 그 대표적인 예이다. 농촌새마을운동과 도시새마을운동, 그리고 공장새마을운동 각각의 성격은 다음과 같이 구분되는 것으로 보고되고 있다.

<표 5-1> 유형별 새마을운동의 핵심사업

농촌새마을운동	공장새마을운동	도시새마을운동
정신계발	정신계발	정신계발
생산기반 조성	노사협동	근검소비절약
공동이용시설	생산성 향상	사회질서 및 정화확립
소득증대	후생복지 향상	후생복지 향상
취락구조 개선	지역개발지원	안보운동

자료: 내무부, 『새마을운동10년사』, 526쪽.

위에서 보듯 공장새마을운동은 농촌 및 도시새마을운동 일반과도 상당히 다른 특징을 보이는 바 그것은 노사관계에 대한 관리를 중요한 목적으로 설정하고 있다는 점일 것이다. 뒤에서 다시 언급하겠지만, 도시새마을

---

5) 공장새마을운동추진본부, 『공장새마을운동실태비교연구』(1979), 21쪽.
6) 한동욱 외, 「새마을연수교육에 대한 비교평가연구」, 『새마을운동연구논문집』 제2집 (1979).

운동과 공장새마을운동은 농촌새마을운동과는 달리 실질적으로 물적 자원을 지원하기보다는 정신계발의 측면을 더욱 강조하는 특성이 있었다. 이것은 후에 공장새마을운동이 비교적 쉽게 쇠퇴 및 소멸하게 되는 원인으로 작용한 것으로 보인다.

공장새마을운동은 1974년부터 새롭게 추진되었다. 처음 구상되었던 1973년에는 도시새마을운동의 일환으로 시작되었으나, 1977년 3월 도시새마을운동으로부터 완전 분리하여 상공부에서 독자적으로 추진토록 되었다.7) 이 시기는 1973년에 시작된 석유파동으로 그간 순조롭게 진행되어 온 경제성장이 위기를 맞이하게 된 시점이었다. 이러한 조건 하에서 시작된 공장새마을운동은 노동자들을 정신무장시킴으로써 에너지 절감, 물자절약, 원가절감, 생산성 향상에 역점을 두는 의도를 담고 있었다. 초기 공장새마을운동의 목표는 이와 같이 현실적으로 당면한 기업의 어려움을 해결하는 데에 초점이 두어진 것이었으나, 해를 거듭하면서 보다 적극적인 의도를 반영하여 경영혁신전략과 인력자원 개발을 통한 경영성과의 극대화를 목표로 하게 되었다. 이는 초기 새마을운동의 기본정신을 반영하여 근대화프로젝트로서의 성격이 공장새마을운동에서도 강화되기 시작한 것으로 이해할 수 있다.

공식적으로 공장새마을운동은 다음과 같은 기본이념을 담고 있는 것으로 주장되었다.

① 주인의식의 고취로 새로운 생산적 근로자상을 창출해 나가는 정신혁명
② 노사협조를 통한 공동운명체 의식을 확립

---

7) 새마을운동중앙본부·공장새마을운동추진본부, 『공장새마을운동-이론과 실제』(1983), 34쪽. "1977년 2월에는 공장새마을운동을 민간주도의 운동으로 발전시키고 모든 기업체에 확산 보급 및 지도 독려하기 위하여 대한상공회의소 내에 공장새마을운동 추진본부를 두고, 각 지방상공회의소 및 주요 공업단지에는 공장새마을운동 전담부서(추진지부)를 설치하여 관내 공장들의 새마을운동 추진에 관한 사업을 수행하도록 하고 있다."

③ 한국적 기업풍토 조성으로 경영합리화를 시켜나감.
④ 경제부국을 향한 산업운동으로서의 행동철학으로 산업혁명을 완수[8]

이와 같은 내용이 구체적으로 단위 공장에 적용되는 방식은 참여 공장의 지정과 공장 내 새마을운동추진본부의 설치, 공장새마을운동 교육의 실시, 공장새마을 분임조 활동 등으로 나타났다. 공장새마을운동교육은 협조적 노사관계의 정립과 원가절감 및 작업관리를 통한 생산성 향상이 주된 내용이었다. 또한 공장새마을 분임조는 작업과정에 대한 노동자들간의 토론과 기업측에 대한 의견개진을 통해 '주인의식'을 고취함으로써 궁극적으로는 이 역시 생산성을 향상시키는 것을 기본 목표로 하고 있었다.[9]

추진 이후 10년간 공장새마을운동의 대상이 된 공장들의 현황은 다음과 같다.

<표 5-2> 공장새마을운동 참여공장 및 평가공장 현황

년도 구분	1973-76	1977	1978	1979	1980	1981	1982	1983
참여 공장	1,500 (시범 업체)	10,000 (10인 이상)	20,000 (10인 이상)	15,000 (10인 이상)	16,000 (10인 이상)	16,000 (10인 이상)	14,897 (10인 이상)	15,000
지도 평가 공장		2,190 (100인 이상)	3,367 (100인 이상/ 5대도시 50인 이상)	5,209 (50인 이상)	4,404 (50인 이상)	4,578 (50인 이상)	4,555 (50인 이상)	

자료: 공장새마을운동추진본부, 『업무현황』(1983); 고세진(1983)에서 재인용.

---

8) 같은 책, 28-29쪽
9) 같은 책.

<표 5-3> 공장새마을운동 지역별 지도평가 공장 수 현황

구분	계	서울	부산	대구	인천	경기	강원	충북	충남	전북	전남	경북	경남	제주
'77	2,190	494	318	-	-	555	72	44	94	57	58	290	202	6
'78	3,367	1,010	530	-	-	730	74	46	106	56	78	507	223	7
'79	5,209	1,284	859	-	-	1,290	101	99	201	126	99	746	397	7
'80	4,404	989	662	-	-	1,122	95	75	196	112	98	674	375	6
'81	4,578	933	706	420	352	919	90	81	202	102	86	300	382	5
'82	4,555	837	706	439	355	984	80	79	195	96	81	310	389	4

자료: 공장새마을운동추진본부, 『업무현황』(1983); 고세진(1983)에서 재인용.

<표 5-4> 공장새마을운동 업종별 참여공장 현황

구분	계	섬유	화학	전기/전자	기계	철강/금속	목재/합판	식품/의약품	광업	잡화
'77	2,190	760	269	247	139	189	27	179	68	312
'78	3,367	1,057	448	338	315	332	40	214	65	558
'79	5,209	1,642	861	526	500	536	105	400	95	544
'80	4,404	1,390	638	446	348	517	80	366	119	500
'81	4,878	1,415	700	481	380	549	76	386	93	498
'82	4,555	1,366	611	463	366	556	85	373	145	590

자료: 공장새마을운동추진본부, 『업무현황』(1983); 고세진(1983)에서 재인용.

처음 4년간은 1,500개 공장만을 시범업체로 지정하여 시험적으로 공장새마을운동을 추진하였으나, 이후, 10인 이상 사업체 전체로 확대 실시되고 있다. 이 중 중앙의 공장새마을운동추진본부에서 직접 관리하고 평가하는 공장의 수도 1977년의 2,190개에서 1982년에는 4,555개로 확대된 모습을 보여주고 있다. 지역별로는 공단이 밀집된 수도권과 주요공업지구들뿐만 아니라 제주도까지도 포괄하는 양상을 나타내며, 업종별로도 당시의 주요 산업들을 두루 포괄하고 있다. 중앙에서 관리하는 관주도의 운동이었던 만큼, 의도적으로 각 지역과 산업들을 포괄적으로 포함시키고 있음을 알 수 있다.

3. 경영혁신운동으로서의 공장새마을운동

출발 당시의 공장새마을운동은 뚜렷하게 경제위기를 극복하기 위한 경영혁신전략으로서의 성격을 갖는 것이었다. 공장새마을운동을 다루고 있는 관련기관의 문건들은 모두 운동 시작의 사회적 배경으로서 당시의 경기불황과 기업경영의 어려움을 언급하고 있다.

72년에서 74년까지 연평균 10.6%의 경제성장을 달성하고 74년의 수출실적이 46억 달러를 돌파함으로써 목표치를 초과달성했으나, 국제수지면에서 73년까지는 계속 호조를 보이다가 73년 하반기부터 불어 닥친 석유파동으로 국제원자재 가격상승으로 인해 수출부담이 증가함으로써 역조폭이 확대되었다는 것이다. 석유파동은 한편으로는 원자재 가격을 급등시켜 국내 물가를 크게 자극하여 실질소득 및 수요를 감소시키면서 내수생산을 축소시키는 불경기, 성장의 둔화 및 실업의 증가를 가져왔고, 동시에 수입부담의 증가 및 수출의 둔화현상은 국제수지 적자의 폭을 늘려 놓았다는 것이다.[10] 따라서 "이러한 악조건 속에서 점화된 공장새마을운동은 처음부터 흐트러진 종업원의 마음을 새마을정신으로 재무장시켜 에너지 절감, 물자절약, 원가절감, 생산성 향상이라는 캐치프레이즈를 내걸기에 이르렀고 …… 따라서 초기 공장새마을운동의 기본목표는 거의 대동소이하게 불황타개 혹은 경영체질의 강화라는 데 초점을 맞추어 유효적절하게 운영"되었다고 하고 있다.[11]

사실상 이와 같은 내용은 1970년대 중반 이후에 다른 측면이 강조되기 시작하는 가운데에도 지속적으로 공장새마을운동의 중심을 형성하는 관념으로 남아 있었던 것으로 보인다.『공장새마을운동의 미래상』에서는 공장새마을운동의 과제로서 '고조건·고능률·고임금 체제'를 중요하게 언급하고 있으나, 그 내용을 보면 사실상 중심적으로 강조되고

---

10) 공장새마을운동추진본부,『공장새마을운동의 미래상』(1978), 17-18쪽.
11) 같은 책, 18쪽.

있는 것은 '고도한 생산성'을 뜻하는 '고능률'이다. 전두환 정권 이후로는 아예 '임금인상 자제를 통한 물가안정과 경쟁력 회복의 캠페인'이 공장새마을운동의 중요한 내용인 것으로 언급되고 있다.12) 1983년에 발간된 『공장새마을운동-이론과 실제』에서는 '인간관계와 노사협조'와 함께 '생산성 향상'이 여전히 공장새마을운동의 주요 추진사업으로서 주요하게 다루어지고 있으며, 생산성 향상을 위한 작업관리 및 공정관리의 방법으로는 테일러주의의 시간·동작연구(time and motion study)를 연상시키는 내용들이 열거되어 있다.13) 1989년에 발간된 『90년대 공장새마을운동-새로운 추진방향』에서도 생산성 향상은 공장새마을운동의 가장 중심적인 내용으로서 우선적으로 다루어지고 있다.

4. 경영혁신운동에서 경영근대화운동으로

70년대 중반 이후 공장새마을운동의 이념은 생산성 향상 중심의 단순한 내용을 탈피하여 지나치게 많은 수사(rhetoric)들을 동원하면서 복합적인 이념들의 지형도를 펼쳐 보이고 있다. 전반적으로는 새마을 운동 출발 당시에 강조되던 사회 전체의 근대화 프로젝트로서의 성격이 공장새마을 운동에도 파급되기 시작하는 분위기를 나타낸다.

"새마을운동은 바로 메마른 초토(焦土) 속에 감추어진 근면·자조·협동하는 민족적 긍지를 새 싹으로 탈바꿈시켜 나가는 일대약진운동으로 보는 것이다. 오천년 역사를 통해 처음으로 이루어지는 민족적 자각운동이며 구각(舊殼)을 탈피해가는 신생명운동으로 전개되고 있다. …… 공장새마을운동이라고 결코 그 예외일 수는 없다. 따라서 기업과 공장에서 추진되고 있는 새마을사업 중에서

---

12) 안양상공회의소 · 안양지역경제연구센터, (1986), 39쪽
13) 새마을운동중앙본부·공장새마을운동추진본부, 『공장새마을운동-이론과 실제』(1983)의 제4편을 볼 것.

도 가장 큰 관심을 갖고 추진되고 있는 것이 1) 자체 새마을 교육, 2) 새마을 애국 조례, 3) 건전가요 보급, 4) 새마을사업실천강령의 채택, 5) 신생활운동, 6) 부조리 추방, 7) 기타 새마을 총화행사 등이다. ……이를 바탕으로 경영합리화 작업이 눈부신 속도로 가속화되고 있다. 그 정신적 측면을 구체적으로 설명한다면, 첫째, 정직하게 사고하고 성실하게 일하는 직무자세가 정비되어 근면한 직장 분위기가 조성되고 있고, 둘째, 창의와 노력의 구현을 통한 새마을분임조활동을 꾸준히 전개하여 생산성을 극대화하고 기업을 발전시켜 그 과정에서 스스로 발전의 길을 찾아 나가는 자조 활동의 전개방식으로 나타나고 있고, 셋째, 인화, 단결을 촉구하여 총화체제를 구축하고 특히 현업부서의 팀워크를 강화하여 생산성을 향상시켜 나가는 협동하는 기풍이 진작되고 있다."[14]

이 인용문은 공장새마을운동이 70년대 중후반으로 가면서 하나의 총체적인 근대화운동으로 변화되고 있음을 보여주는 한 증거이다. 이전까지 좁게 정의되었던 경영혁신운동으로서의 공장새마을운동은 공장이라는 공간 자체를, 즉 기업과 노동자를 포함하는 제요소들을 합리화하는 운동으로 발전하게 되는데, 이것은 70년대 박정희 정권이 추구했던 근대화운

<표 5-5> 박정희 정권의 성장주의 이념 성격 변화

성장주의 근본목표	경제성장: 자립경제의 달성		
시기	5·16 집권기	3공화국 시기	유신체제기
강조점과 추구목표	·빈곤탈출 ·원조경제탈피 ·자립경제	·수출입국 ·공업화 ·고도성장	·중화학공업 ·자력갱생 ·균형발전, 복지국가
필요성	·권력획득의 근거	·외국의 자본과 기술의 필요성	·노동자 등의 반발장기집권의 명분
상황변화	·미국의 원조격감 ·50년대 말 이후의 경제위기	·한일국교 정상화 ·성장의 도약 ·국제경제권으로 편입	·유류파동 등 세계경제위기 ·농업부문의 정체 ·노동운동과 반체제운동격화

자료: 이우영, 1991: 150.

---

14) 공장새마을운동추진본부, 『공장새마을운동의 미래상』(1978), 24쪽.

동의 직접적인 연장선상에 있는 것이다. 이것은 당시의 상황 변화를 반영하는 것이거니와, 이러한 변화는 박정희 정권의 이념 변화 자체에서도 발견된다. 이우영의 연구에 의하면, 60~70년대 초반까지 박정희 정권의 성장주의 이념은 성장 자체를 목적으로 삼고 있다. 즉, 다른 어떤 것을 희생하고서라도 경제적 성장을 이룩하겠다는 성장제일주의로 명시되고 있다. 하지만 유신체제의 등장과 함께 이러한 성장주의는 일정한 성격 변화를 나타내게 되는데, 그것은 균형발전과 복지 등의 새로운 이념 요소들의 삽입이다. 즉, 절대적으로 무시되어왔던 민주적 및 분배적 요소들에 대한 고려가 이념 속에 등장한다는 것이며, 이우영은 이 변화의 원인으로 노동자 등의 세력이 장기집권에 반발세력으로 등장했다는 사실을 지적하고 있다.[15]

이러한 통치이념의 변화는 공장새마을운동의 담론에서도 그대로 드러난다. 78년 공장새마을운동추진본부가 발간한 『공장새마을운동의 미래상』은 공장새마을운동의 과제를 '고조건', '고능률', '고임금체제'로 제시하고 있다. 이것은 후반기 공장새마을운동을 규정하는 키워드이다. 즉, 공장새마을운동 초기의 이념에는 완전히 삭제되어 있는 작업조건의 개선과 향상, 임금상승 및 고임금 달성 등이 공장새마을운동의 핵심 이념으로 등장하게 되는 것이다. 다음과 같은 내용들이 이 시기에 공장새마을운동의 이념으로서 새롭게 강조되기 시작하고 있다.

1) 인적자원 이념의 강조

인적자원 개념은 단순한 경쟁력이나 능력 개념의 외연을 넘어서는 하나의 총체적 인간상의 형성이라는 관념으로 발전하고 있는데, 여기서 핵심은 직무확충 등의 프로그램을 포함하는 작업의 인간화 관념으로 제시되고

---

15) 이우영, 「박정희 통치이념의 지식사회학적 연구」(연세대학교 사회학과 박사학위논문, 1991)의 제5장을 볼 것.

있다.

> "종업원 개개인의 특질성을 인정하고 그들의 장래문제와 관련시켜 꿈을 키워나가는 것이다. 즉, 자기계발과 능력발전을 통해 주도적 자세와 사고방식을 길러 경영에 대한 발언의 기회를 확장하고 자기주장을 관철시켜나가는 직무자세라고 본다. 이에 대한 제도적인 장치로는 각자의 역할을 중심으로 상담을 통한 적정배치, 신분 파별 학력을 초월하는 인사관리시책, 적정평가 및 처우의 개선, 인간관계와 실적을 추구하는 병렬방식, 불필요한 통제의 축소 등을 포함하는 공평원칙이 적용되어야 한다."[16]

이러한 관념은 특히 '공장새마을분임조'의 활동을 논하는 가운데 같이 언급되곤 한다. 『공장새마을운동의 당위성』에서는 "공장새마을운동은 상부에서 지시하는 형태보다 민주적인 분임토의를 거쳐서 사업선정, 집행, 평가를 하도록 하고, 집단별 발표회를 자주 갖는 것이 효과적일 것이다"라고 하여 같은 관점을 나타내고 있다. 직무확충과 노동자의 경영참여 등 포스트포드주의적 방식으로의 노동과정의 변화를 암시하는 이와 같은 내용은 당시로서는 상당히 혁신적인 것이라 할 수 있을 것이다. 그러나 이와 같은 내용은 국가가 작업장의 공동체적 분위기를 진작시키고자 하는 의도에서 내세웠던 이념일 뿐, 실질적으로 작업장에서 현실화되지는 못했던 것으로 보인다. 공장새마을분임조는 오늘날의 작업팀과 같이 노동자의 노동과정상의 자율권을 확충하는 내용으로 발전하기보다는 노동자들에게 생산품의 품질관리에 대한 책임감을 심어주고자 노력하는 차원에 머무름으로써, 이에 대한 기업주와 노동자들의 관심의 격차가 나타나게 된다.[17]

---

16) 박기혁, (1981), 27쪽
17) 대한상공회의소·공장새마을운동추진본부, 『90년대 공장새마을운동-새로운 추진방향』(1989), 15쪽 이하 볼 것.

2) 고임금체제 지향과 실질적 복지 개념의 등장

70년대 중반 이후로 접어들면 공장새마을운동 추진의 이유로 기업의 경영난을 강조하고 내용에 있어서도 비용절감만을 강조하던 관행에서 일정 정도 탈피하여 새로운 논리가 제시되기 시작한다. 특히 눈에 띄는 것으로는 우선 경영혁신의 성과를 노동자들에게 분배한다는 의미에서 '고임금체제' 지향을 언급하는 점을 들 수 있다. "경영이라는 입장에서 볼 때 지난 60년대의 고도성장을 유도해 온 경영 내적 성장요인이 고조건·고능률·고임금 체제를 지향하는 데서 비롯되었다고 볼 수 있으며",18) "경영체질의 근대화는 …… 고조건·고능률·고임금 관리방식이 결과적으로 경영체질을 강화 혹은 합리화를 촉진시키는 계기가 조성될 수 있다"19)라고 하고 있다. 테일러/포드주의적인 합리적 관리에 의한 고임금체제 지향이 경영의 근대화를 가져오고, 60년대의 고도성장을 가져온 원인이었다고 평가하고 있는 것이다. 이러한 수사는 비용절감에 의한 기업경영난 타개에만 초점이 맞추어져 있던 초기 공장새마을운동의 이념을 어느 정도 수정하여 공장새마을운동이 '기업주와 근로자 모두를 위한 것'임을 주장하기 위한 것으로 볼 수 있다.

공장새마을운동과 관련하여 기업 내 복지에 대한 구체적인 언급은 80년대 이후 나타나기 시작한다. 『공장새마을운동과 기업경영 활성화』에서는 '공장새마을운동과 기업경영과제' 부분에서 생산성 향상과 더불어 '복지후생사업'을 기업경영과제의 하나로 언급하고 있다. 그 내용은 크게 사원복지, 새마을저축, 근로청소년 취학제도 등으로 분류되어 있다. '사원복지' 부분을 보면, "복지후생은 …… 종업원의 경제적 생활안정에 기여하고 노동력의 보존 및 증진이 촉진되어야 하며, 고용의 안정과 생활수준의

---

18) 공장새마을운동추진본부, 『공장새마을운동의 미래상』, 25쪽.
19) 같은 책, 같은 부분.

향상에 기여하여 많은 이익을 종업원과 가족에게 직접·간접으로 돌아가게 유도되어야 하는 것이다"[20]라고 하고 있다. 이는 '고임금체제 지향'의 강조에서와 마찬가지로 기업경영의 성과를 노동자에게 분배한다는 측면을 부각시키고자 하는 것이다. 아울러 복지후생 면에 충실해지면 '노동생산성이 크게 향상되는 것'이라는 내용을 볼 수 있다. 종업원을 위한 기업의 복지후생사업도 결국은 공장새마을운동 최고의 관심사인 '생산성 향상'과 연관짓고 있는 것이다. 공장새마을운동에서 중요시되는 복지후생시설로는 기숙사의 운영, 식당 및 휴게실의 설치 상태, 목욕탕의 시설, 응급처치시설이나 의무실, 체육시설의 유지 및 관리 등을 들고 있으며, 복지후생제도로는 장학금 지급제도, 적정상여금의 지급, 급식지원, 통근문제, 야간특별학급을 포함한 취학지원 등을 그 중심과제로 다루고 있다.[21]

3) 기업의 사회적 책임론

70년대 중반에 오면 공장새마을운동을 다루는 관제문헌들에서 '기업경영윤리' 또는 '기업의 사회적 책임'에 관한 언급들이 나타나기 시작한다. 『공장새마을운동의 당위성』은 제목에서 느껴지듯이 그 내용상 관제동원운동으로서의 공장새마을운동의 특성을 가장 강하게 나타내고 있다. 이 책은 새마을운동을 사회전체의 총체적 근대화운동으로 파악하여, 정신적, 정치적, 경제적, 사회·문화적, 교육적 측면에서 공장새마을운동이 '시대적 요청'임을 주장하고 있다. 이 글에서는 근대화운동으로서의 공장새마을운동을 주장하는 맥락에서 기업의 '윤리성'을 언급하는 부분이 눈에 띈다. 이 윤리성의 내용은 '사회적으로 적정타당한 이윤'의 획득과 '얻어진 이윤의 사회에 대한 공정한 분배'이다. 구체적으로 다음과 같이 표현되고 있다.

---

20) 안양상공회의소·안양지역경제연구센터, 『공장새마을운동과 기업경영 활성화』(1986), 54쪽.
21) 같은 책, 55쪽.

"P. 드러커에 의하면 '기업이 충분한 이윤을 낳지 않는다는 것은 사회의 손실이 되고 기업이 혁신이나 발전에 성공치 못한다면 사회의 빈곤화는 필연적인 것이 될 것이다'라고 하여 이윤의 획득을 그 기업이 그의 사회적 책임을 다하기 위한 전제인 것으로 인식하고 있다. 그뿐이 아니라 '경영의 사회적 책임과 이윤과의 사이에는 아무런 기본적 대응도 없다'고 하였다. 다만 그 이윤은 사회적으로 적정타당하다고 인정되는 범위에서의 이윤이라는 데서 첫째의 윤리성이 문제될 것이다. 그리고 그 얻어진 이윤의 공정한 분배를 사회에 대하여 하는 것이 보다 큰 이윤을 얻는 길이라고 인식하는 것이 둘째의 윤리성의 문제이다. 그것은 주주들에 대한 윤리이고 종업원들에 대한 윤리이다. 즉, 보다 쾌적한 일을, 좋은 급료를, 좋은 노동조건을, 일에 대한 만족감을, 일의 안정성을, 승진의 기회를, 그들이 한 인간으로서의 충실, 창의, 숙련, 노고, 정진, 팀웍 향상 등을 포함하는 윤리성인 것이다."[22]

다음 해에 발간된 『공장새마을운동의 미래상』에서는 '공장새마을운동의 과제'로서 '새마을정신풍토 조성', '고조건·고능률·고임금체제'와 함께 '기업의 사회적 책임'을 중요하게 다루고 있다. 또한 이에 대한 경영자의 역할을 언급하고 있다.

"기업이 특정한 자본가의 지배에 의해 운영되어 근로자, 나아가서는 일반소비대중의 이익을 고려하지 않는다면 기업이나 그것이 존재하는 배경으로서의 자본주의사회는 그들의 비판 공격의 대상이 되어 기업을 장기적으로 유지함은 물론 자본주의체제를 지속시킬 수 없게 된다. 따라서 일반소비대중 근로자의 이익, 나아가서는 그 밖에 이해관계자의 이익을 충분히 고려하여 그들의 이해관계를 조정함과 동시에 기업을 사회적 공기(公器)로서 존립하게 하고 또한 자본주의체제를 유지 발전시키지 않으면 안 된다. 이와 같은 행동책임이 바로 기업의 사회적 책임인 것이다. 그런데 이와 같은 기업의 행동책임의 방향을 결정하여 사회적 책임을 수행하는 것은 기업의 경영자이므로 이를 경영자의 사회적 책임이라고 부른다."[23]

---

22) 대한상공회의소·공장새마을운동추진본부, 『공장새마을운동의 당위성』(1977), 33쪽.
23) 공장새마을운동추진본부, 『공장새마을운동의 미래상』(1978), 31쪽.

여기에서는 기업의 사회적 책임의 내용이 보다 확장되고 또 구체화되고 있음을 볼 수 있다. '기업의 유지와 발전에 관한 책임'이나 고용안정과 복지후생 등의 '근로자에 관한 책임'뿐만 아니라 '소비자에 대한 책임', '주주에 대한 책임', (주주, 근로자, 지역사회, 소비자, 정부, 거래처 등) '이해관계집단의 이해조정책임' 등이 그 내용으로 설명되고 있다.[24]

5. 공장새마을운동의 내적 모순

1) 자발적 참여와 억압적 통제

인력자원 개발의 개념에는 개인의 생산성 향상과 능력개발의 이념 외에도 고용관계의 합리화 및 인력개발에 대한 합리적 보상의 관념이 함께 포함되어 있다. 공장새마을운동의 내용으로 자주 언급되는 '역할의 적절한 배치, 신분·파벌·학벌을 초월한 인사관리, 적정평가 및 처우의 개선' 등의 이념은 사실상 서구식 합리적 인력개발 관념을 반영한 것인데, 이것은 당시의 사정과 전혀 맞지 않을 뿐 아니라, 그 자체 공장새마을운동의 이념 구조에서도 모순을 일으켰다. 국가적 담론으로서의 '산업전사'나 '선성장 후분배'는 사실상 노동자들에 대한 배분을 사회적 담론에서 배제하고 있고, 더구나 기업주들 역시 노동자들에 대한 합리적 보상의 압력은 전혀 가지고 있지 않았다.

> "기업체 주도 하에 상명하달식으로 실시되고 있을 뿐만 아니라 생산성 향상 등 성과에 대한 배분이 적절히 이루어지지 못하고 있다는 점이다. 이 운동의 주체가 되어야 할 다수 종업원의 민주적인 의사가 동 운동의 계획과 실천과정에서 거의 소외되어 왔을 뿐 아니라 성과배분 역시 기업주 측의 처분에 맡기는

---

24) 같은 책, 31-32쪽.

결과를 가져왔다. 공장새마을운동이 농촌새마을운동에 비하여 상대적으로 효과가 적었다는 사실은 이와 같은 이유 때문인 것이다."25)

실제 공장새마을운동의 대상인 공장을 대상으로 행해진 한 경험적 연구에서도 공장새마을운동에의 참여가 종업원의 입장에서 '임금'과 '승진'이라는 중요한 '모티베이션의 요인'에 반영되지 못한다는 점을 문제점으로 확인하고 있다.

"그러므로 문제는 종업원들이 공장새마을운동의 의의와 필요성을 인정하고 새마을운동에 참여하여도 그 결과가 그들의 가장 관심사인 임금이나 승진에 반영되지 못하므로 공장새마을운동이 그들에게 모티베이션을 제공하지 못하고 있어 만약에 외부로부터 어떤 타율적 힘이 제거된다면 그들로부터 공장새마을운동에 대한 관심은 점차 사라지게 될 것이다."26)

이러한 조사결과는 80년대 이후 새마을운동중앙회의 설립을 통해 새마을운동을 민간주도의 운동으로 정착시켜 나가려던 전두환 정권의 의도와는 달리, 공장새마을운동이 참여 노동자들의 동기를 유발할 내용을 갖추지 못함으로써 여전히 관주도의 동원체제로서만 작용하고 있음을 보여주는 것이다. 이런 점에서 공장새마을운동을 지탱하는 한 축으로서의 인력개발의 관념은 이미 애초부터 기능 장애에 빠질 소지를 다분히 갖고 있었던 셈이다.

---

25) 박기혁,「한국경제발전과 새마을운동」,『새마을운동의 이념과 실제』(서울대학교 새마을운동 종합연구소, 1981), 195쪽.
26) 정광원,「새마을운동이 기업의 조직행동에 미치는 영향에 관한 연구 - 특히 서울지역의 일부 제조업체의 공장새마을운동을 중심으로」,《상명여자대학교 논문집》 14(1984), 303쪽.

2) 합리적 노사관계와 억압적 현실

이러한 문제점은 노사관계의 측면에 있어서도 지속적으로 드러나고 있다. 공장새마을운동을 논의하는 문헌에서는 항상 노무관리와 노사관계의 문제를 핵심적인 것으로 다루고 있다. 지향하는 방향은 물론 노사협조를 통한 생산성의 향상이다.

공장새마을운동이 지향하는 '노무관리방식의 혁신' 또는 '합리적 노사관계'란 메이요(E. Mayo)의 '인간관계론'의 논리를 기초로 하고 있다. 『공장새마을운동의 미래상』에서는 자본주의적 노무관리의 발달단계를 권위적 관리, 은혜적 관리, 과학적 관리, 민주적·인간관계적 관리의 네 가지로 설정하고, 각국의 기업환경 또는 기업의 사정에 따라서 그 전개과정이나 발전유형이 달라진다고 보고 있다.[27]

한국기업에서 추진하고 있는 노무관리의 특징과 문제점은 크게 두 가지로 정리되고 있다. 첫 번째는 노무관리풍토의 타성화로서 ① 목표·방침의 부재와 혼란, ② 연공서열형 방식, ③ 노무관리부서의 기능약화, ④ 기법에 대한 과신, ⑤ 인적 자원에 대한 경시 등을 들고 있다. 두 번째로는 고용관리 면에서 제기되는 문제로서 장단기 노무관리계획이 전혀 고려되어 있지 않고, 또한 기능 활용의 부족으로서는 ① 획일적 노무관리, ② 능력발휘의 기반허실, ③ 능력 및 업적평가상의 문제점, ④ 관리자 선발과 리더십의 문제점, ⑤ 동기부여의 미숙 등이 지적될 수 있다고 한다.[28]

1983년에 발간된 『공장새마을운동-이론과 실제』에서는 제3편 '인간관계와 노사협조' 부분에서 메이요(E. Mayo)의 4차에 걸친 호손(Hawthorn) 공장실험과 인간관계론의 함의를 자세히 설명하면서 동기부여의 중요성을 역설하고 있다. 또한 맥그리거(McGregor)의 X이론과 Y이론을 언급하면서 현대 기업경영에 있어서는 인적요소가 기업공헌 중심으로 반영, 발

---

27) 공장새마을운동추진본부, 『공장새마을운동의 미래상』(1978), 72-73쪽.
28) 같은 책, 74-75쪽.

휘됨에 있어서는 Y이론이 '절대 타당하다'고 강조하고 있다. 종업원의 사기를 앙양시키는 방법으로는 훌륭한 지도자의 지도력, 관용적인 관리방법, 합당한 경제적 보수와 원활한 의사소통 등을 언급하고 있다.29)

공장새마을운동은 초기부터 기업경영합리화와 생산성 향상을 위해 노사 간의 대화와 노사협조를 강조하였지만, 이러한 내용이 작업현장에서 실제로 현실화되지는 않았던 것으로 보인다. 사실상 공장새마을운동의 지침서들에서 언급되고 있는 인간적인 노무관리와 협조적 노사관계는 70년대의 작업장 현실과는 거리가 먼 것으로 느껴진다. 공장새마을운동 추진본부 측의 자체평가에도 이러한 현실이 반영되어 있다. "정부가 공장새마을운동 시작부터 노사대화를 권장하였지만 그 이념적 뒷받침이 부족하여 노사가 이를 지키는 일이 별로 없었으며, 정부의 일방적인 지도만이 강행되는 가운데 근로자들의 소외현상과 불만누적의 결과를 가져왔다"30)는 것이다. 결국 합리적 노사관계란 공장새마을운동추진본부에서 내세우는 구호에 그쳤을 뿐, 실제로 작업현장의 현실을 변화시키지는 못했던 것으로 보인다.

3) 개인주의와 공동체 이념의 충돌

새마을운동은 사회 전체의 근대화운동이라는 의미를 갖고 있었다. 따라서 (공장)새마을운동이 지향하는 노동자상은 근대적인 주체로서의 합리적인 서구적 노동자로 그려지고 있다. 또한 공장새마을운동 관련 문헌들에서는 과거의 권위주의적이고 온정주의적인 노사관계에서 탈피하여 근대적인 합리적 노사관계로 이행해야 한다는 주장을 쉽게 찾아볼 수 있다.31)

---

29) 새마을운동중앙본부·공장새마을운동추진본부, 『공장새마을운동-이론과 실제』(1983) 95쪽 이하 볼 것.
30) 대한상공회의소·공장새마을운동추진본부, 『90년대 공장새마을운동 - 새로운 추진방향』(1989), 19쪽.
31) 새마을운동중앙본부·공장새마을운동추진본부, 『공장새마을운동-이론과 실제』(1983)

그러나 동시에 공장새마을운동은 그 근본이념으로서 공동체주의, 즉 '공장을 가정처럼, 종업원을 가족처럼' 만들자는 고유의 이념을 동시에 포함하고 있다. 『공장새마을운동과 기업경영 활성화』에서는 기업경영과제의 두 번째 항목으로 '일체감 조성'을 언급하고 있는데, 그 내용은 '직장의 제2가정화'이다. 이를 이룩하기 위한 사업으로는 불우동료사원 돕기, 가정통신문 보내기, 가정새마을운동의 장려, 합동생일축하회, 합동결혼식, 사내복지시설의 공동활용, 종업원 가족들의 공장견학, 종업원 가족들을 포함시키는 '가족의 날' 행사, 건전가요, 오락회, 효자·효녀·효부 표창 등이 상당한 성과와 호응을 얻고 있다고 밝히고 있다.[32]

이러한 측면에 대한 강조는 앞서 언급한 근대적 노사관계에 대한 강조와 내용상 충돌할 소지를 가지고 있는 것으로 보인다. 공장새마을운동은 기업경영과 노사관계의 근대화라는 기본 이념을 가지고 있었으나, 실질적인 추진과정에서는 노사협조체제를 강조하는 가운데 전통사회적 특성이 반영된 온정주의적인 노사관계를 유지하고 강화해 오게 된 것이다. 이는 결과적으로 근대적 노사관계 정착의 실패뿐만 아니라 경영자의 사회적 책임에 대한 강조의 내용도 무력한 것으로 만들어 버리게 된다. 다음의 평가는 이러한 문제점을 잘 드러내 주고 있다.

> "노사관계는 근원적으로 계약관계에 의해 이루어지며 공장규율이 사실상 이 근로계약을 중심으로 유지되기 때문에 노사 간에는 공동체 관계에 앞서 이해상충관계가 존재한다. 이러한 곳에 대한 정부주도 하의 공장새마을운동의 추진은 결과적으로 근로자의 노동강요와 사용자의 지시권의 남용을 가져와 기업은 망해도 기업인은 치부(致富)하는 아이러니컬한 기업풍토까지 가져오게 되었다."[33]

제3편 4장과 공장새마을운동추진본부, 『공장새마을운동의 미래상』(1978)의 24쪽 이하, 그리고 53쪽 이하 볼 것.
32) 안양상공회의소·안양지역경제연구센터, 『공장새마을운동과 기업경영 활성화』(1986), 50-51쪽.
33) 대한상공회의소·공장새마을운동추진본부, 『90년대 공장새마을운동 - 새로운 추진방향』(1989), 18쪽.

근대적 개인주의는 사회적으로 자리를 잡지 못하고, 전통적인 공동체주의는 기업주의 이익을 위한 것으로 변질되는 결과를 가져온 것이다.

6. 결론

『90년대 공장새마을운동-새로운 추진방향』에서는 공장새마을운동 추진상에서 나타난 공통적 문제점으로 '공장새마을운동의 본질과 기본이념 및 추진목표의 이해부족'과 '기업경영활동과 공장새마을운동과의 연계 불충분' 등 10 가지를 지적하고 있다. 첫 번째로 지적되고 있는 '본질과 기본이념 및 추진목표의 이해부족'이 뜻하는 바는 결국 공장새마을운동이 작업현장에 끝내 제대로 뿌리를 내리지 못했음을 뜻하는 것으로 볼 수 있다. 그러나 이에 관해서는 기업주와 노동자들의 인식 사이에 일정한 차이가 나타나고 있다. 1985년에 실시된 조사에 따르면 업계(공장)에서는 공장새마을운동이 '생산성 향상에 기여하고 있다'는 의견이 62.4%로서 긍정적으로 평가하고 있는 반면, 종업원의식 조사결과는 '성과가 매우 크다'는 의견이 15.5%에 불과하고, '성과가 있으나 미미하다'는 의견이 48.1%, '성과는 별로 없고 형식적이다'라는 의견이 34.4%를 차지하여 공장새마을운동에 대해 근로자(종업원)들은 대체적으로 부정적인 반응을 보이고 있다는 것이다.[34]

또한 공장주를 대상으로 한 조사결과이긴 하나, 공장새마을운동 추진상의 문제점으로 가장 크게 부각되고 있는 것이 '근로자의 참여의식 결여'라는 조사결과도 같은 현상을 지적하고 있는 것으로 보인다. 이러한 현상의 원인으로는, 앞서 언급하였듯이 운동의 추진 성과가 노동자들에게 긍정적인 보상을 가져다주지 못했다는 사실이 가장 크게 작용했을 것으로

---

34) 같은 책, 16쪽.

보인다. 원가절감 및 생산성 향상과 경영혁신운동으로서의 공장새마을운동에 대해 기업주들은 환영하지 않을 이유가 없었으나, 노동자들의 입장에서는 이를 통해 얻어지는 가시적인 보상이 없었던 것이 양자 간의 견해 차이를 가져온 주된 요인인 것이다. 억압적 노사관계 현실의 실질적인 변화가 나타나고 있지 않은 가운데 노동자의 정신혁명을 강조하는 공장새마을운동에 대해 노동자들의 호응이 적었던 것은 당연한 일이라 할 수 있을 것이다.

또한 공장새마을운동은 농촌새마을운동과 달리 실질적인 재원의 투자가 거의 없는, 구체적인 사업보다는 정신계몽운동에 치중했던 사실[35]도 공장새마을운동의 성과 부진과 80년대의 쇠퇴 과정에 영향을 미친 것으로 보인다. 새마을운동은 박정희 개인의 지도 이념 및 유신체제 등과 밀접한 관계를 가진 것이었다.[36] 전두환 정권은 박정희 시대와는 다른 새로운 이념들을 내세웠으며, 그 과정에서 물적 기반 없이 정신혁명을 강조하는 내용의 공장새마을운동은 자연스레 쇠퇴하게 된 것이다. 박정희 시기의 공장새마을운동은 관주도의 강력한 동원체제에 의해 유지되었다. 새마을운동을 민간주도체제로 전환하고자 한 전두환 정권의 의도는 공장새마을운동의 추진력을 약화시켰으며, 어차피 실질적인 보상이 없었던 공장새마을운동은 노동자들을 더 이상 동원할 수 없게 되었던 것이다.

---

35) 이에 대해서는 박진도·한도현, 「새마을운동과 유신체제-박정희 정권의 농촌 새마을운동을 중심으로」, 50쪽.
36) 이에 대해서는 이우영, 「박정희 통치이념의 지식사회학적 연구」(1991)의 논의 참조.

| 참고문헌 |

고세진. 1983. 「공장새마을운동에 관한 연구」. 연세대학교 행정대학원 석사학위 논문.
공장새마을운동추진본부. 1978. 『공장새마을운동의 미래상』.
김동일. 1986. 「중소기업 근로자의 의식구조와 노동조합」. 새마을운동중앙본부 지역개발조사연구단. 『2000년대를 향한 새마을운동의 전개방향』.
김영모. 2003. 『새마을운동연구』. 고헌출판부.
김종호. 1977. 『새마을운동과 지도이념』. 새마을지도자연수원.
김진탁 외(계명대학교 새마을연구소). 1978. 「공장새마을운동의 심화발전방안에 관한 연구」. 새마을운동 연구논문집 간행위원회. 『새마을운동연구논문집』, 제1권(상).
김형기. 1988. 『한국의 독점자본과 임노동-예속독점자본주의 하 임노동의 이론과 현실분석』. 까치.
내무부. 1978. 『새마을운동-시작에서 오늘까지』.
_____. 1980. 『새마을운동 10년사』.
대통령비서실. 1978. 『새마을운동-박정희 대통령 연설문 선집』.
대한상공회의소·공장새마을운동추진본부. 1977. 『공장새마을운동의 당위성』.
_____. 1989. 『90년대 공장새마을운동-새로운 추진방향』.
박기혁. 1981. 「한국경제발전과 새마을운동」. 『새마을운동의 이념과 실제』. 서울대학교 새마을운동 종합연구소.
박재홍·김규창. 1986. 「노동조합의 육성과 새마을운동」. 새마을운동중앙본부 지역개발조사연구단. 『2000년대를 향한 새마을운동의 전개방향』.
박준식. 2001. 『세계화와 노동체제』. 한울아카데미.
박진도·한도현. 1999. 「새마을운동과 유신체제-박정희 정권의 농촌 새마을운동을 중심으로」. ≪역사비평≫, 47(여름호).
박해광. 2003. 『계급, 문화, 언어: 기업공간에서의 의미의 정치』. 한울아카데미.
새마을운동중앙본부·공장새마을운동추진본부. 1983. 『공장새마을운동-이론과 실제』.
새마을운동중앙본부·직장새마을운동중앙협의회. 1984. 『직장새마을운동추진기법-연구논문집 Ⅲ』.

새마을운동중앙회. 2000. 『새마을운동30년자료집』.
신병현. 1995. 『문화, 조직, 그리고 관리』. 한울.
____. 2000. 『작업장문화와 노동조합』. 도서출판 현장에서 미래를.
____. 2001. 『노동자문화론』. 도서출판 현장에서 미래를.
신원철. 2003. 「경영혁신운동으로서의 공장새마을운동: 대한조선공사사례」. ≪산업노동연구≫, 제9권 2호.
안양상공회의소·안양공장새마을운동추진지부. 1981. 『1981년 안양지역 공장새마을운동의 진단-활성화방안의 모색』.
안양상공회의소·안양지역경제연구센터. 1986. 『공장새마을운동과 기업경영 활성화』.
유병용·최봉대·오유석. 2001. 『근대화전략과 새마을운동』. 백산서당.
이영일. 1979. 「공장새마을운동의 반성과 신전개방향」. 동국대학교 경영대학원 석사학위논문.
이우영. 1991. 「박정희 통치이념의 지식사회학적 연구」. 연세대학교 사회학과 박사학위논문.
정광원. 1984. 「새마을운동이 기업의 조직행동에 미치는 영향에 관한 연구-특히 서울지역의 일부 제조업체의 공장새마을운동을 중심으로」. ≪상명여자대학교 논문집≫, 14.

6장
1970년대의 산업선교 활동과 특징
2세대 산업선교 실무자들을 중심으로

권진관 (성공회대학교 신학과 교수)

1. 서론

1970년대는 한국의 산업사회가 폭발적으로 확장되는 시기였다. 젊은이들이 농촌을 이탈하여 도시로 몰려들면서 노동자의 숫자도 크게 늘었고, 대형공장들이 서울과 인천, 마산 창원 등지에 들어섰다. 시골에서 올라온 젊은이들이 집단으로 공장에 취직하여 저임금, 장시간 노동에 시달렸다. 이 시기는 노동자들이 대도시 공장지대에 집단적으로 모여 살았고 노동조건도 매우 열악하여 노동운동이 발전할 수 있는 좋은 조건을 갖추고 있었다.

1970년대의 경인지역의 산업현장은 문자 그대로 일촉즉발의 분위기였다고 말해도 과언이 아니었다. 이러한 상황 속에서 산업선교(약칭: 산선)는 그 활동반경을 넓혀갔으며, 1970년대의 대부분의 노동운동에 관여하며 한국노동운동을 이끈 중심세력이었을 뿐만 아니라, 기독교 사회운동과 민중운동을 촉발시킨 동력이기도 하였다. 1970년대 중후반에 들어서 산업선교는 뉴스의 초점이 되었다. 정부와 기업은 "도산(도시산업선교회의 준말)이 들어오면 도산(倒産)한다"고 하고 산선을 용공(容共)으로 몰기도 했다. 기독교 교회도 산선을 불온시하여 교회로부터 내몰려고 하였다. 산선의 영향력이 어떠했는가를 반증해 준다. 산선은 일찍이 1960년대부터 일했던 조승혁 목사, 조지송 목사, 조화순 목사, 이국선 목사를 비롯하여 인명진 목사, 정진동 목사, 김경락 목사, 안광수 목사 등 성직자들이 실무의 중심을 이루었지만, 이들 목사들보다 젊은 2세대 실무자들도 이들 성직자들에 못지않게 중요한 일을 하였다. 이들의 대다수는 평신도였다. 이 글에서 필자는 산선의 2세대 실무자들 중에서 최영희, 황영환, 김근태, 명노선, 신철영, 정강자 등의 활동에 대해서 주로 논의하려고 한다. 그동안 산업선교 활동에 대한 기록과 논의가 사업 중심이거나, 저명한 성직자들의 활동에 집중되었다는 점을 감안하여, 이 글은 2세대 실무자들, 특히 평신도 실무자들의 활동을 중심으로 논의할 것이다.

이 연구의 범위와 방법에 관해서 언급하려고 한다. 연구의 범위는 1970년대 산업선교운동의 중심지였던 인천 산선과 영등포 산선의 활동과 인물에 국한할 것이다. 대표적인 두 산업선교회 외에 경수산업선교회(기독교대한감리회, 안광수 목사), 동인천산업전도센타(한국기독교장로회, 이국선 목사),[1] 청주도시산업선교회(정진동 목사),[2] 구미산업선교회(대한예수교장로회, 고애신 전도사) 등이 있었지만, 여기에서는 두 개의 주요 산업선교회를 연구의 대상으로 삼을 것이다. 실제로 두 개의 주요한 산업선교회를 빼고, 청주산업선교회를 제외하면 나머지 산업선교회들은 일찍 문을 닫았다.

연구를 위한 분석을 위해 이미 출판된 자료를 재검토하는 작업에 착수했다. 그러나 현재 출판되어 있는 자료들 가지고는 이 연구를 수행할 수 없기 때문에 해당 인물들과의 직접 면접과 그들의 구술을 많이 사용할

---

1) 경수산업선교회와 동인천산업전도센타 등에 관해서 자세한 내용은 조승혁, 『도시산업선교의 인식』(민중사, 1981), 37-41쪽 참조.
2) 1972년에 설립되어 지금까지 이어져옴, 처음에는 대한예수교장로회 소속이었다가 노회 등에서 산선활동을 반대하여 80년대에 탈퇴하여 지금은 초교파로 활동하고 있으며, 70년대 청주 지역의 노동자들의 조합조직, 인권문제 등을 위해 활동하였다. 설립된 지 올해 33주년이 되었고, 조순형 전도사가 초창기부터 함께 일해 오고 있다.

것이다. 연구자는 연구의 객관성을 확보하기 위해서 보다 많은 사람들을 직접 면접하거나 전화로 질문하여 구술 내용의 객관성과 진실성을 최대한 확보하려고 노력하였다.

2. 인물들에 대한 약술

최영희는 1972년 이화여대 사회학과 4학년 재학중에 파트타임으로 인천산업선교회에 들어가 일하기 시작하여 1976년 건강이 나빠져서 중단할 때까지 반도상사 노동조합을 결성하는 일을 지원하는 등 노동자 조직화에 힘썼다. 황영환은 1960년대 초부터 산업선교 활동에 참여했다. 1960년대 초에 산업전도를 한국에 심기 위해 온 미국인 선교사 조지 오글 목사와 교류했으며, 이때 주로 조승혁 목사와 함께 일했다.[3] 그는 노동자 출신으로 한국베어링에서 노조운동을 하였다. 황영환은 인천의 노동자들을 돌보고 보살피는 일에 관심을 기울였다. 황영환은 조승혁 목사나 그 후임자인 조화순 목사에 못지않은 영향력을 발휘했다고 평가할 만하다.

황영환보다는 후배이지만 노동자 출신의 지도력을 보여준 다른 사람은 유동우[4]이다. 1960년대 말에 무작정 상경하여 여러 섬유회사에서 공원(工員)으로 일하다가 부평의 외국인 투자기업인 삼원섬유에 공원으로 입사했다. 그는 1973년경부터 비판적 사회의식을 가지게 되고 삼원섬유에서

---

[3] 1960년대 후반까지는 산업전도라고 불리었다. 산업전도는 1957년 4월에 예수교 장로회에서 시작되었고, 1958년에는 '영등포지구 산업전도위원회'가 설립되었으며, 이어서 대규모 공장이 있는 전국의 주요 도시에 산업전도위원회를 조직하였다. 감리교회는 1961년에 인천지역에서 산업전도위원회를 설치하였다. 기독교장로회는 1963년 인천에서 산업전도를 시작하였다. 그리고 대한성공회가 1961년에, 그리고 구세군대한본영이 1965년에 산업전도를 시작하였다. 1968년 아시아기독교협의회에서 '산업전도'에서 '산업선교'의 개념으로 전환되면서 눅4;18를 근거로 '도시산업선교'라는 하나님의 선교 입장에서 활동을 새롭게 한다.
[4] 전 삼원섬유 노조분회장.

노동자들의 권익옹호운동에 참여한다. 그는 독실한 기독교인이어서 산업선교회에 쉽게 연결되어 활동하게 되었다. 그는 황영환처럼 실무자로 채용되지는 않았지만, 산업선교회 활동에 참가하여 활동한 대표적인 노동자였다.

이와 동시에 인천에는 이창식이라고 하는 서울대 경제학과 출신이면서 한신대 신학과를 졸업한 전도사가 있었다. 이창식도 조화순 목사, 황영환, 최영희 등과 함께 인천 산선에서 일했다.5) 황영환에 의하면, 이창식은 1975년경에 인천 산선에 들어와 6개월간 공장에 들어가 훈련을 받고 약 2년간을 일했다고 한다. 이대 출신인 김은혜도 1978년경에 산선 실무자로 잠깐 활동하였다. 이후에는 인재근도 산업선교회 실무자로 활동했다. 김동완 목사는 1978년도 경에 들어와 인천 산선 일을 3개월 하다가 인천 산선을 그만두고 강원도 농촌에 들어가 농촌 활동을 했다. 그후 1980년에 농촌에서 다시 인천산업선교에 돌아와서 1981년에 인천 산선 총무가 된다.6) 김동완 목사는 조화순, 김근태 등과 함께 일하다가 1984년에 인천 산선을 사직한다. 서울대 경제학과 출신인 김근태는 학생운동을 하다가 지명수배 당하여 도피하면서 오랫동안 노동을 했다. 부인 인재근이 인천 산선 실무자로 일했는데, 1978년 말에 인재근이 그만두면서 그 후임으로 들어가 실무자로 일했다. 그는 1983년 9월 말 민청련 의장직을 맡을 때까지 인천 산선 실

---

5) 황영환의 증언에 의하면, 1975년경 중반 이창식은 조화순 목사에게 자기의 월급을 줄이더라도 황영환의 월급을 자기의 월급만큼 되게 올려달라고 요청하였다. 황영환은 자신이 노동자 출신이기 때문에 월급을 적게 받아 왔다는 사실에 대해서 당시 총무였던 조화순 목사에게 강력하게 항의하였다고 한다. 김귀옥·권진관, "황영환 구술" 녹취문, 『한국 산업노동자의 형성과 생활세계』(성공회대학교 사회문화연구원 노동사연구소, 2004).
6) 김동완 목사가 3개월만 일하다가 그만둔 것은 산선의 노동자들이 조화순 목사 외에 성직자가 더 있게 되면 너무 성직자 중심이 되지 않겠는가 하는 우려와 불만 때문이었다고 한다. 김동완 목사는 1980년 4월에 인천 산선의 요청으로 다시 산선에 복귀한다.

무자로 일했다. 이밖에도 유재남이 인천 산선의 직원으로 1972년부터 1979년까지 일했다. 1984년 김동완 목사가 인천 산선 총무직을 사임한 후에도 산선활동은 계속 이어졌다. 그 이후의 인천 산선 책임총무들은 김정택 목사, 박일성 목사 등이 맡았다. 김정택, 박일성은 1981년경부터 인천 산선의 실무자로 참여했다. 1984년에 김정택 목사가 김동완 목사에 이어 인천 산선 총무로 취임했다. 인천 산선의 명맥이 끊어진 것은 상황에 큰 변화가 있었다는 것, 즉 민노총 등 노동자 자신들이 스스로 조직화되어 가는 과정이 80년대 후반에 진행되면서 이제 더 이상 산선과 같은 지도세력이 필요 없게 되었다는 것, 그리고 후임 실무자들이 새로운 상황에 대처할 수 있는 능력을 갖춘 후임 실무자의 부족이라는 이유도 겹쳐 인천산업선교회는 1990년대 초까지 이어오다가 민중교회 등 새로운 운동방식에 그 자리를 넘겨주게 되었다. 인천 산선은 현재 인천복지선교회라는 이름으로 존재하고 있다. 이렇게 변화된 과정을 황영환은 산선의 노동운동적인 활동은 뒤로 물러나고 교회적인 활동으로 재편되는 과정으로 보았다.

이러한 사정은 영등포 산선의 경우도 비슷하다고 하겠다. 그럼 이제 영등포 산선의 제2세대 리더십의 경우를 살펴보기로 한다. 대표적인 인물로 명노선, 신철영 등을 들 수 있다. 명노선은 독실한 감리교 집안에서 태어나 서울에서 교육받고, 1975년 3월 장신대학을 졸업하였다. 졸업과 함께 영등포 산업선교회의 실무자로 일했다. 1983년까지 8년 여 동안 조지송 목사, 인명진 목사를 도와 영등포 산업선교회의 실무자로서 활동하였다. 당시 영등포 산업선교회에는 남성 실무지도력이 대부분이었기 때문에 여성인 명노선의 지도력은 그 스타일이 남성들과 달라서 당시 산업선교회원의 대부분을 차지했던 여성노동자들의 섬세한 정서에 잘 맞았다고 한다. 당시 원풍노동자였던 장석숙에 의하면 명노선은 어머니와 같이 여성들을 푸근하게 포용해 주는 사람이었다고 한다.[7] 명노선이 영등포 산선을 그만 두게 된 동기 중에 중요한 것은 영등포 산선의 교회화 혹은 교단화의 과정과 연관된다고 한다. 인명진 목사가 1983년에 총무를 사임하면서 인 목사는 산업선교회가 예수교 장로회(예장)에 더욱 뿌리를 박는 것이 좋겠다고 생각했고, 예장 쪽 사람들로 채우는 게 좋겠다고 생각했던 것 같다. 이리하여 명노선은 인명진 목사(예수교 장로회 소속)가 사임하면서 동반 사임하게 된다. 그후 이근복 목사가 1983년에 영등포 산업선교회에 참여하였다가 같은 해부터 총무로 취임했다.

신철영은 군제대 후 서울대 공대를 1978년에 졸업하고 잠시 한양주택에 근무하다가 같은 해 7월에 영등포 산업선교회의 실무자로 들어가 1988년까지 약 10년간 산선활동을 하였다. 후에 들어온 송진섭은 기독교청년운동에 몸담다가 1982년 3월부터 영등포 산선에 실무자로 일했다. 이 보고서가 다루고 있는 시기는 70년대라고 되어 있지만, 70년대의 노동운동은 1983년까지 같은 맥락으로 이어진다. 1983년 원풍모방 노동조합이 영등포 산선의 농성장에서 나오면서 산업선교 운동의 커다란 흐름은 일단 매듭지어진다. 1983년은 산선에게는 매우 중요한 해였다. 1983년에 인천 산선의 조화순 목사와 김근태가 사직했고, 84년에는 김동완 목사가 사직했다. 1983년에 영등포 산선에서는 인명진, 명노선이 사임했다. 따라서 1983년을 기점으로 산선이 많이 변화했다고 할 수 있다.

여기에 거명된 2세대 산선 실무자들 외에 산선 활동에 중심적인 지도세력의 위치에 있었던 사람들 중에는 노동자 회원들도 많았다. 실제로, 이들은 노동자 당사자들이며, 노동자들과 함께 생활했던 사람들로서 동료 노동자들에 대해 산업선교 실무자들보다 더 큰 영향력을 행사했었다고 해도 과언이 아닐 것이다.

---

7) 권진관, "장석숙 구술" 녹취문, 『한국 산업노동자의 형성과 생활세계』(성공회대학교 사회문화연구원 노동사연구소, 2004).

3. 70년대 산업선교의 활동: 제2세대를 중심으로

1) 인천 산선의 경우

1970년 11월 전태일 열사가 근로기준법을 지키고 노동자의 인권을 보장하라는 주장을 하며 분신자살하는 사건이 벌어지면서 사회 전반에 노동문제의 심각성이 대두되었다. 이때 인천, 영등포, 구로 등 공장이 밀집된 산업지대에서는 산업선교가 활발하게 진행되고 있었다. 인천에서는 조화순 목사가 1960년대 말 동일방직에 들어가서 노동하면서 동일방직 노동자들을 조직하게 되었다. 황영환이 조화순 목사를 도와 산업선교회의 노동자 출신 실무자로 일하면서 동일방직 노동자들을 조직하고 교육하였다. 1972년에는 노동문제에 일찍 눈을 뜬 최영희가 이대 4학년 재학 중에 인천 산선에서 파트타임으로 일하기 시작하다가 이듬해부터 풀타임 실무자로 활약하였다. 조화순 목사는 여성노동자들에게 깊은 동정과 사랑을 가지고 있었고 그들의 고통을 자신의 고통으로 생각하여 같이 아파하였다고 한다. 인천 산선을 이끈 동인은 단연 조화순, 황영환의 노동자에 대한 깊은 사랑에서 비롯되었다고 하겠다. 이때 함께 일했던 실무자로 유흥식이 있었다. 그는 1968년경에 실무자로 일하기 시작했다. 주로 회사와 공장의 중간관리자들 (주임, 계장급) 모임을 담당했다고 한다. 그는 약 10년간 인천 산선의 실무자로 일했다. 1970년대 초 전용환 목사도 약 4년간 인천 산선에서 실무자로 일했다.

동일방직에는 노동조합이 오래 전부터 있었다. 그러나 민주적인 노동조합은 1972년 당시 부녀부장이었던 주길자가 최초의 여성지부장으로 선출되면서부터 시작되었다. 이때 동일방직은 1,383명의 조합원 중 1,214명이 여성이었다.[8] 그 이후 1973년 겨울에 대형 공장인 반도상사 부평공장에

---

8) 동일방직복직투쟁위원회 엮음, 『동일방직 노동조합운동사』(돌베개, 1985), 32쪽.

서 민주노조 조직을 위해 교육이 진행되고, 1974년 봄에 여성노동자가 위원장이 되는 민주노조가 조직되면서 인천지역에서 민주노동운동이 크게 확대되었다.

1972년경 인천산업선교회는 동일방직 노조와 함께 노동자 소그룹을 13개 정도 조직했다. 당시 13개의 그룹이 일주일에 한 번씩 모이게 되니까 이들을 지도하는 일에 무척 바빴다. 13개 그룹을 만나기 위해서 실무자들은 하루에 오전 오후 두 번씩 그룹을 만나야 했다. 이것이 가능했던 것은 그 당시 동일방직은 3교대제였기 때문이었다. 이들은 모여서 신문을 가지고 토론하고, 근로기준법을 배우고, 뜨개질, 요리법, 성경도 배웠다고 한다. 사회현실에 대해 눈을 뜨도록, 등사기를 돌려서 자료를 만들어 어려운 시사적인 단어들을 쉽게 가르쳤다. 기금이 없어서 노동자들이 회비를 내어 프로그램 경비를 충당했다고 한다.

최영희는 동일방직이 중심이 된 활동에서 벗어나 다원화해야 한다고 생각했다. 1973년 10월경부터 최영희는 김의례라고 하는 동일방직 노동자를 앞세워 다양한 노력 끝에 노동자들과 연결되어 3개의 공장에 다니던 여성노동자 8명을 만나기 시작하였다. 이 중에 반도상사에서 일하고 있는 한순임이라고 하는 후일 반도상사 노조지부장이 되는 노동자를 만난다. 이들과 함께 최영희는 부평지역의 한 판자촌에서 "부평지역 여성근로자 리더쉽 교육"을 하게 된다. 프로그램은 일주일에 한번 만나는 3개월 코스로 만들었는데 토요일 4시경에 만나면 밤 10시경까지 진행되었다고 한다. 여기에서 다양한 노동교육을 하고 현장 얘기도 했다. 이들의 첫 활동은 현장에서 좋은 노동자들을 조직하는 일이었다. 관심을 갖고 지속적으로 잘 대화하고 좋은 인간관계를 맺는 방식으로 해서 조직의 폭을 확대하는 방법을 택했다. 이러한 방법이 미도파 섬유 등에서 효과를 발휘하였고, 반도상사에서 큰 호응을 얻었다. 반도상사에서 드디어 1973년 겨울에 민주노조가 결성된다. 결성되는 과정에 최영희의 치밀한 지도와 한순임의 탁월한 능력이 발휘되었다. 한순임은 여느 노동자와는 다르게 말을 빨리 이해했고, 조리 있게 자기의 의견을 표현하였다. 한순임이 장현자, 옥판점, 김복순 등 반도상사 노동자 20명(나중에 8명이 더 가세)을 조직하여 최영희와 만났다. 이렇게 이 노동자들과 얘기를 나누는 과정 속에서 파업을 해야겠다는 생각이 노동자들 사이에 대두되었다. 이렇게 하여 반도상사에서의 파업이 준비된다. 나중에 한순임은 정보과 형사들의 회유로 최영희를 간첩으로 오인하기까지 하였다. 나중에 이러한 오해는 풀렸다고 한다.

그 당시에는 노동조건이 너무나 나빴기 때문에 노동자가 의식화되면 노동운동은 쉽게 불붙었다. 최영희는 대학생들의 노동실태 조사 방문을 받고 이들에게 설명했던 내용이 학생보고서로 나오게 되면서 당시 전국적인 학생운동의 조직인 민청학련 사건에 본의 아니게 연결되어 피신 생활을 하게 된다. 피신 생활을 마치고 돌아온 시기는 1974년 10월경이었는데, 당시 인천 산선에 있었던 26개의 소그룹이 모두 깨지고 없어졌었다고 한다.9) 최영희는 1976년에 출산하게 되어 산업선교회를 그만두게 된다. 그 이후 최영희는 노동법 해설서를 저술하였고, 노동조합에서 노동운동에 관한 강연회를 많이 하게 된다.

황영환은 산업선교회 초창기인 1960년대부터 이미 인천의 산선활동을 하였다. 1970년대 말까지 9년 이상을 일하였다. 조화순 목사를 도와 동일방직 노동자 교육에 참여하였고, 반도상사 노조를 조직하는 과정에서 최영희를 도왔다. 최영희가 적극적이고 조직적으로 노동자들을 이끌었던 것에 반하여 황영환은 노동자들과 함께 생활하면서 일체화되었다. 다음은 인천산업선교회 총무인 조화순 목사가 황영환의 활동에 대해서 언급한 것이다.

"탄압받으면서 산업선교 오게 하고 탄압 속에서도 어려움 속에서도 자기들을 인정해 주고 도와주려고 애쓰는 단체가 산업선교회 밖에 없었다고 하는 거 나는

---

9) 김귀옥, "최영희 구술" 녹취문, 『한국 산업노동자의 형성과 생활세계』(성공회대학교 사회문화연구원 노동사연구소, 2004).

이런 것들이 노동자들에게 힘이 되어주었고, 그리고 또 …… 굉장히 도우려고 애썼거든. 황영환 선생 같은 사람은 없어. 그 사람 같은 사람이 없거든요 …… 그 사람같이 인생 산사람 어디 있어. 그 사람 같은 사람 없거든요. 이 사람은 누가 노동자들이 뭐라고 그런다 그러면 이사람 꼭 쫓아다녀요 이사가면 이사가는 데 쫓아다녀, 어려운 거 법적으로 뭐하는 거 다 쫓아다녀. 자기가 안 해줘도 같이 가주는걸 해요. 노동자가 어려울 때 아플 때 억울할 때나 그런 거 정말 노동자들이 정말 제일 좋아했던 사람이 황영환 선생이었거든. 인천에서 그런 거를 내가 못 따라. 그 다음이 난데, 황영환 선생에 비교하면 나는 못 따라요."(조화순 구술: 강남식, 2003)

김근태는 1974년 크리스챤 아카데미 노동교육에 학출[10] 노동운동가로 참석하면서 방용석(원풍모방), 이영순(콘트롤데이타) 등 여러 노동자 세력과 만나 친교를 나누었다. 1975년에는 냉동기사자격증 등 많은 자격증을 따고 노동을 시작했다. 1978년 말부터 인천 산선에 실무자로 약 4년간 일한다. 김근태는 노동자들과 함께 시간을 보내면서 노동자들의 이야기를 들어주며 그들의 투쟁에 함께 하였다. 조화순 목사는 김근태의 장점으로 이렇게 얘기한다.

"모든 훈련은 항상 토요일날 해요. 토요일날 일하고 와서 꼬박 새우고 해도 지금도 감동적인 게 김근태는 졸지를 않아. …… 그리고 눈이 빠지도록 그 사람을, 정성을 다해서 사람을 주시해요. 그걸 정말 내가 배웠는데 열심히 들어. 그러니까 이 사람들이 홀딱 반하는 게 자기 얘기를 아무도 열심히 들어주는 사람이 없는 거야. 그런데 어떨 때는 말 같지 않은 얘기도 많아. 시간 낭비 같은 그런 얘기도 많아. 그런데 표정하나 없어. 열심히 듣는 거야. 그러니까 얘네들이 자기들이 하구 나서도 울화통 터진다, 별 얘기까지 다 하는 거야. 그 양반 특징이 그거야. 사람을 말하도록 만들어요."(조화순 구술: 강남식, 2003)

1979년도에 들어서서 산업선교에 대한 대대적인 탄압이 가해져서 인천

---

10) 학생운동출신.

산선은 노동투쟁보다는 좀더 부드러운 활동, 즉 유치원, 치과봉사, 교회목회 등에 신경을 썼다. 이때 김근태는 전면에 나타나지 않도록 주의하면서 (이것을 조화순, 김동완 목사가 도와주었음), 노동투쟁을 강화하자는 주장을 폈다. 김근태는 신군부가 집권하던 1981~82년 투쟁노선을 주장하면서 이천전기 노동조합 조직과 이로 인한 부당해고 투쟁, 대우중공업의 노동투쟁 등에 참여했다.11)

2) 영등포 산선의 경우

1970년대 영등포 산업선교회의 활동가로는 조지송 목사, 인명진 목사 외에 명노선, 정강자, 신철영, 송진섭을 들어야 한다. 이 가운데 명노선은 1세대인 조지송, 인명진과 함께 영등포 산선 일을 같이 했다. 먼저 명노선(여, 당시 전도사)에 대해서 기록하려고 한다. 위에서 밝힌 대로 명노선은 1975년부터 1983년까지 영등포 산선의 실무자로 일했다. 당시 산선 회원이면서 원풍모방 노조원이었던 장석숙에 의하면, 영등포 산선에 조지송, 인명진 두 명의 남자 목사 외에 명노선 전도사가 없었더라면 그렇게 많은 여성노동자들이 영등포 산선에서 그렇게 많은 시간을 편안하고 따뜻한 여건에서 지내지 못했을 거라고 했다. 명노선은 노동자들에게 따뜻한 어머니였다.12)

명노선이 처음 산선에 들어갔을 때 조지송 목사에게 어떻게 일을 해야 좋겠냐고 물었다. 조 목사는 "노동자를 그리스도와 같이 섬기면 돼요"라고 했다고 한다. 이 말에 굉장히 충격받았으며, 이 말을 지키고 순종해야 한다고 생각했다고 한다. 그래서 연탄 갈고, 청소하고, 밥이나 라면 끓여서

---

11) 권진관, "김근태 구술" 녹취문, 『한국 산업노동자의 형성과 생활세계』(성공회대학교 사회문화연구원 노동사연구소, 2005).
12) 권진관, "장석숙 구술" 녹취문, 『한국 산업노동자의 형성과 생활세계』(성공회대학교 사회문화연구원 노동사연구소, 2004).

노동자들에게 대접하고, 꽃꽂이를 가르쳤다. 명노선이 가르치던 꽃꽂이는 여성노동자들에게 매우 인기가 있었다. 꽃꽂이를 위해 꽃지를 세운상가에서 매일 사들였는데, 산선 회원이 늘면서 꽃지를 사는 데에 차질이 생기기도 했다.

명노선은 성남에서 영등포 문래동까지 밤늦게 퇴근과 이른 아침 출근을 하다가 너무 힘들어서 아예 영등포 산선에서 묵으면서 일했다. 그는 노동자들이 오면 깨끗하게 치워 놓은 따뜻한 방으로 안내하고 밤새 일했으니까 라면이라도 끓여 먹을 수 있도록 뒷바라지 해 주었다고 한다.13) 그는 산선의 그룹활동에서 실생활에 필요한 것들을 주로 가르쳤다. 예를 들어, 여성의 생리에 관한 교육, 성교육, 피임, 꽃꽂이, 도넛 만들기 등에 관한 교육을 하였다. 특히 성에 관한 교육을 위해서 슬라이드를 활용하여 교육했다. 또한 영등포 산선의 재정에 관한 일을 도맡아 했다. 그리고 위원회 회의를 위한 모든 자료를 준비했다. 당시 위원회 회의 자료는 인쇄된 문서로 남길 수가 없었다. 왜냐하면 그런 자료들을 남기는 것은 매우 위험했기 때문이다. 명노선은 영등포 산선의 활동을 특히 소그룹활동 내용을 모두 머리 속에 저장해서 기억했다. 명노선은 영등포 산선 활동의 전성기 동안에 일을 했으며, 내부적인 살림살이를 성실히 수행하였다. 인명진 목사가 밖을 향해 일을 했다면 명노선은 영등포 산선 안의 일을 도맡았다. 명노선이 영등포 산선을 그만 둔 시기는 인명진 목사가 영등포 산선을 그만두면서 호주로 유학가기 직전이었다. 명노선과 인명진 목사의 사임은 영등포 산선 1세대가 뒤로 물러난 것을 의미했다.

명노선은 학생운동 출신이 아니었다. 독실한 감리교 가정에서 자랐고, 예장의 장로회신학대를 마치자마자 영등포 산선에서 일했다. 그러나 1983년 영등포 산선을 떠난 후 그는 기독교장로회로 적을 옮기고 한신대학원에 가서 신학공부를 다시 하게 된다. 영등포 산선에서 그는 주로

---

13) 권진관, "명노선 구술" 녹취문, 『한국 산업노동자의 형성과 생활세계』(성공회대학교 사회문화연구원 노동사연구소, 2004).

뒤에서 실무를 도왔다. 명노선은 소위 '운동가적'인 실무자가 아니었다. 명노선은 2선에서 일하면서도 많은 노동자들을 조직하고 묶었던 또 다른 유형의 지도자였다.

명노선이 일하는 동안에 학생운동 출신 실무자들이 들어왔다. 정강자가 그 중 한 사람이었다. 정강자는 1977년 말부터 1979년 후반까지 영등포 산선에서 일했다. 정강자는 이대 도서관학과 출신으로 크리스찬 아카데미의 산업사회 노동교육을 받았다. 이 경험을 바탕으로 산선에서 실시하는 노동교육 프로그램을 만들었다. 78년경부터 실시하게 되는 LT (Leadership Training 또는 Labor Training) 프로그램이었다. 이 프로그램을 통하여 많은 강사들이 영등포 산선의 노동자 교육에 동원되었다. 정강자의 말에 의하면, 이밖에도 영등포 산선은 치과 진료, 한문 공부 등 노동자들이 필요로 하는 교육을 실시하였다고 한다. 이러한 봉사에 치대생들과 대학생들이 많이 참여했다고 한다. 이것을 볼 때 산업선교회가 노동자 복지를 위해 다양한 서비스를 제공했음을 확인할 수 있다.

여기에서 크리스찬 아카데미의 산업사회 교육(노동교육)에 대해서 언급해야겠다. 당시의 크리스찬 아카데미 노동프로그램은 가장 권위 있는 노동자 교육프로그램으로 인정되었다. 특히 조합장, 대의원들이 참가하는 5박6일 노동교육의 분위기는 마치 부흥회를 연상하듯이 뜨거웠다고 한다. 강사는 신인령 등 크리스찬 아카데미 간사를 비롯하여 이문영, 임종률, 장명국 등이었으며, 노동조합의 이론과 실제, 노조의 교섭방식, 노사관계론 등이 강의되었다. 정강자는 이 교육프로그램에 도우미로 참여하면서 노동자들의 반응, 교육의 성과 등을 모니터했다. 정강자는 이러한 경험을 바탕으로 영등포 산업선교회에서 노동교육 프로그램을 만들었는데 이것이 LT이다. 이 교육을 받은 사람들은 노조 지도자급에 속하는 노동자들이었다. 이 교육에 강사로 동원된 사람들은 방용석, 장명국, 한명숙 등이었다고 한다.

제2세대 산업선교 실무자들은 신학을 하지 않은 사람들이 절대다수라고 하겠다. 최영희, 김근태, 정강자, 신철영, 송진섭 등이 이에 속하는데, 이들은 산업선교에 대해서 제1세대 산업선교 목사들과는 몇 가지 점에서 다른 입장을 취하였다. 정강자가 대표적인 경우였다. 정강자는 소위 학출로 산업선교회 목사로부터 일정하게 경계를 받았다고 한다.14) 당시 일부 학출들은 노동자들을 산업선교회의 목사들의 지도 아래 두어서는 안 된다고 생각했다. 왜냐하면 이들은 산업선교 목사들은 열정은 있는데 사회과학적이지 못하고 합리적이지도 못하다고 보았기 때문이었다. 산업선교회의 목사들도 이러한 문제점을 어느 정도는 인식했다고 보여진다. 그렇기 때문에 영등포 산선에서 정강자, 왕차숙(인하대 출신), 그리고 신철영, 송진섭 등을 고용했다.

　신철영은 1978년부터 약 10년간 영등포 산선의 실무자로 종사하였다. 신철영은 중간에 산선 바깥에서 노동운동지도자들의 조직체를 조직하다가 당국에 구속되는 등 3차례, 만 1년간 감옥생활을 하였다. 그가 1981년에 들어서 영등포 산선 바깥에 단위 노조를 넘어 보다 넓은 범위의 노동운동체로서 "민주노동연맹"의 조직에 유동우 등과 참여해서 구속되었다는 것은 산업선교 외부에 새로운 노동운동이 나타날 수 있는 여지를 보여주는 것이었다. 이러한 기존방식에 변화를 가져오는 활동은 당시의 산업선교회가 정부나 기업으로부터 많은 탄압과 감시를 받고 있던 상황 속에서 나타났던 것이었다. 이 사건으로 구속된 사람들은 모진 고문을 받았고 오랜 동안 수감생활을 했다. 당시 지식인들이나 선도적인 노동자들이 노동운동조직을 만들게 되면 곧바로 공산주의로 몰리는 상황이었다. 고문으로 조작된 이 사건이 결국 재판 과정에서 알려지면서 신철영 등 일부는 10개월 만에 먼저 출옥하게 된다.

　그럼에도 신철영의 기본적인 활동은 당시 산업선교회가 관심을 가

---

14) 1, 2세대의 입장 차이에 대해서는 양쪽에서 들을 수 있는데, 특히 인명진 목사로부터 보다 분명하게 들을 수 있다. 김준·심상완, "인명진 목사 구술" 녹취문, 『한국 산업노동자의 형성과 생활세계』(성공회대학교 사회문화연구원 노동사연구소).

졌던 분야에 집중되었다. 그러한 분야는 다음 두 가지였는데, 첫째는 공장 근로조건이 근로기준법을 위반하지 않았는가에 대한 감시와 시정을 위한 활동이고, 둘째는 민주적인 노동조합을 조직하는 활동이었다. 산업선교회의 일은 대개 이러한 두 가지의 과제를 중심으로 이루어졌다. 만약 하나 더 중요한 과제를 보탠다면, 그것은 노동자를 소그룹으로 조직하는 일이었다. 산업선교회에서 소그룹활동을 한 노동자들은 자기 회사에 가서 민주적인 노동조합을 만드는 일을 모색하고 시도했으며, 근로기준법에 저촉되는 것들을 찾아서 시정해 줄 것을 요구하는 투쟁을 벌였다. 신철영은 근로기준법 등 노동관계법에 대한 전문적인 교육을 실시하였다.

신철영의 재임기간 동안에 산업선교회는 엄청나게 탄압을 받았다. 도산(도시산업선교회)이 들어오면 도산한다는 말이 공장, 회사, 언론 등에서 공공연히 유포되고 있었고, 홍지영과 같은 사람은 중앙정보부 등의 도움을 받으면서 산업선교회를 공산주의로 모는 데에 앞장섰다. 이러한 시기에 신철영과 같은 비성직자가 활동하는 것은 쉽지 않았다. 그러나 그가 "민주노동연맹"에 연루되어 구속되었을 때에 사상범으로 몰리지 않고 다른 연루자들보다 더 일찍 출옥할 수 있었던 것은 기독교 산선을 배경으로 일했었기 때문이었다. 그가 재임하던 시기(1970년대 후반)는 민주적인 노동조합이 또한 대단히 탄압을 받던 시기였다. 1978년 2월 21일에는 동일방직 회사 측이 노조 대의원 선거를 방해하기 위해서 동일방직 노동자들에게 똥물을 끼얹는 사태가 벌어지고 이어서 대량해고 사태가 벌어졌다. 1978년 봄에는 동일방직 노동자들을 비롯하여 산선 실무자들이 부당해고와 산선을 용공으로 모는 당국의 처사에 항의하여 금식기도도 하고, 기독교방송국에 난입하여 언론이 일련의 노동사태에 대해 보도하지 않는 것을 항의하였고, 교회의 부활절 새벽연합예배 단상에 올라가 호소하는 일이 벌어졌다. 1979년 봄에는 YH무역이 공장 폐쇄와 500여 명의 종업원을 해고하겠다고 통고하여, 결국 YH 노동자 200여 명이 8월 9-11일

동안에 신민당 당사에 들어가 농성을 벌였고 이것이 야당 당수에 대한 탄압으로 이어지고, 부마사태와 10.26 사태를 촉발하게 되어 박정희 대통령이 암살당한다. 1980년 5월에는 광주민주화운동과 학살사태가 터지면서 정국은 더욱 얼어붙어갔다. 노동자들에 대한 탄압은 더욱 심해졌고, 1982년에는 콘트롤데이타가 회사를 철수하여 민주노조가 무너졌고, 다시 1983년에는 원풍노동조합이 깨지고 만다. 이러한 어려운 상황 속에서 산선을 이끌고 가기가 매우 어려웠다. 특히 노동자들을 산선회관(영등포 문래동 소재)에서 만나기가 점점 어려워졌다. 영등포 산선회관 주위에는 늘 정보기관원들이 지키고 출입하는 사람들을 일일이 체크했으므로 노동자들의 산선 출입이 매우 어려웠다. 이 때에 신철영, 송진섭 등의 실무자들은 회관 밖에서 노동자들을 만나는 활동을 병행했다. 이때 영등포 산선에서는 노동자 소그룹활동이 1970년대 중반부터 매우 활발하게 진행되었다. 1979년부터는 노동지도자훈련(Leadership Training: LT) 프로그램을 실시하였다. LT를 통해 영등포 산선에는 산업선교와 노동운동에 헌신하는 책임 있는 노동지도세력을 많이 확보하였다.

 신철영은 영등포 산선은 노동조합 중심이라기보다는 산업선교회 중심의 노동운동을 하였다고 판단한다. 그는 인천 산선이 영등포 산선에 비해 더 노동조합 중심이었다고 한다.[15] 영등포 산선의 노동자 회원들 중심으로 1979~1980년 5월에 걸쳐 전국의 11개 식품노조들과 연합하여 8시간 노동을 요구하여 관철시켰던 것은 영등포 산선의 큰 공헌이라고 평가할 만하다.[16]

 신철영이 일하고 있는 동안에 원풍모방 노조를 영등포 산선에서 더이상 붙잡지 않고 오히려 내보낸 것은 산선 역사에서 매우 중요한 사건이었다. 당시 신철영, 송진섭(1982년에 영등포 산선에 참여)은 원풍모방 노조

---

15) 권진관, "신철영 구술" 녹취문, 『한국 산업노동자의 형성과 생활세계』(성공회대학교 사회문화연구원 노동사연구소, 2004).
16) 같은 글.

에 대해서 인명진 목사와 같은 입장을 가지고 있었다. 이들은 원풍모방 노동자들이 영등포 산선 안에 피신하여 기거하며 아지트로 사용하면서 나가서 독자적으로 싸우지 않고 있는 것에 대해서 문제를 느꼈다. 인명진 목사 등의 산선 실무자들과의 입장 차이로 결국 원풍모방 노조는 산선과 결별하고 바깥으로 나왔고, 원풍노조는 1984년에 독자적인 활동으로 들어간다. 잘 알려져 있듯이 1970년대에 영등포 산선의 주력은 원풍노조원들이었다. 이 원풍이 산선과 결별했다는 것은 많은 의미를 가진다. 부정적으로 보면, 산선이 독자적인 노동조합과 더 이상 손을 잡지 않겠다는 것이었다. 그리고 좋게 본다면, 산선이 노동자들이 스스로 설 수 있는 운동의 독립성과 주체성을 강권한 것이라고 볼 수 있을 것이다. 이에 대해서 실제적인 역사적 평가가 나와야 할 것이다. 다만 여기에서 언급해야 할 것은 원풍노조와 산선 사이에 깊은 감정의 골이 생겼다는 것이다. 신철영은 영등포 산선과 원풍모방 노조가 서로 갈라서는 것은 어쩔 수 없는 추세였다고 보았다. 그리고 그것이 당연하다고 보았다. 원풍모방 노조는 영등포 산선에서 나간다면 비록 갑작스럽게 보호막을 잃는 것이 되어 대단히 어려워지겠지만, 그러나 노조 스스로 설 수 있는 기회가 되었다고 본 것이다. 실제로 원풍모방 노조는 노조가 가지고 있던 기금으로 사무실을 사서 나갔고 이것으로부터 노동자복지회를 만들었다. 이렇게 갈라지면서 노동운동은 자기발전을 하게 된 것이었다. 신철영은 다만 그 갈라서는 것이 너무 급작스러웠고 갈등 속에서 이루어졌기 때문에 감정의 골이 깊어졌다는 것이 불행이고 미숙함이었다고 평가하고 있다.[17]

영등포 산선에는 이 외에도 유구영(작고), 이영우 등 학생운동 출신의 노동운동가들이 실무자로 참여하였으며, 이근복(1984년부터 인명진 목사가 사임하고 영등포 산선 신임 총무가 됨), 손은하 등도 1980년대 초반에 실무자로 참여하였다.

---

17) 같은 글.

4. 1970년대의 산업선교 성격에 관한 토론

위에서 우리는 70년대의 산선의 활동에 대하여 인물중심으로 살펴보았다. 이제 70년대의 산업선교가 가지고 있었던 특기할 만한 성격들을 발견하는 것에 초점을 맞추려고 한다. 첫째, 70년대의 산업선교회의 활동이 한국의 노동운동에 어떤 의미가 있었는가 하는 문제이다. 이와 연결하여, 산업선교운동은 노동운동의 관점에서 보면 실패한 것이냐는 문제제기에 대답해야 한다. 둘째, 70년대의 산업선교회가 교회의 지원을 받았는지, 받았으면 얼마나 받았는지에 대해서 생각해야 한다. 이와 반대의 입장에서, 한국 교회는 산업선교로부터 어떤 영향을 받았는지에 대해서도 논의해야 한다. 셋째, 산업선교가 평신도들과 노동자들에 의해서 이루어졌는지 아니면 목회자 중심의 목회활동 내지는 교회활동이었는지를 생각해 봐야 한다. 넷째, 실제로 산업선교회가 노동운동에 얼마나 영향을 주었는지에 대해서도 냉철하게 생각해 봐야 한다. 또한 80년대 이후의 산업선교가 어떻게 변화되어야 했는지도 논의하려고 한다. 이밖에 산선이 남북의 이데올로기 대립과 냉전 체제 속에서 어떤 고난을 받았었는지 등을 살펴보려고 한다.

1) 1970년대의 산업선교와 노동운동

산업선교는 낭만적이고 비주체적인 노동운동이며 노동운동의 왜곡된 형태라는 주장이 있을 수 있다. 반대로, 산업선교는 훌륭한 노동운동이었다는 평가도 가능하며, 실제로 대다수의 의견이 여기에 해당한다. 종합적으로 평가한다면, 산업선교는 한국의 낙후된 노동운동을 한 차원 높이 끌어 올리는 데 공헌했으며, 한국의 사회개혁, 민주화에 큰 공헌을 하였다고 말할 수 있을 것이다.

산업선교는 한국 노동운동이 80-90년대 본격적인 민주적 노동운동으로 성장하는 중간 과정에서 다리의 역할을 했다고 말할 수 있다. 실제로 70년대의 경인지방의 비교적 대규모의 작업장에서 노동조합이 결성되고 민주적 노조활동을 한 경우는 거의 예외 없이 산업선교의 영향 아래에서 이루어졌다고 해도 크게 틀린 말은 아니다. 동일방직, 원풍모방, 남영나이론, YH무역, 반도상사, 콘트롤데이타 등 대부분의 민주노조가 산선과 관련되어 조직되었다. 이러한 대형 노동조합운동은 1970년대 말과 80년대 초에 걸쳐서 당국의 철저한 탄압 아래 붕괴되었다. 그러나 80년대 초반까지 산업선교는 한국 기독교 사회운동의 핵이었고, 노동운동의 중심이었다.

산업선교가 급속히 성장할 수 있었던 것은 70년대 유신치하에서 국가권력과 반공 이데올로기가 너무 강고해서 기독교 바깥에서 민주적 노동운동을 했다가는 쉽게 반공 이데올로기 그물망에 걸려들 수 있었고, 기독교는 당국의 물리적·이데올로기적인 탄압에 어느 정도 저항할 수 있는 보호막의 역할을 할 수 있었기 때문이었다. 공산주의로 몰리는 위험으로부터 어느 정도 자유로울 수 있었던 목사들 주변에 민주노조 지도세력들이 모일 수 있었다. 그리고 해외 교회가 적극적인 관심을 가지고 모니터링하며 지원하고 있는 상황에서 한국의 군사정부는 자신이 저지르고 있는 인권탄압이 국제적으로 알려지는 것을 의식하게 되었다. 그리하여 당국이 산업선교와 노동운동을 악랄하게 탄압하기는 했지만 세계의 이목을 의식하지 않을 수 없었다. 이리하여 탄압으로부터 자유로울 수 있는 극히 작은 공간이 형성될 수 있었고, 이것은 산선을 활성화시켜주는 데에 기여하였다.

또한 당시의 노동조건이나 상황이 너무나 열악하였기 때문에 민주적인 노동운동이 폭발적으로 일어날 수 있는 여건이 갖추어져 있었다. 이에 더해서 능력 있는 실무자들이 노동운동을 위해 산선으로 몰려들었다. 산업선교는 본격적인 민주적 노동운동을 위해 좋은 전통을 남겨 주었다. 1983년 이후 산업선교는 약화되어 가지만, 민주노동운동의 독자적인 발전은 지속되었다. 공교롭게도 1983년 이후에 산업선교의 주축이 되는 지도력이 대부분 자리를 물러난다. 조화순, 인명진, 명노선, 김동완, 김근태 등 영등포와 인천 산선의 주요 지도력이 산선을 떠난다. 1980년대 중반부터 시작되는 노동자복지회, 서노련, 전국노동단체협의회 등의 출현은 산업선교로부터 독립하여 독자적인 노동운동이 도도하게 일어나고 있었다는 것을 보여준다.

2) 한국의 개신교는 산업선교를 적극적으로 지원했는가?

한마디로 한국교회는 교단적으로 혹은 교회적으로 산업선교를 '전적으로' 지원하지 않았다. 산업전도 시절인 1950년대와 60년대는 산업전도를 위해 전 교단적으로 참여했고 지원했다고 하겠다. 그러나 1970년대에 들어와서는 그렇지 못하였다. 1970년에 들어와 산업전도가 산업선교로 되면서, 기존의 산업전도가 기업주 편에 서서 노동자들을 순종적으로 노동 잘하는 인간을 형성하려 했던 것을 비판하고, 노동자들의 권익을 위해 일하기 시작한다. 노동자들의 실태가 너무나 열악한 것을 본 산업선교 실무자들은 기업주와 대립하여 노동자들의 편에 서서 민주적인 노동조합 건설에 힘을 기울인다. 개신교회의 장로들 중에는 기업가들이 많이 있었고, 이들은 교회가 산업선교를 지원하는 것을 좋아하지 않았다. 그러나 많은 의식있는 청년들과 목회자들은 산업선교를 지원했기 때문에 교회가 산업선교를 놓고 양분된 양태를 보이게 되었다. 이러한 상황 속에서 한국의 개신교회가 공식적으로 혹은 공개적으로 산업선교를 지원할 수 없었다. 그럼에도 한국의 개신교회들은 산업선교를 지원하는 성명을 발표하는 등 적극적인 모습을 보였을 때도 있었다. 그리하여 한동안 개신교와 유신 군사정권의 대립관계가 표면화하는 지경까지 이르게 된다.[18]

---

18) 예를 들면, 대한예수교장로회, 「대한예수교장로회 도시산업선교의 기본자세에 대하여」 (1975); 대한예수교장로회, 「도시산업선교 원리 및 지침」, 『총회회의록』 60회, 63회

그러나 특수 선교단체인 한국교회사회선교협의회와 개신교단 연합체인 한국기독교교회협의(KNCC)가 산선을 강력히 지원했다. 영등포 산선 총무를 지낸 이근복의 증언에 의하면, 70년대 산선에 대한 재정적인 지원은 한국 교회에서 온 것이 아니라 외국 교회, 특히 WCC, CCA, 독일교회, 네덜란드 교회, 미국 교회 등으로부터 왔다고 한다. 영등포 산선의 경우는 1990년에 이르러서야 영등포 노회가 재정적으로 처음 지원하기 시작하였다. 그렇다면 한국의 산업선교를 경제적으로 지원한 단체는 한국의 개신교회가 아니라, 해외 교회 그리고 국내의 에큐메니칼 운동체들이었지 한국의 개신교회의 교단이나 교회는 아니었음을 알 수 있다.

위에 언급한 KNCC, 한국교회사회선교협의회 외에도 한국의 개신교회 가운데 사회개혁을 중시하는 세력은 산업선교를 전적으로 지원하였다. 당시 갈릴리 교회, 목요기도회, 한국기독학생총연맹(KSCF), 한국기독청년협의회(EYC)를 비롯한 교단청년회, 한국기독자교수협의회, 한국기독교교회협의회(KNCC) 등이 지원하였다. 산업선교운동은 기독교의 민주화운동이나 인권운동과 자연스럽게 연합했다. 산업선교와 노동운동은 학생청년운동과 함께 기독교 민주화운동의 중심이었다. 전통적으로 보수적이며 비사회적인 한국의 개신교회가 산업선교와 같이 매우 래디칼(radical)한 운동을 전적으로 지원할 가능성은 처음부터 없었다. 그러나 KNCC, 기독자교수협의회, KSCF, 교회청년운동 등의 연합운동은 성서와 예수의 가르침에 따라 산업선교회 활동을 복음적인 것으로 보고 기독교 선교의 중요한 영역으로 인정하고 적극적으로 이에 참여했었다.

비록 개별 교회나 교단이 산선을 지원하는 경우는 적었지만, 산선이 개신교회와 교회연합운동이 현실개혁에 나서도록 촉구하는 데 기여한

(1978)에 수록. 이들 자료에서 볼 수 있듯이 한국 개신교회의 대표적인 교단인 예수교장로회가 국가와 대립과 갈등의 관계를 가졌던 것이 사실이며, 이는 한국교회사의 중요한 사건이었다.

것은 실로 크다. 산선의 활동은 현대 한국 기독교의 역사 참여에 크게 기여하였는데, 산선은 현대의 진보적인 기독교 운동의 출발이면서 동시에 중심을 이루었다. 기독교 인권운동과 민주화 운동은 산선의 영향으로 보다 사회적인 약자의 입장에서 이루어졌다. 산선 활동은 한국의 민중신학의 발전에 크게 기여하였다. 산업현장의 노동조합이 곧 교회이며, 노동자들이 곧 오늘날의 고난받는 그리스도라고 보았던 산선 실무자들의 고백이 민중신학의 사상적 중심을 이루게 되었다.

그러나 한국교회의 일부에서는 산선을 용공으로 몰고 교회 밖으로 추방하려는 움직임도 있었음을 지적해야 한다. 예를 들어, 여의도 순복음 교회는 산업선교를 용공으로 모는 기업과 정부당국의 노선에 발맞추어 산선을 비판하면서 보수적인 방식으로 노동자 목회를 하면서 산선에 대항하려고 하였다.

3) 1970년대의 산업선교는 충분히 평신도, 노동자 중심적이었는가?

이 질문은 '산업선교는 성직자 혹은 목회자 중심이 아니었던가'라는 질문과 같으며 다음의 질문들과도 연결된다. 산업선교는 노동운동을 목회적으로 한 것이 아닌가? 노동운동을 하기는 했지만, 기본 방향이 교회적·목회적이었고 목표도 교회적·목회적이었던 것은 아니었을까? 1세대 산업선교 목사들의 1970년대의 산업선교는 근본적으로 목회적인 방식을 가지고 목회적인 목적을 가졌었다고 말해도 크게 틀리지는 않다고 본다. 그러나 1970년대의 산업선교운동은 성직자 중심으로 이루어졌던 것처럼 보이지만, 그 안을 자세히 들여다 보면 결코 성직자 중심으로만 이루어졌다고 볼 수 없다. 영등포 산업선교회와 인천 산업선교회에서는 평신도 지도자들이 중요한 역할을 담당하였다. 최영희, 김근태, 이창식, 황영환, 유동우(이상 인천), 정강자, 왕차숙, 신철영, 송진섭, 유구영(이상 영등포) 등이 산업선교 활동에 참여하였다.

노동자 출신 노동운동가들이 실무자의 역할을 담당하기도 했다. 인천에서는 황영환, 유동우 등과 같은 노동자 출신의 평신도 지도자들이 나왔다. 인천 산업선교회 안에서 황영환의 역할은 대단히 컸다. 이것은 상대적으로 성직자 중심으로 이루어졌던 영등포 산선과 비교되는 것이다. 영등포 산선은 노동자들을 주체적인 운동가로 성장하도록 돕는 일에 상대적으로 소홀했었다는 평가가 가능하다.[19] 이것이 전략적 사고와 행동에 있어서 노동자들의 주체성을 들고 나왔던 방용석을 중심으로 한 원풍모방의 지도력이 결국 영등포 산선과 결별하고 나올 수밖에 없었던 이유가 되었던 것으로 볼 수 있다.

노동자 출신(노출)의 황영환에 대한 대우는 성직자들이나 다른 지식인 평신도 실무자들보다 열악했었다. 여기에서 우리는 세 부류의 지도력, 즉 성직자, 지식인 평신도, 노동자 출신 사이에 입장 차이가 있을 수 있음에 주목해야 하며, 산업선교는 이러한 3주체세력과 또 다른 주체세력인 노동자 대중으로 이루어졌으며, 성직자들의 지도에 의해서 노동자들이 이끌려진 일방적인 방식으로 산업선교가 진행되었던 것은 아니었음을 알 수 있다. 산업선교가 조지송, 조화순, 인명진 목사 등 성직자들에 의해서 주도되기는 했지만, 평신도 지도력과 결합하여 큰 성과를 얻을 수 있었다. (학출이든 노출이든) 평신도 지도력이 성직자 지도를 보완할 수 있었기에 산업선교가 가능했다. 인천의 경우, 산업선교 노동자들은 노출인 황영환에게 더 깊은 신뢰를 주었다는 증언이 나오기도 한다.[20]

---

19) 영등포산업선교회 활동을 했던 노동자들 중에서 좋은 지도력을 가진 사람들이 많았다. 방용석, 양승화, 정선순, 이옥순 등 원풍노동자들이나, 콘트롤데이타의 이영순 등은 매우 활동적이고 능력있는 리더십이었다. 그러나 이들의 리더십은 영등포 산선과 좋은 관계 속에서 성장한 것은 아니었던 것으로 판단된다. 이것은 노동자 평신도 중심의 가톨릭 조직인 JOC와 비교해 볼 때도 그렇다고 하겠다. 남성 성직자에 의해서 이끌어진 영등포 산선보다 여성인 조화순 목사에 의해서 대표되는 인천 산선에서 평신도의 역할이 더 컸으며, 나아가서는 노동자 출신의 지도자들이 많이 배출되었다는 점이 눈에 띈다고 하겠다.

20) 김귀옥, "허성례 구술" 녹취문, 『한국 산업노동자의 형성과 생활세계』(성공회대학교

1세대 산업선교의 성직자들의 활동은 교회적·목회적인 요소를 많이 띠고 있었다. 이들의 관심은 당시 극단적으로 고난당하고 있는 노동자들 특히 여성노동자들의 아픔에 동참하고 이것을 증언하고 고발하는 일에 있었다. 그렇기 때문에 이들 성직자들에게는 노동운동의 장기적인 발전에 대해서 깊이 생각할 여유가 없었을지도 모른다. 1983년 원풍모방 노조와의 갈등과 산선 건물로부터의 원풍 노조원들의 방출을 보면서 우리는 산선의 기본 방향이 과연 무엇이었을까를 생각하게 된다. 노동운동의 가치가 우선이었는가, 아니면 교회적·목회적 가치가 우선이었는가? 이점은 쉽게 풀리지 않는 질문일 것이다. 확실한 것은 2세대 평신도 지도력의 일부는 산선이 교회적·목회적, 혹은 개인의 인격적 가치를 더 지향했었다고 평가하고 있다는 것이다. 2세대 평신도 지도력은 노동운동적 성격을 강조하는 노선에 더 기울어졌다고 볼 수 있을 것이다. 즉, 2세대 평신도 지도력은 노동운동, 이념지향적, 투쟁노선을 선호했다고 볼 수 있다.

4) 1980년대의 노동운동과 산업선교의 자기 방향에 대한 고민

1980년대 중반부터는 산업선교로부터 무관한 혹은 독립된 민주적 노동운동이 자라나고 있었다. 산업선교는 이제 더 이상 대형 회사의 큰 노조와 직접적인 연결을 갖지 못하였다. 개별 노동자들이 영등포 산선으로 찾아오면 상황에 응하는 것이 주된 활동이 되어 버렸다. 인천 산선도 활동이 급격히 침체되었다. 영등포 산선의 활동은 주로 소그룹활동보다는 큰 행사 중심이었다. 건물을 활용하여 많은 노동운동의 행사를 유치하였다. 그리고 노동자 신문을 발행하여 바깥에서 일어나고 있는 노동운동들을 지원하였다.

이러한 과정 속에서 1987년 노동자 대투쟁이 일어나며, 민주노총이

사회문화연구원 노동사연구소, 2003).

조직될 수 있는 기틀이 생긴다. 산업선교는 노동운동의 현장에서 점점 더 뒤로 물러날 수밖에 없었다. 일반 민주적 노동운동이 확장되는 것에 반비례하여 산업선교 운동은 줄어들었다. 1987년 노동자 대투쟁을 전후로 하여 민주적인 노조들이 노동자 스스로의 힘으로 조직되면서, 산업선교회는 노동운동을 측면지원하면서 관심을 교회적 프로그램으로 돌리게 된다.

1970년대 한국 교회의 일부인 산업선교회가 그때 아무 의지할 데가 없던 노동자들, 특히 여성노동자들을 돌보았다. 그러나 이들 노동자들이 서노협(서울노동조합협의회), 인노협(인천노동조합협의회), 전노협(전국노동조합협의회) 그리고 그 후신인 전국민주노동조합총연맹(민주노총) 혹은 한국노총의 이름 아래 보호받고 조직되면서 더 이상 산업선교의 도움을 필요로 하지 않게 되었다. 교회와 목회를 목적으로 하지 않고 오직 노동자들의 주체성과 삶의 질의 회복과 정당한 대우를 위해 산업선교는 시대적 사명을 다했으며, 새로운 진로를 모색하게 되었다.

5) 조직적 탄압 속에서 용공으로 몰린 평신도 지도자들

산업선교회에 대한 본격적인 탄압은 1974년경부터 시작되었다. 그 이전까지만 해도 정부당국이나 회사는 산업선교회에 대해서 그다지 큰 관심을 기울이지 않았다. 산업선교회가 1974년 이후 노동계에서 큰 영향력을 발휘하는 것을 보면서 당시 유신 정권은 산선에 대해 탄압하기 시작했다. 박정희 정권은 70년대 초부터 노동운동을 억제하기 위한 다양한 법률과 조치를 마련하였다. 1970년 1월에 "외국인투자기업의 노동조합 및 노동쟁의조정에 관한 임시 특례법"이 공포되었고, 1971년 12월 6일에는 국가비상사태선언을 발표하고, 1971년 12월 27일에는 "국가보위에 관한 특별조치법"을 통과시켰다. 정부는 외국인 투자업체나 큰 기업체에서의 노동쟁의를 실질적으로 금지하였다. 비상사태하에서 집회, 시위가 규제 또는 금지되었고, 언론과 출판의 자유도 제한되었다. "국가보위법에 의한 노동기본권의 제약은 노동자계급의 정치적 지위를 크게 약화시켰으며 단체교섭권과 단체행동권을 갖지 못하고 행정관청의 사전조정을 받아야 하는 노동조합은 유명무실한 존재로 전락하지 않을 수 없게 되었다."[21] 1972년 10월에는 유신헌법이 선포되어 국가 안보를 위해서는 노동기본권을 제한할 수 있게 만들었다. 이러한 조건 속에서 기존의 한국노총과 산별노조는 유신체제를 지지하는 성명을 냈다. 이렇게 정부와 기업 그리고 노동조합마저 노동자들의 기본권을 외면하는 상황에서 산업선교는 고난당하는 노동자들 편에 서지 않을 수 없었다.

유신시대에 인명진 목사, 조화순 목사 등 산업선교 책임자들이 구속되고, 유동우, 최영희, 황영환, 신철영 등의 지도세력이 공장에서 해고되거나 구속 또는 조사받는 등 고난이 이어졌다. 산업선교회가 기독교 기관이었음에도 불구하고, 가장 큰 취약점은 역시 이데올로기 문제였다. 정부와 기업 그리고 언론 심지어 일부 교회가 가세하여 산업선교회를 '빨갱이'로 몰았다. 정권은 우선 한국의 산업선교회를 적극적으로 지원한 세계교회협의회(WCC)와 아시아기독교협의회(CCA), 그리고 외국인 선교사들을 '빨갱이'로 몰았다. 70년대 후반에 와서 산업선교는 곧 도산이고 도산은 곧 공산주의라고 하는 악선전으로 얼룩지게 된다. 한편, 1980년에 통과된 "제3자 개입금지" 조항이 노동쟁의조정법에 추가되면서 산업선교회의 활동은 더욱 제약받게 된다.

산업선교회가 공산주의로 몰릴수록 평신도 실무자들에게는 더 큰 부담이 아닐 수 없었다. 산업선교회의 활동으로 공산주의로 몰린 사람들 중 첫 번째 희생자는 인천 산선의 최영희였다. 부평에 있는 반도상사는 1974년 2월 현재 1,400명을 고용하는 대형 회사였다. 이 회사는 인천 산선의

---

[21] 한국교회산업선교 25주년기념대회, 『1970년대 노동현장과 증언』(풀빛, 1984), 225쪽.

노력과 노동자 한순임 등의 탁월한 조직력으로 회사와 상위노조(한국노총), 경찰, 정보부의 끈질긴 탄압과 폭력, 방해공작에도 불구하고 결국 민주적인 노동조합을 조직하게 되었다.22) 회사에서는 "한순임 양이 산업선교회라는 공산주의 단체의 조종으로 파업을 선동한 것이었다." 그리고 "담당 실무자는 간첩이고, 공산주의자"라고 거짓 선전을 하기 시작하였다. 여기에서 담당실무자는 최영희를 가리킨다. 그리고 부평 경찰서 대공과는 한순임, 옥판점 등을 불러가 '세뇌공작'을 하였는데, "미국의 산업선교회 목사도 공산주의자들이다. 따라서 한국의 산업선교회도 공산주의 단체고, 많은 산업선교 목사가 긴급조치에 걸려 15년 형을 받았다. 또한 산업선교회 뺏지를 보면 이북 공산당마크 같지 않으냐? '우리 승리하리라'라는 노래는 공산주의 노래다"는 등으로 몰고 갔다.23) 결국 한순임은 최영희에 대해 오해를 하게 되었고 이것이 지속되고, 실제로 한순임은 산선과 노조 활동으로부터 떨어져 나가고 노조의 활동은 많이 위축되기도 했지만, 허성례, 김근겸, 이교순, 그리고 한순임에 이어 1977년에 새 위원장으로 선출된 장현자 등의 노력으로 반도상사 노조는 민주노동조합으로 계속 발전하였다.

산업선교회가 '빨갱이'로 몰린 것은 70년대 후반에 가속화된다. 더구나 목사가 아닌 실무자들은 항상 위험에 놓여 있었다. 최영희, 신철영이 그러한 경우였다. 신철영은 1981년 "민주노동연맹" 사건의 주모자로 잡혀가 사상범으로 몰렸다가 산업선교회와 기독교계의 노력으로 10개월의 감옥생활 후에 풀려나왔다.

목회자이면서도 용공으로 몰려 혹독한 시련을 당했던 실무자는 당시 대한예수교장로회 소속 전도사였던 고애신의 사례를 들 수 있다. 고애신은 영등포 산선에서 훈련을 받고 1977년 2월에 구미로 내려가서 도시산업

---

22) 1974년 4월 15일 인천산업선교회가 지원한 한순임을 위원장으로 하는 민주적 노동조합으로 재구성됨.
23) 한국교회산업선교 25주년기념대회, 『1970년대 노동현장과 증언』, 306쪽.

선교회를 열었다. 그에 대한 당국의 감시는 대단했고, 기업체들도 긴장했다. 도산(도시산업선교회)이 들어오면 도산한다는 소문으로 구미공단 자체가 긴장했다. 그리하여 고애신 전도사에 대해 다양한 압력과 위협이 가해졌다. 혹은 협박적인 언어로, 혹은 정교한 논리로 고애신 전도사의 활동을 비판하였다. 중화실업 종업원들이 고애신 전도사에게 보낸 1978년 7월 6일의 편지에서는 고애신 전도사를 청소녀들을 "유혹하는 암여우"라고 극언하고 있다.

> …… 허울좋은 간판을 앞세우고 암여우가 교활한 사냥을 하듯 선량한 근로청소녀를 감언이설로 설득 유혹하는 너의 악랄한 행위에 대하여 우리 친우들은 다같이 분노를 참을 길 없다.
> 우리는 벌써 타지방에서 너와 같은 사회의 암적인 존재들의 조직활동에 대하여 숱한 선량한 사람을 괴롭혀 왔고 현재도 계속중이며 이제는 최후 발악적인 너희들의 행위도 잘 듣고 있어 너희 감언이설에 현혹되어 부화뇌동하여 유신총화단결을 해치는 사람이 되지 않을 것이다. 그리고 이 편지를 받아 보는 즉시 우리 구미지역사회서 떠나주기 바라며 만약 떠나지 않는다면 우리는 반드시 너를 추방할 것이다.[24]

1978년 7월 11일 구미공단 내 윤성방적주식회사 종업원 일동의 이름으로 보낸 다음의 편지는 노동자들이 보냈다고 믿어지지 않을 정도로 신학적 정교함마저 보인다. "우리는 최근 귀조직이 서울의 여러 유수 기업 등에서 파문을 일으킨 후 이곳 구미에도 선교기지를 마련하고 있다는 소식을 들은 바 있습니다"로 시작되는 이 편지는 이 분야에 대해서 전문지식을 가진 사람에 의해서 씌어진 것이 아닌가 하는 의문이 든다.

> 우리가 아는 기독교는 개인의 믿음을 통해 개인 구원에 이르고 가정 전체가 믿어 가정 전체가 구원을 받고 축복을 받는 것입니다. 기독교의 의를 빙자한

---
24) 같은 책, 460쪽.

노동투쟁으로 사회구원 운운은 전혀 비성경적인 논리인 것입니다.
　결론적으로 우리는 당신들의 계급투쟁적 노동투쟁이 들여다보이는 가면적 기독교 선교활동을 경원합니다.
　우리는 당신들이 전하는 용공적 사상의 의용종교를 받아들일 수 없으며 진리의 참된 종교를 얼마든지 뻗을 수 있는 기회와 장소가 마련되어 있으므로 당신들은 이곳을 떠나가 주기를 부탁하며 하나님의 존귀함과 크리스트의 귀한 보혈이 그대들로 인하여 욕되지 않도록 하시기 바랍니다.25)

구미 도시산업선교회는 1979년 초에 남자 실무자 전점석을 보강하고 활동하였으나, 정권의 방해와 함께 1979년 YH사건, 부마사태, 1980년 광주사태로 이어지는 정치적으로 어려운 상황을 맞아 문을 닫지 않을 수 없었다.

6) 산업선교는 주요 민주노동조합에 어느 정도 영향을 끼쳤을까?

물론 산업선교회가 노동운동에 끼친 영향은 실로 대단하였다. 성직자나 학출 실무자들이 노동운동 초창기(70년대 초반) 동안에는 의식화 작업을 선도하였으므로 산선의 영향력이 상대적으로 컸었다. 그러나 70년대 후반으로 가면서 노동자들의 독자적인 자생력과 지도력이 성장했다. 박태연의 증언을 보면 알 수 있듯이, 1970년대 후반 이후에 들어서면 원풍노조, YH무역 노조 등에 대한 산업선교회의 영향력이 제한적이었음을 알 수 있다.26) 콘트롤데이타 노동조합도 영등포 산업선교회의 영향 아래에서

---

25) 같은 책, 461쪽.
26) "○○○ 장관(방용석 원풍노조 지부장을 가리킴)의 카리스마적인 지도력, 파워뿐만 아니라 그 간부들 (특히) 박순희 언니 이렇게 해서 상당히 탄탄하게 있었어요. 그것이 있어서 오히려 도시산업선교나 이쪽에서 영향이 미칠 수 있는 것이 때로는 한계점에다 그쳤어요. 이것이 잘 기초 내릴 수 있는 바람에도 흔들리지 않으면서 잘 지켜낼 수 있는 그런 노력을 내부에도 갖고 있었다고 이렇게 보구요. YH 같은 경우에는 이게 천생 여성들이면서 이게 그렇다고 해서 특별한 카리스마가 있는 것도 아니고 상당히 고만고만한 여성들끼리 집단 지도력을 만들어내는 이런 한 과정 단계였다고 볼 수

노조가 형성되었지만, 그 이후 활동에서는 산업선교회와 거리를 유지하면서 자발적·독자적인 활동을 전개했다고 한다.27) 콘트롤데이타 노동자 유옥순의 이야기를 들어보면, 노동자들이 얼마나 재치 있고 그리고 지혜롭게 회사와 교섭하고 투쟁했었는가를 알 수 있다. 이러한 예들은 수없이 많다. 예를 들어, 사무직인 것처럼 잘 차려입고 무역협회에 가서 콘트롤데이타 영업실적 등에 관한 자료를 요구하여 빼오기도 하고, 회사 간부들을 재치있게 눈속임으로 따돌리고 회계자료를 빼내 임금인상요구에 사용하기도 하였다.28)

위의 사실들을 볼 때, 1970년대 노동운동을 산업선교회가 지도했다는 해석이 부분적으로는 타당하지만, 이에 못지않게 1970년대의 노동운동은 여성노동자들이 중심이 되어 스스로 자신들의 노동조건을 개선하고 사회를 개혁하기 위해서 일어난 운동이었다는 측면도 중요하다. 실제로 많은 노동자들은 스스로 조직화하고 교육했다. 선진적 노동자들이 산업선교회나 크리스찬 아카데미, JOC(가톨릭 노동청년회) 등에서 교육을 받기는 했지만, YH의 사례를 보면 노동자 자신이 스스로 자발적인 의식화 작업을 했다는 것이 나타나고 있다.

YH무역은 봉제와 가발공장인데 1975년도에 노동조합이 결성된다. 민주적 노동조합이 결성되는 근본적인 이유는 "작업장 내의 비민주적이고 비인간적인 노동의 형태와 노동 조건, 억압적인 구조"에서 찾을 수 있다. 노조원 중 크리스찬 아카데미 등 노동자 교육기관에서 훈련을 받은 사람은 소수의 간부에 불과하였다. 대부분 노조가 자체적으로

있는 거거든요. 그래서 그 집단 지도력을 형성해내서 그것이 조합원들까지도 하나의 단일된 모습으로 묶어내서 가는 과정이 아니었나 싶어요." 오유석, "박태연 구술" 녹취문, 『한국 산업노동자의 형성과 생활세계』(성공회대학교 사회문화연구원 노동사연구소, 2002).
27) 장미경, "유옥순 구술" 녹취문, 『한국 산업노동자의 형성과 생활세계』(성공회대학교 사회문화연구원 노동사연구소, 2002).
28) 같은 글.

노조원을 위한 의식화 교육을 시켰고, 민주노조들의 횡적인 교류를 통해 조합원들의 의식 수준이 올라갔다고 한다.[29] YH 노동조합은 조합원을 위하여 다양한 교육 프로그램을 가졌다. 1년에 세 차례 정도 전체 교육이 있었다. 여기에서는 임금협상에 관한 교육, 노동운동의 역사 등이 주요한 주제였다. 1976~77년에는 노동조합이 주도가 되어 기숙사를 운영할 수 있게 되었다. 박태연의 증언에 의하면, 기숙사는 노동조합의 중요한 사항들을 토론하는 장이 되었다고 한다. 노동조합은 노조원을 위하여 가게를 운영하여 원가에 물건을 구입하여 판매했다고 한다. 나아가서는 신용협동조합도 결성해서 노동자들의 복지에 힘썼다. 이렇게 조직화되고 뭉친 노동자들이 1979년 말 당시 야당이었던 신민당 당사에 들어가 위장도산에 항의하는 농성투쟁을 전개하여 노동운동사에 큰 획을 그었다.

산업선교회의 지원을 받은 노동자들이 발휘한 자체역량을 보여주는 사례를 원풍모방에서도 찾을 수 있다. 원풍모방은 영등포 산업선교회와 좋은 관계를 가지면서 공생의 길을 걸었다가 급기야는 서로 갈라진 사례였다. 이것은 원풍모방 노조의 지도세력이 산업선교의 지도력으로부터 독립할 수 있었음을 보여주는 중요한 사건이라고 볼 수 있다. 1970년대 말을 지나서 80년대에 들어가면서 노동자들은 더 강력하게 스스로의 조직력을 가지고 노동운동의 주체로 서게 된다. 노동자들이 주체로 서는 과정에 기여한 산업선교회의 역할은 70년대 말과 80년대를 지나면서 점점 약화되었다. 이는 전두환 정권 하에서 제도적 민주주의가 복원될 가능성이 희박해진 80년대에 들어가서 산선이 자기의 역할을 재정립해야 할 시점에 도달했음을 말해준다.

---

29) 오유석, "박태연" 녹취문, 『한국 산업노동자의 형성과 생활세계』(성공회대학교 사회문화연구원 노동사연구소, 2002).

5. 결론

지금까지 2세대 실무자를 중심으로 산업선교운동의 전개과정을 기술하고 이에 관련된 몇 가지의 토론점들을 찾아서 논의해 보았다. 2세대의 대표적인 인물은 역시 황영환, 최영희, 김근태, 명노선, 신철영, 정강자 등이라고 보여진다. 1세대 성직자들이 시작했던 산업선교가 노동문제를 본격적으로 다루기 위해서는 젊은 실무자들의 전문적이고 활달한 활동이 필요했다. 2세대 실무자들은 보다 이념지향적이고 노동운동을 중시하는 안목을 가졌는데 비해서,[30] 성직자들은 성서적·교회적·목회적인 안목을 가졌고 이것을 중요한 기준으로 삼았다. 성직자들의 이러한 안목은 노동운동의 전개 방향과 맞지 않게 되었고 결국 영등포 산선과 원풍모방 노조의 결별로 귀결되었다.

반면에 인천 산선의 경우를 보면, 이와 같은 심각한 균열이 발생하지 않았다. 산업선교가 1970년대 노동운동을 주도해 나갔었다고 하는 평가는 타당하지만, 이것을 너무 강조할 수는 없다고 본다. 왜냐하면, 1970년대 후반에 가면서 민주노조들이 자생력을 가지고 독자적인 운동을 할 수 있었기 때문이다. 산업선교는 민주적 노동운동에 우호적인 사회적 여론을 형성해 주고 다양한 방향에서 지원해 줌으로써 노동운동이 사회운동의 본류로 자리잡는 데 기여했다는 점에서 긍정적인 평가를 받을 수 있다.

---

30) 2세대 실무자들이 모두 사회과학적·사회운동적인 입장에서 산선에 임했던 것은 아니다. 다른 입장을 보인 경우도 있었다. 예를 들어, 노동자 출신의 황영환은 사회과학적·사회운동적인 입장을 많이 보이지 않았지만, 노동자들의 복리를 우선으로 생각했다. 황영환과 유사한 태도를 보이면서, 노동자들을 돌보았던 사람은 영등포 산선의 명노선이었다.

| 참고문헌 |

강남식 외. 2003. "조화순 구술" 녹취문. 『한국 산업노동자의 형성과 생활세계』. 성공회대학교 사회문화연구원 노동사연구소.
권진관. 2004. "장석숙 구술" 녹취문. 『한국 산업노동자의 형성과 생활세계』. 성공회대학교 사회문화연구원 노동사연구소.
_____. 2004. "신철영 구술" 녹취문. 『한국 산업노동자의 형성과 생활세계』. 성공회대학교 사회문화연구원 노동사연구소.
_____. 2004. "명노선 구술," 녹취문. 『한국 산업노동자의 형성과 생활세계』. 성공회대학교 사회문화연구원 노동사연구소.
_____. 2005. "김근태 구술" 녹취문. 『한국 산업노동자의 형성과 생활세계』. 성공회대학교 사회문화연구원 노동사연구소.
김귀옥·권진관. 2004, "황영환 구술" 녹취문. 『한국 산업노동자의 형성과 생활세계』. 성공회대학교 사회문화연구원 노동사연구소.
김귀옥. 2004. "최영희 구술" 녹취문. 『한국 산업노동자의 형성과 생활세계』. 성공회대학교 사회문화연구원 노동사연구소.
_____. 2003. "허성례 구술" 녹취문. 『한국 산업노동자의 형성과 생활세계』. 성공회대학교 사회문화연구원노동사연구소.
_____. 2003. "이혜란 구술" 녹취문. 『한국 산업노동자의 형성과 생활세계』, 성공회대학교 사회문화연구원 노동사연구소.
김준·심상완. "인명진 목사 구술" 녹취문. 『한국 산업노동자의 형성과 생활세계』. 성공회대학교 사회문화연구원 노동사연구소.
동일방직복직투쟁위원회 엮음. 1985. 『동일방직 노동조합운동사』. 돌베개.
오유석. 2002. "박태연 구술" 녹취문, 『한국 산업노동자의 형성과 생활세계』. 성공회대학교 사회문화연구원 노동사연구소.
장미경. 2002. "유옥순 구술" 녹취문. 『한국 산업노동자의 형성과 생활세계』. 성공회대학교 사회문화연구원 노동사연구소.
조승혁. 1981. 『도시산업선교의 인식』. 민중사.
한국기독교교회협의회 한국교회산업선교 25주년기념대회. 1984. 『1970년대 노동현장과 증언』. 풀빛.

7장
병영국가 대한민국에서의 군대체험과 노동계급 형성

한홍구 (성공회대학교 교양학부 교수)

1. 들어가는 말

한국 사회의 산업화가 본격적으로 추진된 것은 박정희 군사정권이 들어서고, 경제개발계획이 추진되면서부터였다. 한국은 '압축근대화'라 불릴 정도로 매우 빠른 속도로 산업화를 이루었으며, 노동자들의 희생에 바탕을 둔 것이긴 하지만, 경제성장에서 괄목할만한 성과를 거두었다. 한국이 당시의 국제분업체제에 성공적으로 편입될 수 있는 유리한 조건이 "양질의 저렴하고 풍부한 노동력"에 있었다면, 이러한 "노동력의 효율적인 동원을 위한 국가의 노동정책은 경제성장의 성패를 가늠할 수 있는 대단히 중요한 요소"였다(김호기, 1999: 157). 경제성장을 통해 지지기반을 창출해야 했던 군사정권은 노동력의 효율적인 동원을 위해 한편으로는 산업전사로서의 이데올로기적 선전과 교육을 실시하고, 다른 한편으로는 기업별 노사관계에 직접 개입하여 노동자의 단결과 각성에 기초한 정치적 영향력 행사를 엄격히 통제하였다. 특히 1970년의 '외국인 투자기업의 노동조합 및 쟁의조정에 관한 임시특례법'과 1971년 국가비상사태 선언 이후의 '국가보위에 관한 특별조치법' 등은 반공을 지배이념으로 삼아 노동자들을 통제하는 개발독재의 속성을 단적으로 보여준다.

1960년대에 시작된 급격한 산업화로 수백만 명의 농민과 그 자녀들은 빠른 시간에 도시 산업노동자로 변모하였다. 구해근은 이를 가리켜 유럽에서 1세기에 걸쳐 이루어진 프롤레타리아트화에 버금가는 변화가 한 세대 안에 일어난 것으로, 한국은 "세계에서 가장 빠른 압축적 프롤레타리아트화를 경험"하였다고 평가했다(구해근, 2002: 50). 이 압축적 프롤레타리아트화는 국가와 자본이 요구하는 근대적 인간형이 창출되는 과정이기도 했는데, 여기에는 자본주의 사회에서의 노동자 형성에서 나타나는 보편성과 함께 한국 상황의 특수성이 강한 영향을 끼쳤다.

한국의 노동자 계급 형성에서 우리가 주목해야 할 특수성은 한국의 자본주의 자체가 전쟁과 밀접한 관련을 맺고 출현하였으며, 전 사회가 고도로 군사화된 상태에서 노동자 개인, 특히 징병제 하에서 남성노동자들은 3년이란 결코 짧지 않은 세월 동안 군대생활을 경험했다는 점이다. 한국의 산업화가 본격적으로 추진된 1960년대 후반 이후는 한국 사회가 급격히 병영국가로 변모한 시기였다. 한국군의 베트남 파병과 그에 따른 남북관계의 긴장고조(한홍구, 2003)는 1968년 이북 특수부대의 청와대 습격이라는 군사모험주의로 이어졌고, 이는 다시 향토예비군 창설과 고등학교에서의 교련교육 실시 등 한국 사회의 병영국가화를 촉진하였다.

제3세계 국가에서 군은 가장 선진적으로 근대문물을 받아들이고, 이를 사회로 전파시킨 근대화의 추진엔진이었으며, 한국에서도 예외가 아니었다. 군은 과대성장한 한국의 국가 내에서 가장 과대성장한 부분으로서, 한국전쟁을 통해 바닥부터 파괴된 시민사회를 압도했다. 특히 5·16군사반란으로 집권한 박정희의 통치하에서 군 출신들은 사회의 요소요소에 진출하여 군대에서 체득한 경험과 기술을 바탕으로 근대화에서 중요한 역할을 수행했다. 그런데 한국 사회에서 군사문화가 만연할 수 있었던 것은 비단 군 출신 엘리트들의 권력장악과 사회진출 때문만은 아니다. 충분한 교육을 받지 못한 한국의 농촌청년들이 근대주체로서의 노동자들에게 요구되는 시간준수와 조직생활 등 규율을 익혀나가는 데에서 군대라는 경험은 매우 중요했다. 흔히 한국의 노동현장의 병영적 통제를 이야기하지만, 병영적 통제가 비록 일정기간이긴 하지만 나름대로의 효과를 거둘 수 있었던 데에는 노동자들이 병영적 통제를 어느 정도 받아들일 준비가 되어 있었기 때문이기도 하다. 비록 남성에 국한된 것이긴 하지만, 3년간의 군대생활을 통해 군사 규율이 몸에 밴 산업예비군의 축적은 자본가들이 요구하는 양질의 노동력이 풍부하게 존재했다는 것을 의미했다.

이 글은 병영국가라 불릴 만큼 고도로 군사화되었던 1960, 70년대의 한국 사회에서 본격적으로 출현한 산업노동자들 내부에서 군대 체험이 노동자들의 의식과 행동에 어떤 영향을 미쳤는가에 대한 시론적인 탐구이다. 이 글에서는 한국 남성들의 군대 체험이 공장체제가 요구하는 근대적 인간형의 창출에 어떤 영향을 미쳤는가를 문맹퇴치 등 국민기초교육 분야, 기능공 양성 등 기술인력 양성 분야, 그리고 이데올로기 교육 분야 등으로 나누어 살펴 볼 것이다.

2. 한국 사회의 군사화와 병영국가의 성립

1) 군사화의 기반

군부가 한국 정치의 주역으로 등장한 것은 제3세계 일반에서 군부독재의 출현이라는 일반적 현상과 아울러 분단과 전쟁, 그리고 주한미군의 지속적 주둔이라는 한국의 특수성이 작용한 결과이다. 1946년 남조선국방경비대로 처음 출발할 때 6천 명에 불과했던 군은 대한민국 정부 수립 당시 5만 명, 1950년 한국전쟁 발발 당시 8만여 명으로 급속히 팽창했다. 한국전쟁이 한창이던 1952년 군은 25만 명으로 증가했는데, 정작 지금과 같은 60만 명이 넘는 대군으로 성장한 것은 전쟁이 끝난 뒤인 1954년이다.

이런 방대한 군은 1950년대에는 국가예산의 40% 이상을, 1980년대 후반까지 30% 가량을 할당받아 물질적으로 한국 사회의 다른 어떤 집단과도 비교할 수 없는 풍요를 누렸다.

한국에서 군이 급성장하여 막강한 정치적 영향력을 누렸던 것은 비단 무력을 장악하고, 무제한의 물질적 풍요를 누렸기 때문만은 아니었다. 고려시대 이래의 상문천무(尙文賤武)라는 문인 우위의 전통을 지닌 유교문화 속에서 많은 지식인들, 또는 학생운동세력은 군인들을 무식한 집단으로 얕잡아 봤다. 1970년대 지식인들의 박정희에 대한 반감의 상당 부분도 그가 가난한 농민 출신의 군인이라는 점도 부인할 수 없다. 그러나 적어도 1970년대 초반까지 장교집단은 한국 사회에서 가장 교육수준이 높은 집단의 하나였다. 1953년부터 1966년까지 해외유학인정 선발시험을 통과해 해외로 유학한 사람은 모두 7,398명으로, 그 중 86%인 6,368명이 미국으로 유학했다. 그러나 이들 유학생이 학업을 마치고 귀국한 비율은 6%에 지나지 않는다. 반면 한국군 장교는 1950년대에만 무려 9천여 명이 미국의 각종 군사학교에 파견되어 교육받고 돌아 왔다(유영익: 1992). 물론 장교의 미국 연수기간이 일반 유학생들의 유학기간에 비해 짧았다고는 하지만, 군은 일반사회와는 비교가 안 될 정도로 많은 해외유학 경험자들을 보유했다. 또 사회에 재교육 기관이 거의 없던 시절 군은 육군대학, 국방대학원, 보병학교, 공병학교, 통신학교 등등의 방대한 자체 교육기관을 갖춘 유일한 사회집단이었다. 군은 또 정밀한 무기를 다루고, 최첨단의 통신과 수송수단을 장악했을 뿐 아니라, 방대한 조직을 운영하기 위한 고도의 행정관리체계와 기술을 보유했다. 한국 사회에서 조직관리와 경영학의 개념을 가장 먼저 도입한 집단도 기업보다는 군이었다.

그러나 한국 정치에서 군부가 가장 강력한 집단으로 등장할 수 있었던 가장 중요한 요인은 역시 미국과의 관계였다. 미국이 한국에서 오랜 세월에 걸쳐 막대한 자금을 투여해 가며 직접 육성한 기관은 군밖에 없다. 육군사관학교의 모태가 군사영어학교라는 사실, 그리고 앞서 언급한 수많은 장교들의 미국 유학은 한국군과 미국 간의 심상치 않은 관계의 한 증거일 뿐이다. 특히 군은 처음에는 유엔군 사령부, 1970년대 중반 이후에는 한미연합사령부를 통해 주한미군과 일상적으로 접촉하는 통로를 확보하고 있었다. 중진 국회의원들이 주한미대사관의 서기관급하고도 밥을 같이 먹지 못해 안달하던 것에 비하면, 고위장교 집단은 아주 안정적인 대미 접촉통로를 확보하고 있었던 것이다. 또한 군부는 미국 문화 도입의 중요한 창구이기도 했다. 한국 사회에서 압도적인 영향을 미치고 있는 미국 문화의 유입에서 기지촌이 저급문화 유입의 통로였다면 군은 중급 내지는 고급문화 유입의 통로로 기능했다.

사관학교라는 특수한 교육경험을 공유하면서 선후배 간의 관계로 얽혀 있는 군 장교들의 응집력은 한국 사회에서 다른 집단의 추종을 불허한다. 상대적으로 많은 교육을 받았고, 응집력에서 타의 추종을 불허하고, 무제한의 물자와 인력을 사용하고, 무장력을 갖추었으며, 게다가 미국과 가장 밀접하게 연결된 군이 한국에서 정권을 장악하지 못했다면 오히려 이상한 일이었을 것이다.

2) 1968년의 위기와 병영국가화

한편 한일국교정상화를 한미일 군사동맹의 강화로, 그리고 일본군국주의 부활의 상징으로 보아온 이북은 한국군의 베트남 파병에 한국군의 베트남 파병에 대해 극히 예민하게 반응했다. 김일성은 "월남문제에 대한 태도는 혁명적 입장과 기회주의적 입장, 프롤레타리아 국제주의와 민족이기주의를 갈라놓는 시금석"이며, 조선로동당은 "월남 인민의 투쟁을 자신의 투쟁으로 인정"하고 있으며, "월남 민주정부가 요구할 때에는 언제나 지원병을 파견하여 월남형제들과 함께 싸울 준비"가 되어 있다고 강조했다.

베트남 인민들의 투쟁을 돕겠다는 김일성의 발언은 곧 군사분계선에서의 긴장고조로 나타났다. 1965년과 1966년 각각 88건과 80건이었던 군사분계선에서의 충돌은 1967년 784건, 1968년 985건으로 급격히 늘어났다. 그리고 1968년 1월에는 청와대 습격사건과 푸에블로호 납북사건이라는 초대형 사건이 연달아 일어났다. 워싱턴과 서울의 당국자들은 이런 움직임이 베트남에 대규모의 병력을 파견하고 있는 한국에 대한 압력이라는 것을 놓치지 않았다. 실제로 한국군을 베트남에 증파하려던 논의는 한반도에서의 급격한 긴장고조로 인해 사그라들었다. 한국군의 베트남 파병은 한국에 유신체제라는 권위주의 체제의 성립을 가져왔을 뿐 아니라 북한의 체제 역시 고도로 경직되게 만들었다. 1967년 4월의 조선로동당 4기 15차 중앙위원회 전원회의를 계기로 북한 체제는 그 이전과는 질적으로 전혀 다른 유일사상체계로 변질되었다.

1968년 1월의 청와대 습격사건과 푸에블로호 납북사건은 박정희 치하의 한국이 병영국가로 넘어가는 분수령이 된 사건들이다. 베트남전이 한창이던 1968년 1월 21일 이북의 특수부대 124군 부대 요원 31명이 청와대 기습을 목표로 청와대 코앞의 세검정까지 진출했다가 1명이 생포되고 나머지는 전원 사살된 충격적인 사건이 발생했다. 생포된 김신조는 전국에 생방송된 기자회견에서 남파목적을 묻는 질문에 "박정희의 목을 따러 왔다"고 말해 충격을 더해 주었다. 박정희로서는 당연히 이북을 응징하기를 원했고, 베트남전에서 자신이 크게 도와 주고 있는 미국이 이를 지원해 주리라고 생각했다.

1·21사건의 충격이 한창이던 1월 23일 또 다른 초대형 사건이 발생했다. 이북이 이번에는 미국의 최신예 정보함 푸에블로호를 끌고간 것이다. 그런데 베트남전의 수렁에 빠져 있던 미국은 푸에블로호 사건에 대하여 박정희가 바라는 바와 같은 군사적 강경조치를 취할 수 없었다. 박정희는 미국이 자신을 살해하려 한 1·21사건은 전혀 염두에 두지 않고 푸에블로호 사건만을 해결하기 위해 이북에 대해 유화적인 태도로 나가는 데 격분했다. 더구나 미국과 이북의 비밀교섭에서 한국정부는 철저히 배제되어

있었다. 미국은 이북과 10개월에 달한 협상 끝에 이북의 요구에 굴복하여 푸에블로호가 이북의 영해를 침범한 사실을 시인하고 이에 대해 미국 역사상 처음으로 사죄했다. 이북은 12월 23일 82명의 생존승무원과 시체 1구를 판문점을 통해 돌려보냈지만, 선체와 장비는 돌려주지 않았다. 미국은 승무원이 귀환한 다음 사죄를 취소했지만, 이 사건은 이북의 콧대를 한껏 세워 주었다.

　1·21사건과 푸에블로호 사건을 겪으면서 박정희는 대외적으로는 미국과의 관계 재정립에 들어가는 한편, 대내적으로는 병영국가 건설에 박차를 가하게 된다. 박정희는 미국의 가장 골치아픈 문제를 해결하기 위해 대규모의 병력을 파견하며 몸바쳤는데, 자신의 목숨을 노린 이북의 기습행위에 대한 응징을 미국은 전혀 고려하지 않았다. 미국은 한국에 추가 군원 1억 달러를 제공하고 한국공군에 팬텀전폭기를 제공하는 한편, 박정희의 3선개헌 시도를 묵인함으로써 박정희를 달래주었다. 그러나 이런 조치가 박정희의 불안심리를 잠재울 수는 없었다. 더구나 새로이 들어선 미국의 닉슨 정권은 한국정부와의 아무런 사전 협의 없이 주한미군 1개 사단의 철수를 통고했다.

　이에 박정희는 미국에 대해 자기 나름대로 안전장치가 필요하다고 생각했다. 그는 미국의 행정부뿐만 아니라 의회 지도자들에 대해서도 영향력을 행사해야 한다고 생각하고 그들을 상대로 한국식 로비를 벌이게 되었다. 요즈음 지긋지긋하게 듣는 OOO게이트는 원래 워터게이트 사건에서 나온 것이지만, 이것이 워터게이트 사건 이후 처음 쓰인 것은 바로 박동선을 동원한 박정희의 로비가 코리아게이트라 불리게 되면서였다. 한편 박정희는 자주국방을 표방하면서 나름대로 핵개발에 관심을 두게 된다. 그러나 박정희가 개인적으로 미국에 배신감을 느낀 것은 분명하지만, 그것이 미국에 대한 민족주의적인 태도로 나아가지도 못했다. 그는 미국을 잘 이해하지 못했으며, 미국의 태도변화에 충격을 받았음에도 불구하고 대미의존이라는 구조적인 문제를 해결하려 하지 않았다. 다만 심한 배신감을 느끼면서도 미국과의 연계만이 자신의 살 길이라는 생각에 미국을 붙잡기 위한 수단으로 핵개발을 하는 듯한 제스처를 취했을 뿐이다.

청년시절 '긴 칼 차고 싶어' 만주로 가 군인이 된 박정희에게 청년시절의 경험은 대단히 중요했다. 박정희가 1968년 이후의 위기 상황을 돌파하기 위해 추진한 병영국가의 모델의 원천은 바로 그가 청년시절을 보낸 만주국에서 찾을 수 있다. 국가가 시민들의 일상생활을 규제하고 훈육하는 병영국가, 규제국가로서의 만주국의 분위기는 60년대 후반 이후 박정희 치하의 이남 사회에서 그대로 재현되었다.

1·21사건 직후 박정희가 대내적으로 취한 가장 중요한 조치는 향토예비군의 창설이었다. 향토예비군 설치에 관한 법률이 처음 제정된 것은 5·16 군사반란 직후인 1962년이지만, 이 법안이 개정을 거쳐 실행된 것은 1968년이다. 1·21사건 직후 박정희는 향토예비군 250만을 무장할 계획을 세워 예비군 창설을 일사천리로 밀어부쳤다. 또한 현역들의 복무기간은 6개월 연장되었으며, 고등학교와 대학교에서는 교련이라는 이름 하에 군사교육이 실시되기 시작했다. 한편 박정희 정권은 주민등록증 제도를 도입하여 18세 이상 전국민의 지문을 담은 새로운 신분증을 발급했다.

외적인 강제와 동원뿐 아니라 인간의 내면까지 장악하고자 했던 박정희 정권 시기의 국민교육에서 중요한 사건은 일제 강점기의 「교육칙어」의 부활이라는 우려 속에서 강행된 1968년 12월의 「국민교육헌장」 제정이었다. 홍윤기 교수에 따르면 「국민교육헌장」은 "국가는 그 어떤 경우에도 국민의 이익과 모순되는 잘못된 목표나 정책을 추구하지 않으며 국민은 거기에 대해 이의를 제기할 여지가 전혀 없다"는 관념적 초월논리를 충실히 따르며 제정되었는데, 이 「국민교육헌장」은 기회주의적인 박정희식 반공에 단지 정책적 긴급성을 넘어 역사철학적인 비전까지 보태주는 것이었다(홍윤기: 2001).

그러면 「국민교육헌장」은 국민 개개인을 어떤 식으로 육성하려 하였는가? 「국민교육헌장」은 "나 개인이 맺을 수 있는 일체의 타자관계가 그 자체로서 중요한 가치라기보다는 사실상 국가발전이라는 척도에 따라 최종적으로 규제"될 수 있도록 되어 있었다. 이런 근본정신에 입각할 경우 나 개인은 국가 앞에서 언제나 철저히 타인으로부터 고립되어야 했다. 「국민교육헌장」의 요구에 따르게 되면 국민은 "철저하게 원자적으로 파편화된 고립된 개인"이 될 뿐이며 이런 개인은 당연히 "이타주의보다는 이기주의에 더 친화적으로 반응"한다는 것이다. 홍윤기는 국어사전에 등장하는 모든 좋은 말을 골라 놓은 듯한 「국민교육헌장」에서 "사회"라는 낱말은 완전히 빠져 있다는 뜻밖의 사실을 지적한다. 국가가 일종의 혈연공동체로서 국민 개인을 직접 관리하고 교육하는 대한민국이라는 국가에서 사회는 아예 없는 것이 되고 만다는 것이다. 이렇게 사회가 사라진 국가에서 사회적 문제는 아예 제기될 수 없다(홍윤기: 2001).

　박정희가 만들려고 한 병영국가는 전국민을 이등병으로, '국민학교' 초년생으로 만드는 작업이었다. 1971년의 국가비상사태 선포와 1972년의 유신 쿠데타를 거치면서 1960년대에 형식적으로 유지되었던 민주적인 절차는 완전히 무시되고, 전체 사회는 반공국민을 키워 내는 학교로, '하면 된다'의 신조 하에 사령관의 명령에 일사불란하게 복종하는 병영으로 변해갔으며, 이 지시에 저항하거나 사령관에게 반항하는 사람들은 감옥으로 보내졌다.

　박정희는 병영국가를 만들면서 특권층에 만연했던 병역기피도 엄히 다스려 '열외'를 인정하지 않았다. 특권층 자제들 역시 일단 군에 입대한 후 의병 제대 등으로 빠지는 한이 있더라도 일단 군대는 가야 했다. 매일 저녁 6시 국기강하식이 거행되면 길가던 사람들은 모두 멈춰 서서 국기를 향해 경례를 해야 했고, 애인과 함께 느긋하게 영화를 관람하러 극장에 간 사람들도 애국가가 울리면 모두 벌떡 일어서야 했다. 이렇게 국기에 대한 경례를 자주 하게 되면 그만큼 애국심도 더 생기는 것이었을까? 이등병이 된 국민들에게 길가다 멈춰 서고, 극장에서 벌떡벌떡 일어날 것을 강요한 병영국가의 장교들은 그렇게 바보는 아니었다. 그러나 이들이 이런 조치를 강행한 이유는 이등병들에게 끊임없이 복종심을 강요하고 복종의 정도를 확인하려는 것이며, 또 그 과정에서 이등병들에게 복종을 몸에 배도록 만들기 위해서였다. 그러지 않아도 일제 잔재를 청산하지 못한 학교에서 매주 월요일이면 애국조회를 하던 학생들은 이제 목요일이면 교련 조회를 통해 사열과 분열 행진을 하게 되었고, 군대의 두발검사, 복장검사 마냥 길거리에서도 장발단속, 미니스커트 단속은 새로운 풍경이 되었다. '싸우면서 건설한다'는 구호 아래 노동자들은 '산업전사', '수출역군'이라는 군사주의적 냄새가 물씬 나는 새로운 이름을 얻게 되었다.

박정희의 베트남 파병은 국제적인 냉전에서 반공투쟁의 최전선에 서서 국가적인 승리를 추구한다는 대단히 공세적인 반공 태세를 펴나가는 과정이었다. 5·16 군사반란 주동세력은 "남한 안에서 공산주의 문제는 아직 끝나지 않았다"는 인식을 갖고, 반공에 대해 "어떤 이의 제기도 거부하는 국가의 존립 원칙, 즉 국시 차원의 절대적 반공주의"를 내걸면서 국제적 냉전을 한국 사회 내부의 냉전으로 구조화시켰다. 이제 반공은 단순한 정치적 신조가 아니라 통치세력으로서의 한국 군부의 사활이 걸린 권력구도의 문제로 화한 것이다.

우리 사회의 전반적인 병영화를 꾀하면서 경제성장이란 하나의 목표를 향해 모든 국민을 구보로 뛰게 만들려 한 박정희 정권은 '반공도덕'이라는 새로운 과목을 만들어냈다. 그런데 이 '반공도덕'이라는 과목은 반공과 도덕을 가르치는 것이 아니라 반공이 곧 국가의 지상도덕임을 가르치는 과목이었다. 홍윤기 교수에 따르면 "반공과 도덕의 결부는 한국사상사에서 무조건적인 투쟁심, 상대방에 대한 그 어떤 관용도 베풀지 않아도 되는 폐쇄적 심성, 특히 증오와 혐오의 인성을 진정 도덕적인 것으로 국가가 인정하고 국민교육에서 체계적으로 배양"하는 것이었다.

3. 한국 남성의 군대체험과 근대적 인간형의 창출

1) 공장체제와 근대적 인간으로서의 노동자

근대적인 공장의 출현은 곧 농업노동과는 성격이 다른 공장노동을 수행하는 새로운 유형의 인간을 요구하는 것이었다. 푸코에 따르면 공장은 근대의 대표적인 규율사회로서, 공장권력은 복종하고, 훈련되고, 순종하는 유순한 육체를 요구하였다. 이 같은 새로운 근대주체의 형성 과정은 자연발생적인 과정이 아니라, 폭력을 수반하는 엄격한 규율의 강제를 동반하는 과정이었다.

전통적인 농민이 노동자가 된다는 것은 아주 새로운 세계로 들어가는 것이었다. 노동자의 세계에 들어선 농민 출신들이 겪은 어려움은 꼭 장시간 노동과 열악한 노동환경만은 아니었다. 하나하나의 동작을 표준화하여 통제하고, 한 라인의 작업이 일사불란하게 움직일 것을 요구하는 공장노동의 특징은 불규칙하고 계절적인 성격을 갖는 농촌에서의 노동과는 아주 다른 것이었으며, 1960~70년대의 본격적인 산업화 시기에 노동자가 된 이들은 대부분 중학교 이하의 학력을 가진데다가 신문이나 방송 등의 매스미디어가 채 확산되기 전에, 그것도 어린 나이에 농촌을 떠나왔기 때문에 전통적인 유교의 사고방식과 생활방식을 극복할 기회를 갖지 못했을 것이다(정영태, 2004: 323). 다른 나라의 경험에서 보아도, 노동계급의 초기 형성 과정에서 많은 노동자들이 생경한 공장에서의 생활과 노동에 대하여 적응하기 힘들어했고, 심리적인 거부감을 갖고 있었다. 유럽과 미국 또는 일본의 산업가들은 공장노동자 첫 세대에게 새로운 작업습관을 심어주는 데 큰 어려움을 겪어야 했다. 그러나 한국의 산업자본가들은 그런 면에서 별로 어려움을 겪지 않았다. 매년 수천 명에 이르는 농촌의 자녀들이 공장으로 들어갔지만, "그들은 노동환경에 심각한 부적응을 보이지 않고 순조롭게 산업노동의 세계에 적응"했다(구해근, 2002: 79-81).

물론 이는 상대적인 것이다. 한국에서도 개별적인 노동자들, 특히 여성 노동자들이 노동현장에서 생소한 환경에 적응하지 못하고 힘들어하는 회고담은 무수히 많다. 그러나 전체적으로 볼 때 압축근대화를 경험한 한국에서 노동자들은 놀라울 정도로 빨리 산업현장에 적응했다. 한국의 1세대 노동자들이 다른 나라의 노동자들에 비해 비교적 노동규율에 익숙하게 적응할 수 있었던 데에는 군대의 경험이 크게 작용한 것으로 보인다. 3년 간의 군대생활을 통해 엄격한 규율과 상명하복의 분위기와 폭력의 행사를 몸에 익힌 한국의 남성들은 군대식으로 통제되고 유지되는 위계적인 산업조직에 보다 쉽게 적응할 수 있었다.

그런데 한국의 노동자계급 형성에 대해 군대가 미친 영향은 농촌 출신 청년들로 하여금 시간엄수 등 규율에 익숙하게 만든 데에 그치지 않는다. 한국의 산업화가 신속히 이루어질 수 있었던 중요한 요인의 하나로 많은 학자들은 한국이 교육을 잘 받은 양질의 노동력을 보유하고 있었던 점을 들고 있는데, 이 점과 관련하여 군대는 중요한 기능을 했다. 적어도 60년대까지 한국의 군대는 거대한 교육기관이기도 했는데, 한국노동계급의 형성과 관련하여 군대가 수행한 교육기능은 크게 첫째, 문맹퇴치 등 국민기초교육, 둘째, 기능공 양성 등 기술인력의 교육, 셋째, 정훈교육 등 이데올로기 교육을 들 수 있다.

2) 국민기초교육과 군대

먼저 문맹퇴치 등 국민기초교육에서 군대가 행한 역할에 대해 살펴보자. 한국은 문맹퇴치에서 빠른 성과를 거두었는데, 여기서 주축은 물론 공식 교육기관인 학교였지만, 학교교육을 받지 못한 채 성인이 된 남자들에 대해서는 군대가 문맹퇴치에서 각별한 역할을 수행하였다.

한국국민들의 교육수준을 시대적으로 살펴보면, 평균 교육연도는 1960년 3.7년, 1966년 4.9년, 1970년 5.4년, 1975년 6.3년, 1980년 7.1년으로

해방 이후의 급격한 교육수준 향상에도 불구하고 1975년에야 비로소 전 국민이 평균적으로 국민학교를 이수한 셈이 된다(화랑대연구소, 1992: 209). 한편 무학자의 비율은 1944년 86.6%, 1960년 43.7%, 1966년 30.8%, 1970년 23.5%, 1974년 20.3%, 1980년 13.3%로 급속히 낮아져 왔다. 무학력 병사에 대한 정확한 통계는 존재하지 않지만, 군 당국은 1950년대에는 40-50% 이상, 1960년 30%, 1966년 20%, 1970년 15% 내외였을 것으로 추산하고 있다. 군은 창군 이후 1970년까지 6주간의 한글반을, 1954년부터는 국민학교 1-4학년 과정을 교육시키는 12주간의 국민반을,

<표 7-1> 연도별 군대 국민교육 실태

과정 연도	한글반	기초반	국민반	중등반	합계
목표	문맹자퇴치	국민학교 교육 (1-4학년)	국민학교 교육 (5-6학년)	중학교 교육 (1-2학년)	
교육주기	6주	12주	12주	15주	
군창설-52년	148,553	-	-	-	148,553
1953	208,023	-	-	-	208,023
1954	76,012	42,336	21,467	-	139,815
1955	12,685	18,956	14,661	4,939	51,241
1956	23,511	24,422	23,491	9,577	81,001
1957	15,477	12,668	12,098	778	41,021
1958	10,444	8,361	3,510	111	22,426
1959	6,447	8,126	2,474	-	17,047
1960	14,224	6,736	9,724	10,994	40,778
1961	12,677	1,167	1,050	4,209	19,103
1962	16,764	6,752	8,663	3,851	36,030
1963	8,432	-	3,952	2,319	14,703
1964	2,342	-	8,392	10,187	20,921
1965	6,155	-	7,236	12,921	26,312
1966	4,529	-	5,952	12,004	22,485
1967	4,721	-	5,809	18,426	28,236
1968	7,785	-	10,440	15,693	33,918
1969	7,986	-	12,557	15,343	35,886
1970	531	-	335	771	1,637
총계	587,298	129,524	151,811	121,223	989,886

자료: 화랑대연구소, 1992: 213.

1955년부터 중학교 1-2학년 수준 과정을 교육시키는 15주의 중등반을 개설하여 문맹자나 저학력 병사들에게 다양한 기초교육을 실시하였다(화랑대연구소, 1992: 209-213). 군이 실시한 국민기초교육 실태를 표로 정리하면 <표 7-1>과 같다.

1973년 이후 국민학교 졸업 이하의 저학력자는 징집대상에서 제외시킴으로써 군이 더 이상 국민기초교육의 일각을 담당해야 할 필요는 없어졌지만, 산업화가 본격화되기 직전까지 군에서 많은 수의 병사들이 한글을 깨치는 등 전반적인 교육수준을 향상시킬 수 있었다는 점은 매우 중요한 의미를 갖는다.

3) 군대와 기술인력 양성

둘째, 군대의 교육기능에서 주목할 또 다른 분야는 기술인력의 양성이다. 먼저 군 측의 설명을 들어보자.

> "현대의 군대는 그 규모가 방대하고 또 그 내용도 다양하다. 따라서 현대의 군대는 일반 민간사회에 있어서 요구되는 거의 모든 종류의 과학자와 기술자를 필요로 하며, 또 민간사회에서 요구하는 거의 모든 종류의 행정 요원, 사무 요원, 교수 직원 등을 필요로 한다. 그리고 군대에서는 확보된 예산을 바탕으로 매우 조직적이며 집중적인 훈련과 교육을 실시할 수 있는 까닭에 민간사회에 있어서보다도 능률적으로 많은 기능인을 길러내게 된다. 그뿐 아니라, 군대는 항상 새로운 젊은이들이 입대하고 고참들은 제대하는 신진대사가 활발하게 이루어지는 까닭에 군대가 배출하는 유능한 인력의 수는 대단히 많다."(국방부, 1981: 547)

산업화의 초기에 한국은 기능공의 잠재적 자원은 풍부하였지만, 현장훈련과 실습의 부족으로 숙련공의 부족현상이 심각하였다. 그러나 기능공을 양성하는 공업고등학교의 교육은 기능공 수요를 충당하기에 매우 부족하였다. 따라서 "공업화와 산업구조의 다양한 분화와 함께 기능공의 양성·공급이 절대적으로 필요"하였고, "인력양성기관으로서 군대의 중요성"은 여기서 두드러지게 나타나게 된 것이다(이동희, 1982: 355). 아직 산업화가 시작되기 전의 한국에서 군대는 민간보다 훨씬 앞선 기술을 사용하는 현대적인 무기와 장비를 보유하고 있었다. 운전도 큰 기술이었던 1960년대에 군은 수천 대의 차량을 보유하고 있었고, 많은 운전병을 배출했다.

<표 7-2> 분야별 기술인력 양성 현황

분야 연도	총계	기계	건설	통신	전기 전자	수송	운전병 (육군)	항공 (육군)	항해 및 기상	물리 화학	기타
1951	28,755	6,421	16,563	4,494	61	976	-	-	157	43	40
1952	32,064	17,604	4,136	7,676	78	1,286	-	201	70	617	396
1953	76,869	23,230	28,227	10,516	246	8,247	4,868	350	77	642	466
1954	77,796	24,948	25,395	8,388	200	9,765	6,937	264	162	909	828
1955	59,876	18,660	19,185	6,071	454	7,744	5,027	249	124	1,290	1,072
1956	58,667	12,698	18,235	7,296	605	8,569	5,629	374	83	837	4,341
1957	64,595	15,141	17,846	6,507	524	9,675	6,259	284	284	1,083	6,992
1958	63,597	6,554	22,662	7,866	759	10,309	7,350	216	356	1,130	6,395
1959	58,483	6,402	19,902	8,994	1,378	8,344	5,729	204	358	2,820	4,352
1960	78,392	13,593	20,952	7,088	780	14,585	11,776	243	225	1,241	7,909
1961	64,329	6,993	14,865	5,355	1,601	14,375	12,054	214	156	1,717	6,999
1962	46,615	5,621	14,407	5,016	2,567	6,835	4,619	246	202	410	6,692
1963	51,769	6,305	11,903	4,517	2,012	11,528	8,362	232	358	399	6,153
1964	48,799	5,407	11,192	5,197	2,786	10,585	8,158	213	240	616	4,405
1965	46,339	5,743	12,494	5,634	3,063	7,763	5,177	210	413	638	5,264
1966	45,553	5,994	12,984	5,173	2,475	7,041	4,455	250	331	416	6,434
1967	38,831	7,035	8,771	4,639	2,789	6,586	4,176	306	266	597	3,666
1968	45,068	6,250	9,257	5,126	4,015	8,795	6,100	327	370	703	4,125
1969	47,847	10,464	8,773	5,089	3,633	7,910	5,323	489	293	1,187	4,686
1970	39,558	6,117	7,315	5,322	2,803	7,848	5,286	389	204	1,017	3,257
1971	40,674	5,694	8,393	5,496	4,057	7,424	5,060	876	476	864	2,334
1972	40,630	5,173	9,543	5,626	3,525	6,286	5,476	621	577	978	2,825
1973	45,432	4,975	11,144	3,872	3,899	9,779	7,901	338	331	800	2,393
1974	61,629	5,308	12,301	5,047	3,027	13,542	17,753	374	450	1,204	2,623
1975	74,500	5,969	9,369	4,865	3,333	17,462	27,798	363	447	1,721	3,173

자료: 화랑대연구소, 1992: 180-181.

군대에서 습득된 현대적 기술은 민간부문으로 전파, 확산되었는데, 한 조사에 따르면 제대군인의 26%가 군복무기간 중 습득한 기술 및 지식이 현재의 직업과 상호 관련이 있다고 답하였다(화랑대연구소, 1992: 179-182). <표 7-2>는 1951년부터 1975년까지 각 분야별로 군이 양성한 기술인력 현황을 정리한 것이다.

이 표를 보면 군의 기술인력 양성이 운전, 건축, 기계 등 산업발전에서 가장 기초가 되는 분야에 집중되어 있음을 알 수 있다. 1960년대 이후의 급속한 산업화는 기술인력의 수요를 대대적으로 창출하였는데, 군이 배출한 기술인력은 이러한 수요의 상당 부분을 채워주었다. 또 항공과 선박과 같이 민간에서 양성하기 어려운 분야의 경우, 기술인력 양성에서 군의 역할은 절대적이었다. 민간에서 기술·기능인력에 대한 훈련은 1967년 직업훈련법이 공포됨에 따라 본격적으로 추진되었는데, <표 7-3>은 노동부 주관의 공공직업훈련기관, 회사 내의 사업 내 직업훈련기관 등 민간 기관에서의 기능공 양성과정 훈련인원과 군의 기능공 훈련인원수를 비교한 것이다.

<표 7-3> 기능공 양성과정 훈련인원 비교

(단위: 1,000명)

구분	기관명	총계	1967-70	1971-75	1976-80	1981-85	1986-88
민간	계	1,353	86	248	536	302	181
	공공직업훈련기관	449	31	112	114	125	67
	사업내직업훈련기관	813	55	136	397	144	81
	인정직업훈련기관	91	-	-	25	33	33
군	계	958	173	233	200	236	116

자료: 화랑대연구소, 1992: 191.

위의 표를 보면 산업화의 초기인 1967-70년 사이에 민간에서의 기능공 훈련은 86,000명으로 같은 기간 군에서 배출한 173,000명의 절반에 미치지 못함을 알 수 있다. 산업화의 진전에 따라 기술인력의 수요가 지속적으로 증대하면서 민간직업훈련기관의 기능공 양성이 군의 기능공 양성을 앞서게 되었지만, 군은 여전히 기술인력의 중요한 배출기구로 기능하였다.

군은 자체적으로 많은 학교를 설치하여 기술인력을 배출하였다. 육군은 공병학교, 통신학교, 병참학교, 병기학교, 경리학교, 수송학교, 화학학교, 항공학교 등 16개 학교, 해군은 항해학교 등 9개 학교, 공군은 비행학교 등 10개 학교, 해병대는 수송교육대 등 6개 학교에서 주특기에 따라 221개의 과정을 통해 많은 기술인력을 교육하였다. 1965년까지 육군의 각종 학교를 수료한 사람은 모두 497,490명, 해군의 각종 학교를 수료한 사람은 모두 21,279명, 공군의 각종 학교를 수료한 사람은 41,485명, 해병대는 11,684명이었다(이동희, 1982: 358). 이렇게 배출된 기술인력은 산업현장에서 크게 활약하였는데, 1970년대 대표적인 기계공업회사인 대우중공업 인력의 70.7%, 대표적인 건설회사인 현대건설 인력의 74.2%가 군대에서 배운 기술을 배경으로 유사한 직역에 종사하고 있었다고 한다. 대한항공의 경우 부장급 이상 임원 80명 중 군 장교 출신은 39명이었고, 1978년 말 현재 비행시간 1만 시간 이상의 조종사 98명 전원이 군 조종사 출신이고, 정비분야의 기술진도 대부분 군에서 정비 주특기를 갖고 있던 사람들이었다. 대부분의 정비사들은 군에서 이미 상당한 기술수준에 도달한 후 민간항공사에 취업함으로써 회사는 이들에 대한 교육투자를 적게 할 수 있었다(이동희, 1982: 359-368).

4) 이데올로기 교육장으로서의 군대

군대가 한국의 노동계급 형성에 큰 영향을 미친 분야는 이데올로기 교육이다. 이데올로기를 통한 국가와 자본의 설득은 당시의 노동자들에게 큰 영향을 미쳤다. 조선공사, 현대조선, 반도상사 등에 대한 최근의 사례연구는 산업화의 초기에 노동자들에 대한 통제에서 꼭 '병영적 통제의 폭력성'만이 작용한 것은 아니라는 점을 보여준다. 노동계급의식이나 노동자의 정체성 형성을 저해한 것은 작업장에서 관철된 '산업전사'라는 이데올로기였다. 노동자들의 부지런한 노동과 희생은 애국적인 행위로 칭송되었다. 당시의 노동자들은 "산업전사로서 경제성장에 기여하고 합리화와 생산성 향상운동에 매진해야 한다는 논리에 대해 저항하지 않았던 것"이다. 회사는 노동자들을 경제성장이라는 전투에 동원하기 위해 경제적 민족주의와 결부시켜 자부심을 고취하곤 했다(김준, 2004; 김귀옥, 2004). 반공규율주의와 매카시즘의 이데올로기 공세에 노동자들의 대응은 취약했다. 1960년대 후반에는 "반공교육의 강화와 함께 1968년 국민교육헌장의 선포에서 보듯이 정신과 사상의 자유에 대한 더욱 가차없는 억압이 가해졌던 것"이며, "노동자, 농민은 장기간 레드 콤플렉스에 시달리며 자신의 사상을 정립하기까지 많은 시간을 보내야" 했다(김영곤, 2005: 94).

그런데 노동자들에 대한 이데올로기의 주입과 침윤은 꼭 작업장에서만 이루어진 것은 아니다. 학교는 장래의 노동자들의 머리와 몸에 반공주의와 국가주의를 심는 중요한 공간이었다. 학교보다 기간은 짧고, 남성노동자들에게만 국한되는 것이지만, 군대의 체험은 장래 노동자들의 몸과 마음에 큰 흔적을 남겼고, 제대 후 산업현장에서 국가나 자본의 이데올로기 공세가 쉽게 수용될 수 있는 길을 열었다고 할 수 있다. 흔히 노동현장의 병영적 통제를 이야기할 때 폭력을 통한 지배만을 이야기하지만, 군대는 가장 강력한 이데올로기 교육이 이루어진 공간이었다. 군대는 한국의 청년들에게 애국심과 반공이념을 교육시키는 사회화 기능을 담당하였고, 이는 "반공의식을 강화, 존속시키는데 결정적"인 역할을 하였다. 이를 통해 수많은 한국인들은 군인들의 변화되고 강화된 시각을 받아들일 수 있게 된 것으로, 군대에서의 교육과 사상주입이 중요한 영향력을 갖게 된 것이다(이동희, 1982: 332-333).

특히 한국 남성들이 아직 학교교육을 충분히 받지 못했던 창군 초기에는 군의 이데올로기적 기능이 특히 컸다. 1961년 이후 박정희 군사정권이 '근대화'를 추진해 나가는 과정에서 정권은 국민들을 정권이 정한 '국가목표'에 통합시키고, 이 목표를 달성하기 위해 국민을 조직적으로 동원하기 위해 노력하였다. 박정희 정권이 이 과정에서 일정한 성과를 거둘 수 있었던 것은 1950년대까지, 그리고 자신들의 집권 이후에 군대에서 행한 이데올로기 교육에 힘입은 바 컸다.

이동희에 따르면 창군 이후 한국군에서 행해진 정신교육의 내용을 4단계로 나누어 설명하고 있다. 1단계는 창군에서 한국전쟁에 이르는 시기(1949-53년)으로, "자유주의적 국민국가의 형성과 관련하여 근대적 국가의식과 반공의식을 주로 교육"하였다. 그러나 아직 전쟁의 혼란기여서 포괄적이고 체계적인 정신교육은 이루어지지 않았다. 2단계는 과도기로서 1954년부터 1960년까지 휴전 이후 이승만 정권의 붕괴에 이르는 시기이다. 이 시기는 전쟁을 통해 국가방위의 중요성과 군대의 존재 의의가 특히 부각된 시기로, 대한민국의 건국이념과 정통성에 대한 교육과 민주주의와 공산주의를 비교하는 과목이 군정신교육의 주된 비중을 차지하였다. 3단계 정비기는 5·16 군사반란에서 10월 유신까지에 해당하는 1961년에서 1972년에 이르는 시기로, 박정희 군사정권이 조국근대화라는 목표 아래 "싸우면서 건설하자"는 구호를 내걸고 철저한 국민동원을 도모하던 시기였다. 이 시기에는 군 출신 장교들이 행정부와 입법부, 그리고 많은 국영기업체에 참여하여 군대의 앞선 행정체계와 과학기술 운영경험이 사회로 본격적으로 전파되던 시기이기도 했다. 이 시기에 군의 정신교육은 반공교육을 더욱 강화하는 한편 "정부의 구체적인 목표와 시책"에 대한 내용이 주류를 이루게 되었다. 4단계는 정착기로서 제2차 경제개발 5개년계획이 마무리되고, 경제발전의 성과가 가시적으로 나타나는 1973년 이후의 시기이다. 이 시기에는 <공산당의 죄악상>, <참된 민주주의>, <조국의 발전상>, <조상의 빛난 얼>, <우리의 각오> 등 "근대화의 성공적 결과들을 홍보하고 국민들을 국가이념에 결속"시키기 위한 내용이 5대 과목으로 강조되었다(이동희, 1982: 343-346). 특히 박정희 정권은 이 시기 국가이념을 유신이념으로 제시하면서, 새마을 교육과 주체적 민족사관을 강조하였다.1)

군대에서의 정신교육은 양적인 면에서도 꾸준히 증가해왔다. 초기의 정신교육은 교육시간을 정확히 계산하기는 어렵지만, 대체로 연간 50시간 정도의 교육이 실시된 것으로 추정된다. 1954년 이후에는 정신교육이 정규교육으로 편성되어 정신교육의 날이 제정되는 등 체계적으로 실시되었으며, 교육시간도 1955년부터 1975년까지는 대략 연간 100시간, 1975부터 1983까지는 208시간, 1983년부터는 232시간을 정신교육에 할당하는 등 군은 정신교육에 많은 노력을 기울여 왔다(화랑대연구소, 1992: 220-221).

1957년에 처음 제정된 <군인의 길>은 박정희 정권 시기에 새롭게 다듬어졌다. <군인의 길>은 모든 군인들이 암송해야 하는 것이었는데, 이는 비단 군인에게만 적용되는 것이 아니라, 이들이 군복을 벗고 민간에 나가 공장이나 회사에 취직한 뒤에도 오래도록 간직해야 할 덕목을 포함하는 것이었다.

> 나는 영광스런 대한민국 군인이다.
> 나의 길은 충성에 있다. 조국에 몸과 마음을 바친다.
> 나의 길은 승리에 있다. 불굴의 투지와 전기를 닦는다.
> 나의 길은 통일에 있다. 기필코 공산적을 쳐부순다.
> 나의 길은 군율에 있다. 엄숙히 예절과 책임을 다한다.
> 나의 길은 단결에 있다. 지휘관을 핵심으로 생사를 같이한다.

---

1) 1960년대 초반부터 군은 제대예정자들에게 영농교육을 강조했으며, 1970년대에는 새마을 교육을 실시했다. 이는 4H운동의 기반이 되었고, 이어 농촌새마을운동이 확산되는 토대가 되었다. 또 군대에서의 이른바 '주체적 민족사관' 교육은 고대사의 영광을 강조하는 '국사찾기운동'으로 이어졌고, 이는 다시 1990년대 노동현장에서 상당한 영향력을 행사하며 진보적 노동운동과 갈등을 일으키는 '다물'운동의 뿌리가 되었다고 할 수 있다.

위에서 표방된 '국가에 대한 맹목적인 충성', '필승', '통일', '반공', '군율', '예절과 책임', '단결', '복종' 등의 가치들은 군대에서 정착되었을 뿐만 아니라 민간사회에도 공통으로 요구되는 덕목이었다(노영기, 2002). 강력한 규율과 일상을 철저히 통제하는 내무생활로 분위기가 잡혀있는 상태에서 행해진 군대에서의 이데올로기 교육은, 양적으로도 민간에서 도저히 실시하기 힘든 상당한 시간이 배당되었을 뿐 아니라, 생활과 밀착한 것이어서 효과도 아주 높았다. 군 당국이 펴낸 한 연구서는 군에서 실시된 각종 교육이 미친 영향을 이렇게 평가하고 있다.

> 군대의 교육훈련 및 병영생활, 그리고 각종 정신교육은 물론 군복무를 성공적으로 완수하는데 일차적으로 기여하겠지만, 전역 후 사회적 적응력을 높여주고 근대적 가치관을 형성시켜 국민정신교육의 역할을 담당하고 있다. 특히 1950-60년대 근대화되기 전 병사들이 대다수 전통적인 농촌출신이었을 때 그 역할은 더욱 크다. 병사들은 일련의 교육과 군복무를 통해 조국, 민족의 개념을 터득하고 진정한 애국심이 무엇인가를 일깨우며 "국가가 건재함으로써 내가 생존할 수 있다"는 의식과 함께 "민족적 차원의 목표를 위해 희생해야 한다"는 점을 알게 된다. 병사들은 집단 또는 조직의 중요성을 알게 되며 나아가 국민적 일체감을 형성하게 된다. 이러한 교육훈련을 통해 강인한 인내심, 적응력과 판단력, 예의범절과 협동정신 그리고 자신감과 책임감을 기를 수 있다(화랑대연구소, 1992: 223-224).

4. 맺음말

후발형 근대화를 달성한 국가에서는 군대 자체가 새로운 사회질서의 창출을 위한 추진력이 되거나, 군대의 형태가 거꾸로 사회의 형태를 규정해가기도 하였다(요시다 유타카, 2005: 29). 한국 사회는 1968년부터 급속히 병영국가로 재편되었다. 모든 국민은 국가로부터 "민족중흥의 역사적 사명을 띠고 이 땅에 태어났다"고 규정되었고, 노동자들은 한 손에 망치 들고 건설하면서, 한손에 총칼 들고 나가 싸우는 말 그대로 '산업전사'가 되었다.

한국이 다른 나라에 비해 신속하게 산업화를 이룰 수 있었던 중요한 요인은 자본가들의 입장에서 볼 때 '양질'의 노동력이 준비되어 있었다는 점이다. 한국이 산업화의 준비단계에 이미 양질의 노동력을 확보하고 있었던 이유로는 보통 높은 교육열이 제시되지만, 군대가 미친 영향을 무시할 수 없다. 근대화의 초기 단계에는 어느 나라에서든지 자본가들은 노동자들의 결근이나 지각, 취업시간 중의 규율 위반 등으로 고심하였기 때문에, 시간적 규율이 몸에 밴 노동자를 창출하는 것은 경영자들의 입장에서는 중대한 과제가 아닐 수 없었다. 이런 근대적 노동자를 창출하는 일차적인 역할은 물론 학교가 수행하였지만, 1960년대 초중반까지만 해도 농촌의 청년들은 교육을 많이 받지 못한 상태였다. 이런 농촌청년들의 사회화에서 군대 경험은 극히 중요했다. 노동자가 된 농촌 청년들은 이농을 통해 도시로 오기 이전에 군대에서 근 3년의 세월을 보냈다. 이 동안 많은 농촌청년들은 한글을 깨우치기도 하고, 규율과 시간의 통제 등을 통해 근대식 조직생활을 익혔다. 당시까지만 해도 많은 농촌 청년들은 군대에 와서 처음으로 일상적으로 전기를 접하기도 하고, 전화를 접했으며, 총기 등 근대적 과학기술과 근대적 기계문명을 접하기도 했다. 특히 운전, 통신, 공병 등의 분야에서의 교육과 경험은 많은 농촌 청년들이 제대 후 해당 분야에서 일하는 데 큰 도움이 되었다. 초기의 산업화 과정에서 군대는 산업화에 필수적인 기능인력의 양성과 공급에서 큰 몫을 담당했다. 특히 공장이나 회사는 물론이고, 정부조차 체계적인 기능인력 양성 프로그램을 갖고 있지 못하던 1960년대 중반까지 군대는 한국 사회에서 가장 중요한 기능인력의 배출원이었다.

1960년대 후반 박정희 정권이 내건 중요한 구호는 "싸우면서 건설하자"였다. 베트남 파병으로 인한 전쟁 분위기 속에서 수출과 건설은 종종 전쟁이나 전투에 비유되었고, 노동자들은 '산업전사'나 '수출역군'으로 불리는 이 전투의 군인들이었다. 따라서 노동현장도 군대식 통제와 군사문화가 지배하고 있었다. 노동자들의 군대 체험은 노동현장에서 군대식 통제가 먹혀 들어갈 수 있는 중요한 통로로서, 노동자들은 3년 가까운 세월의 군대생활을 통해 군사문화를 내면화하였고, 군대식 통제를 받아들일 준비를 갖추고 있었다. 군대는 단순히 규율을 익히고 복종을 배우는 공간이었을 뿐 아니라, 국가와 자본가들이 요구하는 이데올로기를 장래의 노동자들이 내면화시키는 이데올로기 교육장이었다. 특히 한국군은 정신교육에 많은 노력을 기울여 연간 100-200시간이라는 엄청난 시간을 할애하여 반공, 충성, 복종, 규율, 책임완수, 목표달성, 예절, 단결, 대의를 위한 자기희생 등 노동현장에서 자본가들이 요구하게 될 가치들을 반복해서 주입시켰다.

군대에서 미래의 노동자들이 이렇게 반복적으로 주입되는 이데올로기를 받아들인 것은 꼭 강제적인 것만은 아니었다. 아직도 사라지지 않고 있는 "군대 갔다 와야 사람이 된다"는 말이 상징하듯, 교육을 받지 못한 농촌 청년들에게 군대는 새로운 경험을 할 수 있는 세계였고, 나름대로 신분의 상승을 맛볼 수 있는 곳이기도 했다. 장교를 놓고 본다면 한국 사회에서 군대는 출세를 위한 사다리였다. 가난한 농촌 청년이나 북에서 월남하여 남쪽에 이렇다 할 기반을 갖지 못한 젊은이들은 군대를 통해 신분의 상승을 경험할 수 있었다. 사병의 경우 역시 마찬가지였다. 1950년대 일제의 강점과 전쟁의 참화를 겪은 대다수의 농촌 청년들은 문맹이었고, 전근대적인 인습과 가치관에 사로잡혀 있었다. 그런데 군대에 가면 우선 글을 배울 수 있고, 자동차, 무기, 통신장비 등 기계문명을 비로소 접하게 된다. 단체생활을 통해서 규율과 협동, 복종을 배우고, 졸병들을 거느리면서 나름대로 통솔력과 지도력, 사람 다루는 법을 익히게 된다. 특히 입대일자에 따른 서열이 지배하는 사병들의 세계는 엄격한 위계질서의 공간이었지만, 역으로 시간이 지나가면 매우 정직하고 공평하게 신분의 수직적 상승을 경험할 수 있는 곳이었다. 더구나 바깥 사회에서의 교육 수준이나 사회적 지위, 빈부의 차이에 상관없이 입대일자에 의해서 서열이 정해지는 내무반보다 가난한 농촌 출신의 많이 배우지 못한 청년들을 대우해 주는 곳은 대한민국에는 없었다. 일반 기초교육의 기회와 더불어 보직에 따라 기술을 익힐 수 있고, 사회신분의 상승을 경험할 수 있는 군대라는 공간은 이데올로기 전파의 매우 효과적인 교육장이었다.

노동자들 역시 생산현장에서 생산목표를 정하고 수출전선에서 싸우는 전사가 되어 목표달성을 위해 달려나갔다. 군가의 가사에도 나와 있는 "안 되면 되게 하라, 하면은 된다"는 말은 현장에서 상사가 부하에게 지시할 때는 "까라면 까라"는 말로 변하여 수단과 방법을 가리지 않고 목표를 달성해야 하는 분위기를 조성했다. 군대의 특징인 상명하복의 엄격한 위계질서는 생산을 전투처럼 수행하던 당시의 노동현장에서 그대로 재현되었다. 또 노동자들은 군대에서 그랬던 것처럼 이곳이 내가 말뚝을 박을 곳이 아니라 곧 떠날 곳이라는 생각에 빠져 있었다. 이 같은 노동자들의 의식상태는 노동자들이 현장에서의 노동조건 개선을 생각하지 않고 주면 주는 대로, 시키면 시키는 대로 하는 정서를 낳았다. 이런 분위기는 현장에서의 노동조합의 조직이나 활동, 노동쟁의의 발생에 중대한 장애를 초래했다.

| 참고문헌 |

강이수. 1997. 「공장체제와 노동규율」. 김진균·정근식 엮음. 『근대주체와 식민지 규율권력』. 문화과학사.
구해근. 2002. 『한국노동계급의 형성』. 창작과비평사.
권인숙. 2000. 「우리 삶 속의 군사주의 ― 여성과 군사주의의 관계를 중심으로」.

한국여성평화연구원, ≪여성과 평화≫ 1.
____. 2005.『대한민국은 군대다: 여성학적 시각에서 본 평화, 군사주의, 남성성』. 청년사.
김경숙 외. 1986.『그러나 이제는 어제의 우리가 아니다: 80년대 노동자 생활글모음』. 돌베개.
김귀옥. 「1960, 70년대 의류봉제업 노동자의 형성과정: 반도상사(부평공장)의 사례를 중심으로」. 이종구 외. 『1960-70년대 한국의 산업화와 노동자 정체성』. 한울아카데미.
김낙중. 1982.『한국노동운동사: 해방후편』. 靑史.
김동춘. 1995.『한국사회노동자연구』. 역사비평사.
김영곤. 2005.『한국노동사와 미래 ─ 17-21C』 2. 선인.
김원. 2005.『여공 1970 ─ 그녀들의 반역사』. 이매진.
김윤환 외. 1978.『한국노동문제의 구조』. 광민사.
김준. 2004. 「1970년대 조선산업의 노동자 형성: 울산 현대조선을 중심으로」. 이종구 외. 『1960-70년대 한국의 산업화와 노동자 정체성』. 한울아카데미.
김형기. 1985. 「노동자계급의 성장 및 내부구성의 변화와 주체형성」. 『한국 자본주의와 노동문제』. 돌베개.
____. 1988.『한국의 독점자본과 임노동 ─ 예속독점자본주의하 임노동의 이론과 현상분석』. 까치.
노영기. 2002. 「박정희 시대의 군대와 군사문화」(미발표논문).
동일방직 복직투쟁위원회. 1985.『동일방직 노동조합 운동사』. 서울: 돌베개.
신병현. 2000.『작업장문화와 노동조합』. 현장에서 미래를.
____. 2001.『노동자문화론』. 현장에서미래를.
____. 2005. 「1960, 70년대 산업화 과정에서 노동자들의 사회적 정체성에 영향을 미친 주요 역사적 담론들」. 이종구 외 지음.『1960-70년대 노동자의 생활세계와 정체성』. 한울아카데미.
신원철. 2004. 「경쟁양식과 노동자 정체성: 1960-70년대 기계산업 노동자를 중심으로」. 이종구 외. 『1960-70년대 한국의 산업화와 노동자 정체성』. 한울아카데미.
요시다 유타카. 2005.『일본의 군대 ─ 병사의 눈으로 본 근대일본』. 최혜주 옮김. 논형.

유동우. 1984. 『어느 돌멩이의 외침』. 청년사.
유영익. 1992. 「1950년대를 보는 하나의 시각」. 유영익. 『한국근현대사론』. 일조각.
이동희. 1982. 『한국군사제도론』. 일조각.
이원보. 2000. 『경제개발기의 노동운동(1961-1987)』. 한국노동사회연구소.
이태호. 1984. 『불꽃이여 이 어둠을 밝혀라 — 한국 여성 노동자들의 투쟁』. 서울: 돌베개.
장남수. 1984. 『빼앗긴 일터』. 서울: 창작과비평사.
전순옥. 2004. 『끝나지 않은 시다의 노래 — 1970년대 한국여성노동운동에 대한 새로운 자리매김』. 한겨레신문사.
정승국. 2004. 「1970년대 자동차산업의 노동형성: A자동차를 중심으로」. 이종구 외. 『1960-70년대 한국의 산업화와 노동자 정체성』. 한울아카데미.
정영태. 2004. 「개발연대의 노동자계급 형성: 인천지역 노동자를 중심으로」. 이종구 외. 『1960-70년대 한국의 산업화와 노동자 정체성』. 한울아카데미.
정훈50년사 편찬위원회. 1991. 『정훈50년사: 1940-1989』. 육군본부 정훈감실.
조희연. 2005. 「'반공규율사회'형 자본주의 발전과정에서의 노동자계급의 '구성'적 출현」. 이종구 외 지음. 『1960-70년대 노동자의 생활세계와 정체성』. 한울아카데미.
한국기독교교회협의회. 1984. 『1970년대 노동현장과 증언』. 도서출판 풀빛
한홍구. 2003. 「찬란한 병영국가의 탄생」/「그들은 왜 말뚝을 안박았을까?」「정약용도 두손 두발 다 들다」/「상아탑은 병역비리탑?」. 『대한민국사 1 — 단군에서 김두한까지』. 한겨레신문사 출판부.
_____. 2003. 「박정희 정권의 베트남파병과 병영국가화」. ≪역사비평≫, 62호, 2003년 봄호.
허상수. 2004. 「산업노동자의 초기형성과 적응」. 이종구 외. 『1960-70년대 한국의 산업화와 노동자 정체성』. 한울아카데미.
홍성태. 1997. 「식민지체제와 일상의 군사화」. 김진균·정근식 엮음. 『근대주체와 식민지 규율권력』. 문화과학사.
홍윤기. 2001. 「한국 도덕·윤리 교육의 이념적 혼돈과 정체성의 위기」. 전국철학교육자연대회의 펴냄. 『한국「도덕·윤리」 교육백서』. 한울.
화랑대연구소. 1992. 『한국군과 국가발전』.

8장
1970년대 '노동시'의 한 양상
정희성(鄭喜成)의 시를 중심으로

임규찬 (성공회대학교 교양학부 교수)

1. 서론

　1970년대 시를 이야기하면서 하나의 유형으로서 '노동시'라는 명칭을 부여하기는 사실 좀 어색한 편이다. 오히려 '민중시'라는 이름이 그 형상에 딱 부합하는 형상이다. 우선 하나의 작품 속에서 노동자 문제가 핵심에 자리잡고 있는 시작품이 드물다는 사실에서 그렇다. 이 점은 소설 쪽에서 황석영의 「객지」나 조세희의 연작 『난장이가 쏘아올린 작은 공』, 그리고 윤흥길의 「아홉켤레의 구두로 남은 사내」 등 '노동소설'이라 명명되는 작품이 양뿐만 아니라 작품의 문학적 성취도 높아 70년대를 대표하는 작품으로 맨 앞자리에 거론되는 점과 선명하게 대비된다. 또한 소설 쪽은 '민중소설'이란 말을 쓰면서도 더 구체적인 테마를 지칭한 '노동소설'과 '농민소설', 그리고 '분단(극복)소설' 등의 명칭이 더 자연스러울 정도이다. 물론 시분야에서도 부분적으로 농민시나 정치시 혹은 저항시 같은 명칭을 사용하기도 하지만 사용되는 빈도에서 '민중시'에 견줄 바는 못 된다.
　이러한 시와 소설 사이의 미묘한 차이는 시간이 흘러가면서 알게 모르게 자연스럽게 굳어진 면이 없지 않다. 그렇기 때문에 그 차이를 잘 헤아려 보는 것도 70년대 문학의 한 자락을 엿볼 수 있는 단서가 될 법하다. 사실 소설의 유형화는 일차적으로 소재에 따른 분류로 이러한 분류를 통해 당시 작가들이 갖고 있는 사회적 관심사를 대략적으로 가늠해 볼 수 있다. 그러나 시 장르는 약간 다르다. 소재적 분류가 전혀 불가능한 것은 아니지만, 그보다는 시 가운데서도 서정시가 주류를 이루는 상황인지라 시적 화자(서정적 주인공)의 신분이 더 근본적인 구별점으로 다가온다. 작가와 관련시켜 좀더 단순화하여 말하면 작가적 신분과 체험이 시적 성격을 금 긋는 결정적 잣대가 된다.

그런 점에서 1970년대의 시적 흐름을 시인의 발걸음으로 길을 만들어 봤을 때 가장 먼저 떠오르는 두 길이 있다. '김지하의 길'과 '신경림의 길'이 그것이다. 그런 두 길은 앞서 70년대 민중시를 더 세분화했을 때 정치시(혹은 저항시)와 농민시로 대표되는 것과 각기 짝을 이룬다. 우선 김지하하면 가장 먼저 떠오르는 유명한 산문 「풍자냐 자살이냐」(1970)를 상기해 보자. 그는 이 글에서 김수영 시에 나타난 풍자정신을 비판적으로 계승함으로써 민중시의 새로운 가능성을 모색하고 있는데, 그것은 엄밀히 지식인을 향한 자기비판과 지양의 속성이 강하다. 즉, 지식인 시가 갖기 쉬운 소시민성, 모더니즘적 성격, 자기풍자성을 비판하고, '민중적 자기긍정'에 토대를 둔, '민중 위에 군림한 특수집단의 악덕'에 대한 비판적 풍자를 새로운 시의 과제로 제시함으로써 지식인의 민중에의 합류를 촉구하고 있다. "시인이 민중과 만나는 길은 풍자와 민요정신 계승"이라는 신념에서 그는 민요·민예(판소리·탈춤)에 나타난 민중의 언어와 해학과 풍자의 방법을 창조적으로 계승할 것을 주장하여 마침내 「오적」(1970)을 비롯한 담시로 구체화된다. 그런데 신경림 역시 민요의 다양한 형식과 전통적 율격을 본격적으로 활용한 대표적 시인이다.

"첫째는 내 시가 또 한번 껍질을 벗기 위해서는 민요에서 그 가락을 배워 와야 하고 또 참다운 민중시라면 민중의 생활과 감정, 한과 괴로움을 가장 직접적이고도 폭넓게 표현한 민요를 외면할 수 없다는 매우 의도적이요 실용적인 동기에서였으나, 민요가 보여주는 민중의 참삶의 모습, 민중의 원한과 분노, 지배계층에 대한 비판과 풍자는 원래의 동기와는 관계없이 차츰 나를 깊숙이 민요 속으로 잡아끌었다."[1]

사실 김지하와 신경림은 70년대 시인들 중에서 누구보다도 적극적으로 민중문제에 관심을 기울였던 시인들이면서 시적 형상에 있어서도 서로 공유하는 면이 많다.[2] 그러나 똑같이 지식인 출신의 시인이긴 하지만 그들이 살아온 삶의 내력이나 체험 혹은 관심 정도에 따라 우리는 한편으로 김지하를 지식인 범주로 중심화한다면, 신경림은 농민 범주로 중심화할 만큼 뚜렷한 변별력을 가진다.

가령 같은 민중시라 할지라도 김지하는 저항시의 성격을 전면에 드러낸다. 지식인의 지사적 면모, 그리고 그런 시선에 비친 민중지향적인 실천과 연대의 행동성이 그의 시편에 짙게 스며 있다. 박정희 정권의 유신독재정치가 갈수록 노골화되면서 국민들의 알 권리와 말할 권리를 억압 봉쇄하면 그 강요된 질서 속에서 필연적으로 저항이 싹틀 수밖에 없는데, 그 맨 앞자리에 김지하가 서 있는 것이다.

　　1974년 1월을 죽음이라 부르자
　　오후의 거리, 방송을 듣고 사라지던

---

1) 신경림, 『삶의 진실과 시적 진실』(전예원, 1983), 308쪽.
2) 신경림과 최원식의 대화에서 최원식이 했던 다음과 같은 발언을 참조할 것. "김지하 시인도 마찬가지 아닙니까? 그의 시도 바로 김수영 모더니즘과의 투쟁을 통해서 나왔거든요. 사실 김지하 시의 바탕의 하나인 이용악조차도 모더니즘과 고투하면서 나온 시지 그냥 사회시는 아니거든요. 저는 신경림 선생님의 『농무』를 비롯한 뛰어난 민중시들을 그냥 단순히 사회시의 부활로만 봐서는 안된다고 생각합니다. 그것이 바로 선생님 시와 아류적인 사회시들을 구분하는 점이 되겠지요." 구중서외, 『신경림 문학의 세계』(창작과비평사, 1995), 31쪽

네 눈 속의 빛을 죽음이라 부르자
좁고 추운 네 가슴에 얼어붙은 피가 터져
따스하게 이제 막 흐르기 시작하던
그 시간
다시 쳐온 눈보라를 죽음이라 부르자

-김지하, 「1974년 1월」 부분-

　김지하가 노래한 1974년 1월은 긴급조치 1,2호가 공포된 달이었다. 시인은 이때 독재자가 영구집권을 위해 선포한 유신헌법 철폐와 민주회복을 요구하는 시국선언문에 서명하고 피신 중이었는데, 긴급조치가 공포되자 흑산도에서 경찰에 붙잡혀 연행되었다. 그 체포되기까지의 고뇌와 갈등을 시인은 이 시의 뒷부분에서 "모두들 끌려가고 서투른 너 홀로 뒤에 남긴 채 / 먼 바다로 나만 이 몸을 숨긴 날 / 낯선 술집 벽 흐린 거울조각 속에서 / 어두운 시대의 예리한 비수를 / 등에 꽂은 초라한 한 사내의 / 겁먹은 얼굴 / 그 지친 주름살을 죽음이라 부르자"고 노래했던 것이다.
　그리하여 김지하는 박정희 군부독재 하에서 온갖 특권을 누리던 장성, 재벌, 국회의원 등 부정부패의 원흉들을 풍자한 시 「오적(五敵)」을 발표한 죄로 체포되었고, 양성우는 75년 봄에 광주 YMCA 구국기도회에서 「겨울공화국」을 낭독한 죄로 교직에서 쫓겨났다. 또 1974년 ≪창작과비평≫ 여름호에 「잿더미」 등 7편의 시를 발표하고 문단에 나온 김남주는 1979년 10월에 소위 '남민전' 사건에 연루되어 장기간 투옥되었다. 이들 시인들의 구속이 말해주듯 70년대의 각성된 시인들은 독재에 항거하고 자유를 쟁취하기 위한 무기로서 시를 쓰지 않을 수 없었다. 그리하여 시인·작가들의 신체적인 구속뿐만 아니라 수많은 양심적 작품들이 발매금지되고 압수되었던 것이다. 이러한 흐름을 두고 우리는 70년대 첫 번째 민중시계열로 '김지하의 길'이라 부르는 것이다.
　다른 한 편으로 내세울 수 있는 또 하나의 노선이 '신경림의 길'이다. '김지하의 길'이 민중의 편에서 혹은 민중의 대변자로서 반독재민주화투쟁과 분단극복 등 민족적 과제를 해결하는데 이바지하는 정치성 강한 저항의 길이었다면, '신경림의 길'은 민중생활에 가까이 가서 그들의 입과 눈이 되고자 하는 현실성 강한 민중의 길이라고 할 만하다. 특히 이 경우 농촌에서 성장했거나 혹은 농촌에 직간접으로 연계를 맺고 살아온 시인들이 대부분이라 주로 '농민시'의 형태로 나타났다. 특히 신경림은 자신의 농촌 생활 속에서 자연스럽게 우러나온 것으로서 농민의 목소리를 직접 작품에 실려냄으로써 우리 시사에서 주목할 만한 민중성을 선보였다. 다시 말해서 신경림의 시세계는 초기부터 지금에 이르기까지 별다른 변화 없이 하나의 일관된 시세계를 보여주고 있는데, 그것은 그의 시가 근본적으로 대상과의 정서적 일체감에 바탕을 둔 전통적인 서정시의 세계에 그 뿌리를 두고, 또 농촌공동체적인 삶의 정서와 깊이 연결되어 있기 때문이다.[3] 즉, 변화된 상황에 긴밀하게 대응하고, 변화된 상황과의 내적 갈등을 통해서 다양한 시적 전략을 이끌어내는 김지하의 시적 전략과는 반대로, 변화 자체를 거부하고 재래적인 농촌공동체의 정서를 자기 동일시의 서정시적 문법을 통해 고수하는 시적 전략에 근거하고 있다. 그렇다고 시인이 뿜어내는 민중적 정서가 현실을 은폐하고 악화시키는 데 이바지하는 복고주의적·감상주의적 정한(情恨)의 세계라는 것은 아니다. 오늘날 우리 문학에서 농민의 생활을 다루는 것이 단순한 소재선정의 문제가 아니라 작가의 역사의식과 직결되는 문제임을 시인 자신이 「농촌현실과 농민문학」(1972)이라는 논문에서 지적한 바 있거니와, 그는 어디까지나 현대인다운 냉철한 눈으로 농촌현실을 보며 억눌려 사는 그들의 고난과 분노와 맹세를 바로 자기 것으로 삼고 있는 것이다. 무엇보다도 아무리 암담한 삶이라도 그것은 발전하는 역사의 한 현장임을 믿고 있는 시인이기에 '우리'의 이야기가 못 될 '나'의 이야기는 애써 피하고 인식의 혼란이나 감정의 낭비를 가져오기 쉬운 생소한 낱말들을 철저히 숨아버린다.

---

3) 박혜경, 「토종의 미학, 그 서정적 감정이입의 세계」, 『신경림 문학의 세계』(창작과비평사, 1995), 106쪽.

그의 운문은 산문으로서도 손색이 없으리만큼 순탄하게 뜻이 통하면서도 우리 말에 내재하는 운율에 밀착되어 있다. 그리하여 「농무(農舞)」를 비롯한 그의 많은 작품들은 훌륭한 리얼리스트의 단편소설과도 같은 정확한 묘사와 압축된 사연들을 담고 있는 동시에 민요를 방불케 하는 친숙한 가락을 띠기도 하는 것이다.4)

물론 민중적 시인들에게서 여기서 제시된 두 갈래 길은 선택해야 할 필연적인 노선이 아니라 일종의 교차로와 같은 것으로 서로 뒤섞여 지식인과 민중의 겹층을 만들어내고 있다. 그런 점에서 크게 보아 민중지향성으로 수렴되는 이와 같은 미적 리얼리티야말로 70년대 시의 가장 본질적인 사회역사적 뿌리를 형성한다고 할 만하다. 그리고 그러한 바탕에서 역시 다양한 미적 질감과 현실적 의미망이 형성되는데, 그 가운데 제3의 유형 — 특별한 의미에서의 대표적이라기보다는 일반적인 것 가운데 대표적인 — 으로 거론할 만한 시인이 바로 정희성이다. 정희성이 70년대에 산출한 『답청』, 『저문 강에 삽을 씻고』에 수록된 시들은 역사의 어둠을 인식 성찰하는 지식인의 목소리가 주조를 이루면서 뜻밖에도 다른 시인에 비해 노동자의 목소리가 선구적으로 담겨 있다. 노동자 목소리의 시적 수용 노력만으로도 역사적 맥락에서 보면 1980년대에 들어서 본격화되면서 가장 대표적인 것으로 간주되는 노동자 자신의 목소리를 직접 담아낸 노동자 시인 박노해의 『노동의 새벽』(1984)의 선행적인 위치에 서있다고 할 수 있다. 그뿐만이 아니라 정희성이 위치한 자리는 앞서 언급한 교차로의 정중앙과 같은, 더구나 그 교차로가 농촌이 아닌 도시로 이동했다는 점을 주목할 필요가 있다. 여기서는 그런 정희성의 면모를 중심으로 먼저 정희성의 지식인적 성격을 중심으로 일반적인 시의 양상을 살펴보고, 그것을 바탕으로 하여 '노동시'의 성격을 분석하고자 한다.

---

4) 백낙청, 「시집 『농무』의 발간에 붙여」, 신경림, 『농무』(창작과비평사, 1973), 103쪽.

2. 정희성 시의 지식인적 면모와 시적 형상

1970년대 민중시를 중심으로 이렇게 저렇게 갈래짓기 전에 70년대의 변화된 사회정치적 상황과 지적 풍토의 가장 '보통적인' 양상과 가장 친밀하게 결합하는 모습을 보여주는 시인이 다름아닌 정희성이기도 하다. 무엇보다 대학원생, 교사라는 직업적 지식인으로서 자신의 생활에 충실하면서 한 시대를 정직하게 대면한 양심적인 시인이었기 때문이다. 가령 「넋청(請)」이란 시 속의 젊은 사내를 떠올려 보라.

> 춤을 추리라
> 부르는 소리 없이 노래도 없이
> 그 뉘라서 날 찾는가
> 날 찾을 이 없건마는
> 이 땅에 사람 있나
> 사람 가운데 사람 소리 들리지 않고
> 대답 소리 없어도
> 춤을 추리라 아린 말명 쓰린 말명 다 불러서
> 아으 하고 넘어가는
> 이승과 저승
> 열두 곡절 넘나드는 소맷자락아
> 아리고 쓰린 고통 다 불러서
> 이 땅에 죽은 영산
> 춤을 추리라

어찌하여 열두 거리 굿 중 열한 번째 '말명'의 고비길에 이 청년은 제 육신을 들여앉혀 춤을 추는 것일까. 1970년대가 흐린 하늘처럼 떠오르며, 꿈에도 "압핀이 꽂혀 있다"(「불망기(不忘記)」)는 1970년대가 하나의 "이 땅에 죽은 영산"으로 환생한다. 그리고 거기 "불모의 땅 어느 마당귀에/ 온갖 노여움을 안으로 응결시킨/ 포도알"(「포도알」)과 같은 언어의 굿판이 벌어지고, 아니 "주둥이에 피가 배도록/ 석벽 심장을 쪼아/ 너, 문이 트이도록, 탁목조여"(「탁목조(啄木鳥)」)를 외치는 영혼의 새가 아프게 비상한다.

실제로 그가 산출한 세 권의 시집 『답청』, 『저문 강에 삽을 씻고』, 『한 그리움이 다른 그리움에게』를 읽으면, '우리네 슬픔에 맞는 사랑을 찾아 잃어버린 사랑을 찾아 나'선, 막 서른에 진입한 한 청년에서, "돌아보면 아득한 사십오 년/ 파쇼체제 아래서/ 머리털이 다 빠"진 중년에 이르기까지의 한 정직한 지식인의 형상이 또렷이 떠오른다.

> 북을 치되 잡스러이 치지 말고 똑 이렇게 치렷다
> 쿵
> 부자유를 위해
> 쿵딱
> 식민주의와 그 모든 괴뢰를 위해
>
> 하나가 되려는
> 우리들의 꿈
> 우리들의 사랑을 갈라놓는
> 저들의 음모를 위해
> 쉬
> 저들의 부동산과 평화로운 잠을 위해
>
> ─「8·15를 위한 북소리」 중에서

"아름다움이 온전히 아름다움으로 보이지 않"(「눈보라 속에서」)던 시절, 시인의 말마따나 "이루지 못한 꿈의 빛깔로/ 낙엽은 저렇게 떨어져/ 가을은 차라리/ 우리들의 감동"(「침묵」)이던 시절, 그리하여 "북을 쳐라/ 바다여 춤춰라/ 오오 그날이 오면/ 겨울이 우리에게 가르쳐준/ 모든 언어, 모든 은유를 폐하리라"(「8·15를 위한 북소리」)고 눈 붉어지며 두 손 움켜쥐던 한 시대의 풍경을 그의 시집은 가득 쏟아놓는다.

그렇다면 그런 사회정치적 상황과 지적 풍토에서 시인은 어떤 마음가짐으로 스스로를 채근하고 있는가.

>
> 귀를 대보면
> 누가 부른다
> 들어오라 들어오라
> 들여다보면
> 어둠뿐
> 나오라
> 나오라 소리치면
> 우우우우
> 낯모를 짐승이 되어
> 우는 항아리
>
> -「항아리」1연

시가 자기 표현의 시로 온전히 귀착되는 경우, 그것은 세상 속에서 시인 스스로 자기동일성을 향한 향수와 갈망을 저버릴 수 없기에 그 자신이 인간의 시간이 되고자 애써 열병에 시달린 탓이다. 말하자면 윤동주의「자화상」이 보여주듯 스스로 진정한 자기 자신이 되려는 성찰의 자기투시이다.

시인은 여기서 여러 욕망이나 사고, 감정 혹은 환상들로 옭혀져, 부단히 요동하는 자기 내부의 소란과 충동을 직시한다. 시인은 그러한 자아를 저만큼 냉정히 밀쳐놓고 단호히 항아리로 사물화시킨다. 동시에 자아는 일시 무엇이 들어 있는지 모를 하나의 정지된 자아상태로 은유되면서 '어둠'과 '낯모를 짐승'의 누적되는 극심한 자기반란 속으로 더욱 밀치고 들어간다. 그리하여 끝내 스스로 선을 그었던 "항아리를 깨고/ 항아리 속 어둠을 으깨서/ 항아리 속에 퍼부은 내 욕설의 창자와 늑골이/ 보일 때까지 투명해질 때까지"에 이르러 자기동일성의 각(覺)은 이루어진다.

그 점에서 "모든 것을 알았을 때/ 텅 빈 나의 속/ 좋이 닦인 거울 앞에 서면/ 온갖 뜨거움의 끝에/ 바람에 날린 불티,/ 나는 연기일세"로 시작되어, "오오 분별(分別), 너는 나의 산 죽음/ 나는 흰 뼈의 연기일세/ 모든 고독의 뼈를 추슬러/ 은빛 새의 깃을 달고/ 나는 곧추 떠오르고 있네"로 마무리되는 「연기」도 「항아리」와 같은 철저한 자기성찰의 예가 될 것이다.

흔히 정희성 시인을 두고 지조 있는 선비, 지사에 비유하곤 하는데, 그것은 이러한 '수신(修身)'의 철저한 수양과 시학이 근저에 뿌리내리고 있기 때문이다. 실제로 지사적 풍모를 직접 드러낸 시도 경우도 없지 않다. 윤봉길에 대한 일종의 추모시라 할 수 있는 「매헌(梅軒) 옛집에 들어」를 보자.

> 매헌(梅軒) 옛집에 들어 지난 일을 연애(憐愛)하노니
> 나라는 기울어
> 매화 향기 홀로 아득하고
> 찢어진 문풍지엔 바람과 비만 있구나
> 오늘 밤 덕산(德山)의 달이
> 아아라히 아름다운 이의 얼굴로 젖어 있고
> 이 나라여 외쳐 불러
> 눈물이 손에 가득하다
> 죽은 자여, 그대 넋이 아무리 홀로 있어도
> 불운한 시절에 다시 만나리라
>
> -「매헌(梅軒) 옛집에 들어」 전문

제목에서부터 '들러'가 아니고 '들어'로 표현한 대목도 심상치 않거니와, 마치 한시(漢詩)를 번역한 듯한 시적 분위기, 지사시인으로 널리 알려진 이육사의 「광야」 속 한 구절("나라는 기울어/ 매화 향기 홀로 아득하고")을 그대로 차용한 것이나, 시 전체가 풍기는 이미지, 그리고 마지막 구절, "죽은 자여, 그대 넋이 아무리 홀로 있어도/ 불운한 시절에 다시 만나리라"는 데서 알 수 있듯이 윤봉길의 실천적 행위양식보다는 정신과 지조를

먼저 부여잡는 시인의 심리상태에서 이를 쉽사리 감지할 수 있을 것이다.

그 점에서 "내 조국은 식민지/ 일찍이 이방인이 지배하던 땅에 태어나/ 지금은 옛 전우가 다스리는 나라/ 나는 주인이 아니다"로 시작하는 「불망기」는 그의 시적 전개과정을 이야기하는 데서 중요한 단서가 된다. 첫 시집 『답청』에 실린 시 가운데서는 극히 예외에 속하는 이 시에서 그는 자신의 현실인식을 지사적 태도로 명증하게 드러냄으로써 우리는 당대의 어둠을 역사적 지평에서 또렷하게 마주할 수 있다. 그리고 그런 현실인식은 이후 『저문 강에 삽을 씻고』와 『한 그리움이 다른 그리움에게』에서 중심축을 형성하여, 자유를 갈망하고(「너를 부르마」), "증오할 것을 증오" 하면서(「이곳에 살기 위하여」), 마침내 「8·15를 위한 북소리」를 장엄하게 울리기까지 하는 지사적 시풍의 한 봉우리를 만들어낸다.

말하자면 지식인의 현실참여를 시의 본질로 자리잡아 나가면서 무엇보다 경계한 것이 관념화나 상투화였다는 점이 중요한데, 그러한 동력이 첫 시집 『답청』에 예비되었다는 것이 필자의 생각이다. 그는 「불망기」에서도 투철한 현실인식 못지않게 갈등하는 자아의 현실적 내면을 "포르말린 냄새"에 빗대어 표현하고 있다. 이 "포르말린 냄새"가 환기하는 바는 여러 가지 것이겠지만, 필자는 삶 속에서 부단히 갈등하는 현재적 자아와 시대의 길항관계가 내뿜는 포르말린 냄새야말로 삶의 구체성과 현재성으로부터의 일탈을 한 치도 허용하지 않으려는 시적 표상으로 읽혀졌다.

이 점에서 1991년에 간행된 『한 그리움이 다른 그리움에게』의 후기에서 시인 스스로 밝히고 있는 일상적 깨달음의 중요성은 이미 1974년 『답청』의 시세계와도 무관치 않다.

> 살아오면서 모서리가 닳고 뻔뻔스러워진 탓도 없지 않으리라. 입술을 깨물면서 나는 다시 시의 날을 벼린다. 일상을 그냥 일상으로 치부해버리는 한 거기에 시는 없다. 일상 속에서 심상치 않은 인생의 기미를 발견해내는 일이야말로 지금 나에게 맡겨진 몫이 아닐까 싶다. 나는 작은 목소리로 외친다.[5]

그래서 시집 『답청』의 주류를 이루는 자연을 대상으로 한 시도 단순한 자연시나 관찰시를 훌쩍 넘어선다. 오히려 정희성의 시는 고전적 의미의 명상시에 충실한 면모를 보여준다. 이른바 깨인 마음이란 마음이 자기의 내면과 주변세계에서 일어나는 그대로의 삶의 과정에 조율된 완전히 맑고 개방적인 마음으로 이야기된다. 자아를 잃지 않고, 혹은 대상화시키지 않고 자기 안에 온전히 대상을 끌어들여 둥우리를 틀게 하는, 그리하여 어찌할 바 없이 제 새끼를 낳게 하는 잉태의 과정이 거기 있다. 바로 그런 깨달음이 바탕을 이루기에 그는 우리가 생 전체로부터 근본적으로 분리되어 있지 않음을 어느 순간에서나, 어떤 대상에서나 발견한다. 말하자면 정희성은 우리 자신 속에서 세계를, 그리고 세계 속에서 우리 자신을 발견하게 된다는 사실을 작은 목소리로 또렷하게 들려준다.

> 인간의 말을 이해할 수 없을 때
> 나는 숲을 찾는다
> 숲에 가서 나무와 풀잎의 말을 듣는다
> 무언가 수런대는 그들의 목소리를
> 알 수 없어도
> 나는 그들의 은유(隱喩)를 이해할 것 같다
> 이슬 속에 지는 달과
> 그들의 신화를,
> 이슬 속에 뜨는 해와
> 그들의 역사를,
> 그들의 신선한 의인법을 나는 알 것 같다
> 그러나 인간의 말을 이해할 수 없다
> 인간이기에,
> 인간의 말을 이해할 수 없는
> 나는 울면서 두려워하면서 한없이
> 한없이 여기 서 있다

---

5) 정희성, 「후기」, 『한 그리움이 다른 그리움에게』(창작과비평사, 1991), 105쪽.

우리들의 운명을 이끄는
　　뜨겁고 눈물겨운 은유를 찾아
　　여기 숲속에 서서

　　　　　　　　　　　　　　-「숲속에 서서」 전문

　특별한 설명이 필요없이 쉽사리 의미가 잡히는, 정희성의 시로서는 비교적 단순 명료한 시이다. 그러나 의미 면에서가 아니라 이 시는 정희성의 시작상의 핵심을 잘 드러내주는 시가 아닌가 한다. 말하자면 그의 시세계는 자신을 포함한 인간 세계에 주안점을 둔 시와 자연세계에 주안점을 둔 시로 크게 대별할 수 있는데, 그 비중의 차이에도 불구하고 이 양자를 넘나들게 하는 매개물이자 시의 주춧돌이 바로 '은유'이다. 단순한 비유적 의미에서의 은유가 아니라, '우리들의 운명을 이끄는 은유'야말로 김수영이 말한바 언어의 서술과 언어의 작용이 한데 부딪치면서 불타는 생성의 장소인 것이다. 그래서 「8·15를 위한 북소리」의 시구에서처럼 은유조차 폐하려고 하는 것이다.

　가령 청명날, 교외를 산책하며 풀밟기를 통하여 봄을 맞이 하는 전래풍속의 모티브를 차용한, 표제작 「답청」을 보자. "풀을 밟아라/ 들녘엔 매맞은 풀/ 맞을수록 시퍼런/ 봄이 온다". 아마도 시를 읽어나가면서 우리는 이상화와 김수영의 시를 쉽사리 떠올릴 것이다. 이들 시보다도 훨씬 간명한 표현 속에서 '풀'은 민초의 상징물로서 강인하면서도 명증한 인상을 부여한다. '풀'을 '피명'으로 치환하여 환기시키는 '매맞는' 민중의 고통, 그리고 그 속에서 다시 더 강력한 생명력으로 재생되는 '시퍼런', 그리고 '봄'. 이런 역동과 역설, 팽팽한 긴장의 압축적 힘은 "봄이 와도 우리가 이룰 수 없어/ 봄은 스스로 풀밭을 이루었다"에서 한순간 정지되어 깊은 숨을 내쉬면서 동시에 더 큰 우주의 운동으로 바뀌는 고요한 태풍의 눈을 형성한다.

　「숲속에 서서」와 마찬가지로 '봄'과 '우리', 자연과 인간 사이의 대조는 사실 정희성 시의 한 특징이다. 유독 자연물의 형상에서는 '이루다', '흐르다', '오다', '내리다'와 같은 자동사를 빈번히 활용한다. 반면 인간세계를 향한 형상으로 오면 '밟아라', '담으려 한다', '춤을 추리라'와 같은 청유형, 다짐형의 동사를 구사한다. 이미 잘 알려진 대로 이러한 대조는 '자연의 스스로 이룸'과 '인간세계의 이룰 수 없음'의 대조이다. 여기서 정희성은 인간세계의 부조리와 모순에 맞대면하여 그 안에 자연의 세계를 품어 조용한 혁명을 꿈꾸는바, 이를 두고 김영무는 '거역과 순명(順命)의 체험구조'라 명명하기도 했다.

이 점에서 하나의 가족군 시로서 「얼은 강을 건너며」, 「병상에서」, 「제망령가(祭亡靈歌)」, 등을 동시에 검토해보는 것도 필요하다. 특히 「얼은 강을 건너며」는 「답청」의 '밟다'보다 더 행위적인 '깨다'로 나아가면서 "우리가 스스로 흐르는 강을 이루고/ 물이 제 소리를 이룰 때까지" 적극적인 의지로 나아가고 있다. 그리고 그것은 「병상에서」에 이르면 결과를 두려워하지 않고 더 넓은 세계를 꿈꾸는, "밖에는 실패하려고 더 큰 강이 흐른다"로 이어진다. 결국 이런 실천적 통일의 세계에 이르러 정신과 육체, 인간과 자연, 내용과 형식이 융합된, 말하자면 정신화된 육체, 인간화된 자연, 내용화된 형식, 바로 온몸의 시학으로, 한 그루의 나무와도 같은 구체적 생명체가 되는 것이다.

> 참대 한 줄기
> 수식어도 사양했다
> 겨울이여 생각할수록
> 주어는 외롭고
> 아아, 외쳐 불러
> 느낌표가 되어 있다
>
> -「세한도(歲寒圖)」 중 '2. 죽(竹)'

대나무란 자연물 자체를 아주 짧은 시형 속에 담아낸 이 시편에서 우리는 대나무가 주는 지조와 절개의 이미지를 강렬하게 대면할 수 있다. 매우 추상적인 표현이지만 '수식어의 배제, 겨울, 주어의 외로움'은 서로 자연스러운 연상작용 속에서 서로를 일으켜세워 하나의 세계를 만들어나 간다. 그리고 마지막 구절, 특히 '느낌표'는 대나무의 마디마디를 연상시키며 일거에 구체성을 획득하면서 정신화된 육체, 바로 '대쪽인간'을 빚어 낸다. 이 시에서 보여주듯 그의 시는 과육마저 철저히 배제해버린 열매 자체와도 같은 단단한, 그 자체로 완결된 닫힌 구조를 지향한다. 그러나 그 속에서 씨눈이 때가 되면 싹을 틔우고 나무로 커나가듯 생성하는 큰 세계가 도사리고 있는 것이다. 복합적인 의미와 다층적인 상징으로 빈틈 없이 연결되고 압축된 언어구조 속에 조용한 세포분열이 일어나고 있는 것이다. 좋은 작품은 홀로 서서 의미를 구현함을 실감케 해준다.

실제로 이 시의 구절 하나하나 정희성의 시적 특질을 대변해주는 것들 이기도 하다. 언어 하나하나가 어느 누구나가 쉽게 채집할 수 있는 쉬운 말이며 거기에 특별한 꾸밈도 없는, 매우 건조한 말들이다. 간혹 특이한 한자어를 구사하기도 하지만 그 말 자체 역시 건조하다. 그러나 그런 건조함은 겉으로의 문제이지 시 전체로, 무엇보다 깊이로 가라앉다보면 본질 자체를 무섭게 투시하는 수직적 확산을 이룸으로써 놀라운 변신을 촉발한다. 특히 '겨울'이나 '주어의 외로움'과 이것이 맞물리면서 전형적 환경으로서의 토양 역할을 자연스럽게 수행한다. '겨울'이나 '주어의 외로움'과 같은 것 역시 그의 어느 시에서도 마주할 수 있는 것으로서 세계 와 시대와 인간, 이 모든 것을 상징화하는 은유로서, 혹은 정서의 샘터로서 시의 물줄기를 형성한다. 자기를 늘 채찍질하면서도 자기 과잉을 일절 허용하지 않는 것도 자기 자신을 시대의 아들로 곤추세웠기 때문이다. 가령「세한도」의 '1. 송(松)'에서 마지막 구절처럼 "누구나 마른 소나무 한그루로/ 이 겨울을 서 있어야 한다".

3. 정희성의 '노동시'적 성격과 「저문 강에 삽을 씻고」의 의의

정희성은 첫 시집 『답청』을 1974년에 내고 나서 4년 후에 두 번째 시집 『저문 강에 삽을 씻고』를 출간했다. 그런데 사실 『답청』과 『저문 강에 삽을 씻고』는 겹치면서 달라진다. 우선 『저문 강에 삽을 씻고』에는 54편의 시가 실려 있는데, 그 가운데에는 『답청』에 실린 18편의 시가 재수록되어 있다. 그런데도 시인은 『저문 강에 삽을 씻고』의 '후기'에서 『답청』의 시세계를 전면 부정하는 듯한 태도를 취한다.

> 내 시의 독자 가운데 아직도 나에게 관심을 가지고 있는 상당수는 첫시집 『답청』에서 받은 인상에 기대를 걸고 있으며, 그 후의 변화를 회의적인 눈으로 바라보는 경향이 있는 것 같다. 그러나 나는 그러한 독자들의 느낌과는 다른 입장에서 오히려 『답청』의 시세계를 부정하고 싶다. 역사의 발전을 믿고 이 땅의 여러 가지 어려운 현실 속에서도 무언가를 이룩해보겠다고 발버둥치는 양심적인 사람들의 문학과 행동을 뒤늦게나마 자각된 눈으로 바라볼 수 있게 된 것을 나는 기쁘게 생각한다. 아무런 부끄럼 없이 이 책을 권할 수는 없지만, 새로운 시집을 내놓는 지금 나는 특히 이 시대를 사는 억압받는 민중들에게 이 시가 읽혀지기를 조심스럽게 기대한다. 그들이야말로 내 시의 진정한 비판자라는 생각 밑에서 이 몇 년 동안 나는 시를 써왔다. 그런 지금, 나는 무엇보다 시라는 허울 좋은 이름에 값하기 위하여 더 큰 진실을 놓쳐버린 것은 아닌가 반문하고 두려워한다. 최근 몇 년 동안 나는 주로 내가 사는 시대의 모순과 그 속에서 핍박받는 사람들의 슬픔에 관해 써왔지만, 그것이 진정한 신념과 희망과 용기를 주는 데 이르지 못했음을 부끄럽게 여긴다. 이러한 성과가 하루아침에 갑자기 이루어지는 것은 아니리라. 그러나 한 시대의 사회적 모순이야말로 바로 새로운 역사를 만드는 원동력이며, 억압받는 사람들의 슬픔이 어느땐가는 밝은 웃음으로 꽃필 것임을 나는 믿는다.6)

시집 후기의 전문이다. 70년대 민중시가 내포한 각성한 지식인의

---

6) 정희성, 「후기」, 『저문 강에 삽을 씻고』(창작과비평사, 1978), 104-105쪽.

민중지향적인 노력을 전형적으로 보여주는 발언으로 내세울 만한 글일 것이다. 물론 정희성이란 한 시인의 개인적 견지에서 보자면『저문 강에 삽을 씻고』에『답청』의 일부 시가 수록됨으로써 지속되는 가운데 또한 발본적인 변화를 꾀하는 나무의 나이테와 같은 모습이다. 따라서『답청』의 시세계 속에 혼거된 모순적인 것과의 싸움이 그 자신의 핵심적 과제였다. 그 점에서『답청』의 시세계를 부정하고 싶다는 작가의 이야기를 구체적인 시세계와 연관시켜 보면 비교적 초기 시에 보이는 고전 취향의 시들을 스스로 비판한 것으로 다가온다.「변신」,「전설(傳說) 바다」,「해가사(海歌詞)」,「탈춤고(考)」,「사랑 사설(辭說)」 등 이미 제목에서부터 엿볼 수 있는 고전 취향의 시들은 흥미롭게도『저문 강에 삽을 씻고』에 재수록되지도 않았을 뿐더러, 작가의 이력과 견주어 대학원에서 한국고전문학을 공부했던 경력과 뗄 수 없는 연관을 맺는 것이기도 하지만, 실제로 이들 시는 시인 자신이 성취한 일반적인 시적 특질과 명백히 구별되는 몇몇 특징을 보여주고 있다. 우선 시가 외형적으로 길다는 것과 시적 자아를 개인적 측면에서 바라보면서 적잖이 관념화되어 있다는 사실이다. 그러나 이러한 특징은『답청』내부에서 다른 한편으로 극복되고 있고,『저문 강에 삽을 씻고』이후 거의 완전히 결별한다. (물론『저문 강에 삽을 씻고』에도 비교적 자기 안에 갇혀 관념성과 감상성을 강하게 내보인 작품들이 아주 없는 것은 아니다.「숙경이의 달」,「그대」,「그대 무덤 곁에서」,「비」,「석녀(石女)」,「순(順)에게」,「바다의 마을」 등을 거론할 수 있을 것이다. 그리고 이들 시에서 다른 시들보다 훨씬 우울한 허무가 매만져지는 것도 특징이라면 특징이다.) 이 점에서『답청』이 평균적으로 도달한 자리와 그 이후 변화된 시의 위치와 거리는 「노천(露天)」과 「저문 강에 삽을 씻고」를 비교하면 어느 정도 짐작할 수 있을 것이다.

삽을 깔고 앉아
시청 청사 위 비둘기집을 본다
쩡쩡한 여름 하늘에
손뼉을 치며 날아오르는 비둘기떼
그 너머 붉은 산비탈엔
엊저녁 철거당한 내 집터가
내 손의 흠집처럼 불볕에 탄다
(……)
비둘기야, 나는 울어도 좋으냐
엎드려서 짐승같이 울어도 좋으냐

-「노천(露天)」 중에서

흐르는 것이 물뿐이랴
우리가 저와 같아서
강변에 나가 삽을 씻으며
거기 슬픔도 퍼다 버린다
(……)
삽자루에 맡긴 한 생애가
이렇게 저물고, 저물어서
샛강바닥 썩은 물에
달이 뜨는구나
우리도 저와 같아서
흐르는 물에 삽을 씻고
먹을 것 없는 사람들의 마을로
다시 어두워 돌아가야 한다

-「저문 강에 삽을 씻고」 중에서

「노천」에서는 앞서 본 대로 '자연 대 인간'의 대립구조가 선명히 금 그어져 있다. "비둘기집"과 "철거당한 내 집터", "너는 숨죽여 울지 않아도 좋다"와 "나는 울어도 좋으냐"의 대비를 보라. 그러나 「저문 강에 삽을 씻고」에 오면 이미 「얼은 강을 건너며」에서 보여주었던 "우리가 스스로 흐르는 강을 이루고/ 물이 제 소리를 이룰 때까지"에서 출발한다. 말하자면 현실의 부조리에도 불구하고 오히려 부조리로 인해 더욱 탄탄해지는 인간(민중)에 대한 믿음이 그 바탕을 이루고 있다. 그에 따라 '삽'의 의미망도 달라진다. 전자가 일용노동자를 상기하는 시적 소도구에 그친 데 비해, 후자는 그것을 뛰어 넘어 노동의 신성함과 삶 자체를 상징하는 의미로 기능한다. 물론 두 시 모두 다 슬픔의 미학을 내보인다. 그러나 유사한 시적 화자에다 동일하게 직접화법을 구사함에도 불구하고 전자의 슬픔이 비극적 광경에 대한 관찰자의 연민으로, 그래서 다소 성급하게 분노의 감정으로 다가온 데 비해, 후자의 슬픔은 당사자 스스로 체득한 삶의 깊이에서 우러나온 체관과 지족(知足)의 경지를 자연스럽게 느끼게 해준다. 하여 거센 듯하면서도 잔잔한 물결이 서로 뒤섞여 마치 물이 흐르듯 밀고 당기고 스스로 보듬는 자연스런 삶의 흐름을 느끼게 해준다. 이 점에서 한 지식인이 어떻게 민중의식을 획득하며 스스로 민중적 삶을 어떻게 올곧게 구축하는가를 우리는 엿볼 수 있다. 후자의 시가 전자보다 강세가 훨씬 덜하지만, 그리고 더 하찮아 보이는 마음의 무늬 같지만 그런 하찮은 일상의 진부함과 반복성 안에서 역으로 분(糞)이 움[苗]을 키우듯 삶의 진실을 길어내는 시인의 순정한 마음이 거기 있다. 말하자면 일용노동자의 고단한 하루, 거기에 담겨진 가난과 슬픔 등은 70년대 민중시에서 가장 많이 마주칠 수 있는 일반적인 시적 이미지라는 점에서 오히려 매우 일상적인 현실을 매개로 탁월한 시적 의미에서 현실의 재창조를 일구어낸 시적 깊이를 자연 주목하지 않을 수 없다. 즉, 시인의 상상력이 현실의 표면에 멈추어 있지 않고 현실의 깊이, 사람의 깊이, 슬픔의 깊이를 드러낸다는 점이다. 그런 점에서 시의 깊이를 충만하게 감당하는 내면적 멜로디, 귀를 향한 것이 아니라 정신에 지각되는 멜로디를 이 시에서는 충분히 느낄 수가 있다.

그런 점에서 「석탄」, 「어머니, 그 사슴은 어찌 되었을까요」, 「쇠를 치면서」, 「물구나무서기」, 「언 땅을 파며」, 「아버님 말씀」, 「친구여 네가 시를 쓸 때」, 「들리는 말로는」, 「김씨」, 「눈을 퍼내며」 등의 노동(자)와 관련된 시들이야말로 양적으로 질적으로나 시집 『저문 강에 삽을 씻고』를 대표하고 있음을 지적해두지 않을 수 없다. 아울러 같은 계열이라 할지라도 개별 시에서 보여지는 정조나 시적 성취도는 각기 다른 만큼 질적 측정이 더욱 섬세하게 요구된다. 가령 「쇠를 치면서」는 도시 빈민 노동자가 갖는 마음을 매우 전투적이고 폭력적으로 형상화한 시이다.

>쇠를 친다
>이 망치로 못을 치고 바위를 치고
>밤새도록 불에 달군 쇠를 친다
>실한 팔뚝 하나로 땀투성이 온몸으로
>이 세상 아리고 쓰린 담금질 받으며
>우그러진 쇠를 치던 용칠이
>망치 하나 손에 들면 신이 나서
>문고리 돌쩌귀 연탄집게 칼 낫
>온갖 잡것 다 만들던 요술쟁이
>고향서 올라온 봉제공장 분이년을
>생각하면 오금이 저리다던 용칠이
>떡을 치고 싶으면 용두질치며
>어서 돈벌어 결혼하겠다던 용칠이
>밀린 월급 달라고 주인 멱살 잡고
>울분 터뜨려 제 손 찍던 용칠이
>펄펄 끓는 쇳물에 팔을 먹힌 용칠이
>송두리째 먹히고 떠나버린 용칠이
>용칠이 생각을 하며 쇠를 친다
>나 혼자 대장간에 남아서
>고향 멀리 두고 온 어머니를 생각하며
>식모살이 떠났다는 누이를 생각하며
>팔려가던 소를 생각하며
>추운 만주벌에서 죽었다는 아버지를 생각하며
>밤새도록 불에 달군 쇠를 친다

떡을 칠 놈의 세상, 골백번 생각해도
　　이 망치로 이 팔뚝으로 내려칠 것은
　　쇠가 아니라고 말 못하는 바위가 아니라고
　　문고리가 아니라고 생각하며 밤새도록
　　불에 달군 쇠를 친다

　　　　　　　　　　　　　　　　　　-「쇠를 치면서」 전문

　이 시는 농민의 아들이 농촌을 떠나 도시 변두리의 대장간에서 일을 하는 노동자의 삶과 정서를 그들의 목소리를 빌려 들려주고 있다. 기본적으로 세상에 대한 한탄과 비애가 정서의 바탕을 이루고 있지만 비애에 마냥 끌려가는 것이 아니라 오히려 강렬한 분노와 폭력으로 정서를 전화시키고 있다. 특히 '실한 팔뚝', '용두질' 등 망치로 쇠를 치는 근육의 힘찬 모양이나 그 망치의 부딪침에 부서져 튀기는 불꽃들의 이미지를 동적인 연상으로 끌어올림으로써 '쇳물에 팔을 먹힌 용칠이'의 분노와 어머니, 누이 등 식구들의 한을 끌어안고 셮게 두들기는 노동 행위를 통해 육체적 힘의 정신적 저항성을 비극적인 아름다움으로 형상화하였다.

　물론 이 시에서 보여지는 분노의 성격과 저항의 방향성은 강렬한 힘의 형상만큼 구체적이지는 않다. 그 정체가 불분명할 뿐만 아니라 시적 화자 스스로도 그 의미를 어떻게 추스를지 모르는 모양새다. 오히려 '만주벌에서 죽었다는 아버지'와 망치질을 연결시킴으로써 노동자의 분노와 저항의 의미를 애써 역사적으로까지 확산시키려 하나 오히려 시적 성취는 관념적이며 자의적인 의미부여를 입증해주는 빌미가 되고 만다.[7]

　그 외에 「석탄」은 탄광일을 하다가 억울하게 죽은 광부의 아내가 화자가 되어 자기 삶의 내력과 울분을 말하고 있는 시이다. 다른 시인과 마찬가지로 그의 시에서도 이야기는 시 전개의 핵심적인 동기가 되고 있는데, 여기서 화자가 말하는 묻혀 있는 '석탄' 이미지는 억제된 슬픔과 분노에

---

[7] 황정산, 「70년대의 민중시」, 민족문학사연구소 현대문학분과, 『1970년대 문학연구』(소명출판, 2000), 237쪽.

대한 비유로 제시된다. 대부분의 민중적인 시가 그렇듯 울분과 분노의 감정은 안으로 쌓이고 쌓인 한이 밖으로 분출되는, 민중적 저항의식의 표상으로 표현된다. 또 정권의 불의에 항거하여 투석전을 벌이는 학생 신분의 이들을 이해하면서, 그에게 부디 "가난하고 떳떳하게 사는 이웃" 과의 연대감을 잊지 말고 살라고 격려하고 부탁하는 공사판 노동자로 전전하는 늙은 아버지의 당부를 작품화한 「아버님 말씀」은 무식한 아버지의 사회의 구조적 모순에 대한 자각을 보여주는 작품으로 읽힌다.[8] 또한 노동자인 친구가 대학생 시인 친구에게 이야기하는 형식의 「친구여 네가 시를 쓸 때」는 "친구여, 네가 시를 쓸 때 / 나는 굶는 식구를 생각했고 / 네가 시를 쓸 때 / 나는 죽음을 생각했다" 등의 구절에서 알 수 있는 것처럼 현실과 관념을 이분법적 대비로 직접 표출하고 있다. 또한 여공을 화자로 내세운 「어머니, 그 사슴은 어찌 되었을까요」 역시 '억눌리고 빼앗기는 사람들에 대한 애정'은 좋으나, 그것을 지나치게 감상적으로 가장하는 듯한 느낌을 주는 것도 사실이다.[9]

그런 점에서 노동시 계열에서 보여지는 시적 편차의 문제는 좀더 깊게 파고들어 분석할 필요가 있다. 무엇보다 『저문 강에 삽을 씻고』 이후, 그러니까 13년 후에 발간된 후속 시집 『한 그리움이 다른 그리움에게』에 서 노동시 계열이 전면적으로 퇴각하고 지식인의 자의식에 기반한 시세계 가 주류를 이루는 한 원인도 거기에 있다고 보여진다. 여기에 대한 적절한

---

8) 서준섭, 「현대시와 민중」, 문학사와 비평연구회, 『1970년대 문학연구』(예하, 1994), 51-52쪽.
9) 『저문 강에 삽을 씻고』 '발문'에서 시인의 친구 김종철은 이 시와 관련하여 이렇게 비판했다. "「어머니, 그 사슴은 어찌 되었을까요」 같은 시의 밑에 깔린 정신이나 애정에 는 공감하면서도 어느 부분에는 저항감을 느끼게 된다. 이 시의 주인공인 어느 여공(이것 은 실제로 있었던 사건이다)은 공장에서 투쟁하다가 경찰에 잡혀가 풀려나온 뒤 자기의 마음을 이해해줄 것 같은 동물들을 찾아간다. 그러나 내가 아는 한 그들은 그렇지 않다. 인간에 염증을 느껴 동물을 찾아갈지는 모르겠으되 그들은 그렇게 한가하지가 않다. 당장 끼니를 때울 쌀이 없는 형편이다. 정희성이 그들에 대해 큰 애정을 갖고 있고 그들을 그렇게 만든 자들을 증오하면서도 이런 식의 표현에밖에 의존할 수 없는 것은 어떤 제약 때문인지도 모른다."(김종철, 「발문」, 정희성, 『저문 강에 삽을 씻고』, 103쪽)

진단은 다음의 예문이 잘 말해주고 있다고 생각된다.

> 시적 직관은 영혼의 어떤 활동의 가동 속에 휘말려 들어, 사로잡히고 이용당하고 있으며, 저러한 이질적 활동의 특수한 목적과 법칙들 아래 예속당하고 있다는 것이다. 시적 직관은 사기·성성·정치 또는 철학의 지하에서 비밀리에 그 낱낱의 특수한 대상을 위해서 일하고 있다. 기술의 덕이 아닌 지배적 여러 특성의 철칙 같은 규율에 의해서 허용된 여백에서 정신의 자유로운 창조이이 상상력을 움직여서 생기를 불러일으키게 되면, 곧 이 창조력은 그 자신의 것이 아닌 목적들을 위해서 포로가 되고 굴복당하고 만다. 이것은 시 — 위대한 학자들의 특수한 작업에 은밀하게 작용하고는 있으나, 억제된 시 — 가 때로는 하나의 탈출구를 발견하고, 거꾸로 그 그물에 저 이질적 목적들을 포획하는 이유이다.10)

한 마디로 시적 체험의 내면적 필연성에 의해 맺어진 열매가 아니고는 진정한 시란 없다는 사실이다. 사실 논리적 의미는 다만 시적 의미의 여러 요소나 구성부분의 하나일 뿐이다. 이것은 시적 의미에 대해서, 하나의 유동적인 또 얼룩진 소재에 지나지 않는다. 한편의 시가 명료하다거나 모호하다는 것은 논리적 의미와 관련되어서다. 그런데 시는 모호할 수도, 명료할 수도 있다. 특히 이들 노동시와 같은 유형은 행동 혹은 행위를 매우 중시한다. 그런데 이때의 행동은 작품의 하나의 특성이지, 작품이 재현하고 있는 사물들의 특성은 아니라는 점이다. 행동은 작품에 내재하는 특성이다. 작품은 오직 존재할 뿐만 아니라, 작품은 행동하며 행한다. 이것을 「저문 강에 삽을 씻고」와 같은 명시(名詩)가 잘 말해준다. 논리적 의미는 「쇠를 치면서」나 「아버님 말씀」에 비해 훨씬 모호하고, 또 행동의 직접성도 약한 듯하나 무엇보다 작품 자체가 행동하고 있다. 즉, 한 사물로 하여금 다른 사물을 변형시키는 타동적 행동이 아니라 살아있는 동인으로 하여금 시 고유의 존재를 완성시키게 하는 내재적 행동으로서 살고 있다. 시는 내부적이며 본질적인 것, 일종의 "내재적 행동"을 가지고 있다. 시는

---

10) J. 마리땡 저, 『시와 미와 창조적 직관』, 김태관 역(성바오로출판사, 1982), 263쪽.

움직이고 행동한다. 시 안에 전개되는 하나의 약동 또는 운동이며, 이 약동을 통해서 시는 그 자신의 내부에서 자기의 피안에로 자기 주장을 하는 것이다.

이 점을 시 속에서 좀더 구체적으로 풀이해 보면 다음과 같다. 제1~4행은 하루의 노동을 끝내고 썩은 샛강물에 삽을 씻으며 자신을 성찰하는 모습이다. 제5~8행은 매일 반복되는 삶에 무력감을 느껴 실의에 빠진 시적 화자의 모습이다. 제9~12행은 비록 썩은 물일지라도 그 강에 비친 달빛을 되비추어 하루의 피곤을 달래며 내일의 희망을 잃지 않음을 노래한다. 마지막 제13~16행은 '다시 어두워' 사람들의 마을로 되돌아가야 한다는 역설적인 '어둠의 철학'(어둠을 어둠으로 껴안는 연대)을 통해 따뜻한 긍조에 도달하는, 그리하여 공동체적 삶 속으로 자연처럼 녹아드는 삶의 체관을 보여준다. 이처럼 시인의 신념과 역사의식을 특별하게 내세우거나 강조하지 않고 오히려 민중의 삶이 갖는 생의 비의(比擬)를 자연스럽게 확산시켜 냄으로써 시적 화자의 목소리와 시적 상황과의 괴리감이라는 민중시의 가장 근본적인 한계를 극복해낸 것이다. 따라서 「저문 강에 삽을 씻고」가 1970년대라는 역사적 지층에서 지식인적 속성을 최대한 살려 민중성으로 육화해내면서 저 80년대의 「노동의 새벽」을 건너다 보며 하나의 벼랑처럼 서 있는 것도 그 때문이다.

4. 결론

새삼스런 이야기이지만, 시는 목적이지 방법이 아니다. 그것은 새로운 창조물로서의 목적이지 의사전달의 수단은 아니다. 그러니 이 말이 의사전달의 측면을 철저히 배제하자는 것은 아니다. 오히려 그 중요성은 아무리 강조해도 지나치지 않다. 가장 본질적인 것에 견줘 부차적이란 뜻이지, 그것이 가지는 결정적이며 필수적인 역할을 결코 무시해서는 안 된다.

특정한 시대를 문제 삼고, 또 그 시대의 역사적 산출물을 총괄하고자 하는 의도가 강할 때 우리가 경계해야 할 한 지점이다. 즉, 현실의 반영적 속성을 무시해서는 안 되지만 그것만으로 불충분한 근본적 지점을 '작품'이란 말이 환기시켜 주기 때문이다. 실제로 위대한 작품은 여러 세대를 가로질러 그의 고귀한 생명을 영위해 간다. 따라서 작품을 단순히 외부로부터만 정관하는 것이라든지, 심지어는 세련된 이지력과 심미적 안목으로써 특성을 감상한다 해도, 아직 시의 문턱에서 머무는 것이라는 사실이다. 무엇보다 작품의 내면성에, 또 시적 의미에, 그 울림에, 그 울림의 또 다른 메아리에 귀를 기울여야 한다. 이것이 전달하는 곳에 우리 마음을 열고, 플라톤이 말한 자력(磁力)의 반지에 우리 자신이 끌려가도록 해야 한다. 이것 없이는 우리는 시의 신뢰 속으로 인도될 수가 없다는 사실이다. 새삼스럽게 이 논문에서 「저문 강에 삽을 씻고」를 정점에 놓고 주목하고자 한 것도 그 때문이다. 정희성이란 시인의 일반적인 면모에 최대한 관심을 기울이면서, 또한 그가 서 있고자 하는, 그러나 그 자신이 이탈할 수 없는 자리를 찾아가 그가 산출해낸 최대의 문학적 성취와 거기에 미치지 못한 작품 간의 격차를 이야기해 보는 것도 지나간 역사를 향한 오늘의 한 대화법이 아닐까 생각해서이다. 평범한 말이지만 이 말은 결론으로 상기하고 싶다. "시는 영적 양식이다. 그러나 그것은 배부르게 하지 않고, 더 굶주리게 할 뿐이다. 이것이 시의 위대성이다."

| 참고문헌 |

김윤태 외 편. 2003. 『한국대표노동시집』. 도서출판 b.
문학사와비평연구회 편, 1994. 『1970년대 문학연구』. 예하.
민족문학사연구소 현대문학분과. 2000. 『1970년대 문학연구』. 소명출판.
박선욱 편. 1985. 『한국민중문학선1: 노동시 묶음』. 형성사.
백낙청. 1978. 『민족문학과 세계문학1』. 창작과비평사.
염무웅. 1979. 『민중시대의 문학』. 창작과비평사.
신경림. 1985. 『한밤중에 눈을 뜨면』. 나남.

■ 지은이들

이종구
성공회대학교 사회과학부 교수
주요저서: 『사회학으로 풀어본 현대일본』(공저), 『정보사회의 이해』(공저) 외

강남식
한국양성평등교육진흥원 양성평등정책교육팀장
주요저서: 『여성학의 이해』, 『통합과 배제의 사회정책과 담론』 외

권진관
성공회대학교 신학과 교수
주요저서: 『성령과 민중』, 『성령·민중의 생명』 외

김경희
여성개발원 연구위원
주요저서: 『양성평등과 적극적 조치』, 『여성고용 확대와 고용평등을 위한 적극적 조치: 시험적 모델의 모색』 외

박해광
전남대학교 사회학과 교수
주요저서: 『계급, 문화, 언어』, 「정보사회와 재현의 정치」 외

임규찬
성공회대학교 교양학부 교수
주요저서: 『한국 근대소설의 이념과 체계』, 『문학사와 비평적 쟁점』 외

장미경
전남대학교 사회학과 교수
주요저서: 『페미니즘의 이론과 정치』, 『여성노동운동과 시민권의 정치』 외

장상철
연세대학교 사회학과 강사
주요저서: 『사회를 보는 새로운 눈』(공저), 「사회변동과 사회운동의 변화: 변혁운동의 쇠퇴와 시민운동의 성장」 외

한홍구
성공회대학교 교양학부 교수
주요저서: 『대한민국사 1,2,3』, 「박정희 정권의 베트남 파병과 병영국가화」 외

한울아카데미 818
1960-70년대 노동자의 작업장 문화와 정체성

ⓒ 이종구 외, 2006

지은이 | 이종구 외
펴낸이 | 김종수
펴낸곳 | 도서출판 한울

편집책임 | 안광은

초판 1쇄 인쇄 | 2006년 1월 13일
초판 1쇄 발행 | 2006년 1월 20일

주소 | 413-832 파주시 교하읍 문발리 507-2(본사)
      121-801 서울시 마포구 공덕동 105-90 서울빌딩 3층(서울 사무소)
전화 | 영업 02-326-0095, 편집 02-336-6183
팩스 | 02-333-7543
홈페이지 | www.hanulbooks.co.kr
등록 | 1980년 3월 13일, 제406-2003-051호
Printed in Korea.
ISBN 89-460-3488-2 93330

* 책값은 겉표지에 표시되어 있습니다.

* 이 책은 2002년도 학술진흥재단의 지원에 의하여 연구되었음
  (KRF-2002-073-BM1012).